超大国・中国のゆくえ

4 経済大国化の軋みとインパクト

丸川知雄／梶谷 懐――［著］

東京大学出版会

THE FRICTIONS AND IMPACT OF
BECOMING AN ECONOMIC SUPERPOWER
Tomoo MARUKAWA and Kai KAJITANI
(Where is China Going?: The Future of a Superpower 4;
Satoshi AMAKO—Series Editor)
University of Tokyo Press, 2015
ISBN978-4-13-034294-0

シリーズ刊行にあたって

二一世紀の世界はどのような姿をなしていくのだろうか。この問題を考える時、中国の存在を抜きには語れない。中国は本物の「超大国」になっているのか、未だ明確な答えは出されていない。中国をどのように分析し、理解するかは従来の歴史発展論、経済社会発展論、あるいは体制移行論、国際秩序論などの文脈から見て、最も重要な意義のある課題であろう。さらには「台頭している中国」が国内的に、また国際社会においてどのような道を歩むのか、国内外にどのような影響を及ぼすのか、こういった問題こそ今日の中国研究者たちが正面から問うべき課題であろう。

まず国内的に見るならば、市場化、国際化を牽引力にして社会主義経済は大きく変わった。では経済に続く政治、社会の領域での変化はどのように考えればいいのだろうか。依然として共産党一党体制を堅持している中国が、例えば経済発展、中間層・市民層の台頭から民主化へといったような従来の移行論では十分に説明できない政治移行の段階にあるように思える。あるいは沿海と内陸、都市と農村、階層間などで深刻な格差、不平等、腐敗を生みだした中国が、今後どのような経済調整を図るのか、成長の鈍化が不可避になっている今日、本当に「和諧社会」は実現できるのかといった問いが生まれてくる。

さらに国際社会との関係では、中国の経済発展が疑いなく国際経済構造の転換を促している。中国は「世界の工場」として台頭したが、同時に今や「世界の市場」として米国に代わるアブソーバーになりつつある。ディファクトとして進む「人民元圏」の形成、幾つかの開発・投資を目的とした国際銀行の設立などと合わせ、今後の中国経済が世界の経済をどのように変えていくのかが問われる。そのような中国は将来、国際秩序そのものも変えていくのか。確かに指導者たちは「中国は現在の国際秩序の挑戦者ではなく、いかに現存の秩序に調和していくかだ」と語る。しかし、中国が国際社会において従来には見られなかった自己主張を始めていることも確かである。鄧小平が指示した「韜光養晦」(力を見せず静かに力を蓄えよ)の外交戦略は膨張的な積極的方針へと変わった。中国の軍事力の増強は世界のパワーバランスを変えつつある。そして、それらの延長線上に習近平の主張する「中国の夢」が構想されているように見える。そこでわれわれの関心はさらに、そうした中国の底流に流れる歴史観とそれらによって築かれてきた中華文明に向かう。それは未来の中国を見るもっとも核心をなす視座だからである。

本シリーズは五巻で構成される。従来の政治、経済、社会、歴史といったスタティックな設定をとることはしない。今日ダイナミックに動いている中国そのものの核心的な特徴を描き出すには、新たな視点と幾つかの斬新な切り口からアプローチすることが不可欠である。本シリーズは中国をめぐる核心的な課題を基軸として各巻を構成することとした。これによって、現在の中国を総合的にとらえ、未来の中国を考える上での貴重な視座を提供できる新しい「現代中国像」を描き出すことができるだろう。

編者　天児　慧

目次

第三章　技術大国化のインパクト――――115

序章　経済超大国への道

第一節　そもそも中国は超大国になるのだろうか

中国の超大国化をテーマとする本シリーズの共通の前提は中国が実際に超大国になるという見通しである。「超大国」とは、単に人口が巨大であるというだけでなく、世界屈指の国力を備えた国という意味であろう。第二次世界大戦終結から一九九一年にソ連が崩壊するまでは、アメリカとソ連が世界の二大超大国であった。ソ連が超大国の地位にあったのはその軍事力と社会主義イデオロギーの求心力によるものだったが、ソ連経済は膨大な軍事費の負担に耐えられず、社会主義に対する幻滅も広がり、ソ連はもろくも崩壊した。

経済力に限っていえば、一九六八年以来、日本が世界第二位の大国であった。だが、一九九三年には日本の一〇分の一の経済規模でしかなかった中国が猛烈な勢いで成長を続け、二〇一〇年に日本を追い抜いた。中国の国内総生産（ＧＤＰ）は二〇一三年時点でアメリカの五五％だが、中国は今後順調に成長を続ければ二〇二〇年代のうちにＧＤＰでアメリカを追い抜き、世界一の経済超大国になるだろう。

ただ、中国が二〇一一年までのような年九％以上の勢いで成長するのはもう無理だというのが中国の政府系研究機関や経済学者の共通認識になりつつある。経済成長がこれから鈍化する可能性は高いが、どの程度鈍化するのかをめぐっては大きく意見が分かれている。

中国の経済学者の間では、世界銀行が二〇〇七年に出版したレポートの中で提起した「中所得国の罠(middle income trap)」という言葉が大きな反響を呼んでいる。世界銀行によれば一九六〇年の時点で中所得国だった一〇一カ国・地域のうち、二〇〇八年の時点で高所得国に上昇できたのは日本、韓国、イスラエル、香港、ギリシャ、台湾、シンガポールなど一三カ国・地域にすぎず、残る八八カ国・地域は中所得国の地位にとどまったままだった（World Bank/DRC 2012)。中国も同じ罠に落ちてしまうのではないかと危惧されているのである（胡他編 二〇一二)。ちなみに、「中所得国」「高所得国」というのは世界銀行の分類によるもので、二〇一三年現在、二〇一一年の一人あたり国民総所得（GNI）が一〇二六～一万二四七五ドルが中所得国、一万二四七六ドル以上が高所得国である。中国は二〇一〇年に一人あたりGNIが四二四〇ドルとなり、中所得国のうちの「高位中所得国」の仲間入りをした。中国全体のGDPがアメリカを抜くのと、一人当たり所得で中国が高所得国の仲間入りをするのはほぼ同時だと予想される。言い換えれば、中国が中所得国の罠にはまるということは経済規模でアメリカを上回らず、超大国になる前で失速することとほぼ等しい。

日本では、中国経済が崩壊するという主張が一九九〇年代から主にエコノミスト以外の人々から繰り返されてきた。最も精力的に中国崩壊論の論陣を張っている宮崎正弘は一九九五年に「中国のGNPが日本をぬくことなど、むこう一世紀以上、ありうる話ではない」と書いていた（宮崎 一九九五）。実際には一世紀以上どころか、この「予言」の一五年後の二〇一〇年には中国のＧＤＰと国民総生産（ＧＮＰ）は日本を上回っており、中国経済崩壊論は現実によって繰り返し裏切られている。

しかし、この手の議論が週刊誌などを通じて日本人の中国認識に与えた影響はかなり大きい。日本経済新聞が二〇一四年に日本企業の幹部三〇〇〇人以上を対象に行ったアンケートでは、回答者の六五％が中国経済は五年以内ないし一〇年以内にバブルが破裂して混乱すると見ており、安定成長・高成長を続けると回答した人は三五％にとどまった（『日本経済新聞』二〇一四年六月三日）。実は日本は中国の将来に対して悲観的な人が多いという点で世界のなかでも突出している。アメリカの世論調査機関ピュー・リサーチ・センターが二〇一一年に世界二三カ国で行った調査によると、（経済規模だけに限定した質問ではないが）「中国は超大国としてアメリカを追い抜くか」という質問に対して、「追い抜けない」と回答した人の割合が二三カ国のなかで最も高かったのが日本で、六〇％を占めていた（Pew Research Center 2011）。当のアメリカと中国を含め、世界の多くの国では「追い抜く」と回答した人のほうが「追い抜けない」と回答した人よりも多かったのに対し、日本では「追い抜く」と回答した人は三七％にとどまった。

一方、経済学の立場から中国を研究する人々は中国経済崩壊論をあまり真剣には検討してこなかったため、専門家と一般の人々との認識ギャップは大きい。そこで本書では「中国が超大国化する」という前提で議論を始める前に、「そもそも中国は超大国になれないのではないか」という日本人の過半数が持っている疑念に対して、中国経済を専門に研究する者の立場から答えるところから始めたい。

第二節　「中国経済崩壊論」に根拠はあるのか

そこで以下では中国経済が崩壊すると論じる著作二冊を取り上げて、経済学の観点から検討したい。まず俎上に上げるのが、中国政治の研究で著名な中嶋嶺雄が一九九五年に刊行した『中国経済が危ない』（中嶋 一九九五）である。同書は、中国が二一世紀の経済大国になるという説は「無責任な議論」だと断じている。同書は当時中国が直面していたインフレ、国有企業の経営悪化、労働争議の頻発、中央と地方の対立などの困難を指摘するとともに、中国経済が崩壊する原因として「拝金主義」、「盲流」、「外資依存」の三点を挙げる。

だが、これらはむしろ成長を促進する要因である。たしかに、「拝金主義」と指弾されるような行動が中国で広く見られることは否めないが、「拝金主義」そのものは中性的な表現によって言い換えれば「豊かになりたいという人々の願望」であり、これなくしては経済成長は起こらない。そうした願望が自らの努力と創意で経済的成功を勝ち取ろうとする方向に働けば、「企業家精神」と呼ばれる。中国が企業家精神において世界でもっとも秀でた国の一つであることは、中国の民間企業の観察と国際比較研究から実証できる（丸川 二〇一三a）。

また、「盲流」という言葉は農村から沿海部の工場などに出稼ぎに行く労働者の増大を指す言葉として一九八〇年代の中国で使われていたが、偏見と差別を含んだ表現なのでその後は使われなくなっていた。ところが中嶋は出稼ぎ労働者たちに対する偏見に満ちた見方を一層強調し、「盲流」は「中国共産党と中央政府が管理しえない極めて反社会的な群衆集団になりつつある」と主張する。たしかに集団農業と戸籍制度によって農村に縛り付けられていた人々が沿海地域に大量に流れ込んできたことは、社会と政治に少なからぬインパクトを与えた。だが、経済的観点から見れば、生産性の低い農業に滞留していた労働力が生産性の高い工業などに移動することは経済成長にプラスとなる。一般に発展途上国の農業は生産性が低く、余剰労働力を抱えていることが多いが、そうした国で工業を振興し、農村の余剰労働力をそこに就業させれば、あたかもダムに貯まった水を放水するように、経済成長のタービンを回転させつづけることができる。実際、次節でみるように、農業から第二次産業、第三次産業へ労働力が移動したことは、一九八五年から二〇一〇年までの二五年間、中国経済が年率九・八％で成長したうちの一・〇％分を寄与した。「盲流」は「反社会的な群衆集団」であるどころか中国経済の成長に対してきわめて大きな貢献をしたのである。

また、中嶋は改革開放政策によって活気づいた沿海地方は「水膨れ発展」であると批判し、「その最大の理由は、今日の中国の経済発展そのものがしょせんは外国資本や香港、台湾などの華人資本に全面的に依存した経済急成長にしかすぎない」からだという。だが、資本が不足している発展途上国では、資本の投下に対して高い収益がえられるため、外国から資本が流入するのは必然的だし、資本の不足を補うとともに技術移転をもたらす外資は経済発展に貢献する。中国の場合は、株式や不動産などに対する外国からの投資を厳しく規制しているため、流入する外資は主に直接投資である。直接投資は簡単に引き上げにくいので、たとえ「水膨れ」であってもそれが急速にしぼむリスクは小さい。

中嶋は中国の経済発展は外資に「全面的に依存」しているというが、筆者が Whalley and Xin (2010) の手法を使って推計した結果によれば、一九九五年に外資系企業は中国のGDPの九%を生み出したにすぎない。その後、二〇〇一年の世界貿易機関（WTO）加盟を経て中国にはますます多くの外国直接投資が流入し、外資系企業の役割はさらに拡大するが、二〇〇八年以降は外資系企業がGDPに占める割合は一八%程度で横ばいである（丸川二〇一三b）。外国直接投資の流入は中国経済の発展にかなりの貢献をしていることは間違いないが、「全面的に依存」しているとは言い難い。

以上のように、中嶋が中国経済に対する見通しを誤った理由は、豊かになりたいという願望、農業から工業などへの労働力移動、大量の外資の流入という経済発展を促進する要因を逆にマイナスの要因としてとらえてしまったことにある。

第三節　成長速度はどの程度鈍化するのか

次に俎上に上げるのが、津上俊哉の『中国台頭の終焉』（津上二〇一三）である。この本は、中国経済が短期、中期、長期のそれぞれに大きな問題を抱えており、「中国がGDPで米国を抜く日はこない」と結論している。まず短期の問題は、二〇〇八年のリーマンショックによる景気減速に直面して、中国政府が断行した四兆元の公共投資と金融緩和に起因している。景気対策という大義名分を得て、地方政府が銀行から多額の融資を引き出して不動産投資などにあてた（本書第一章、第四章参照）。多額の融資はやがて不良債権となり、投資主導の成長は行き詰まる、という。また、中期の問題は、公共投資によって景気回復を進めるなかで政府や国有企業が肥大化する一方、民間企業が伸び悩んでいることである。長期の問題は少子高齢化である。「一人っ子政策」が徹底された結果、二〇一〇年には合計特殊出生率（一人の女性が生涯に産む子供の数）が一・一八にまで落ち込んでいる。これをもとに将来の人口を推計してみると、中国の人口は二〇二〇年に一三億六九六四万人のピークに達したあと減少に転ずると予想される。一五～六四歳の生産年齢人口に限って言えば、二〇一三年の一〇億人がピークでその後は減少する。津上は中国の潜在成長率は五％前後であり、それすらも達成は容易ではない、という。

中嶋嶺雄の本はおおむね一九九〇年代半ばに日本のマスコミによって描かれていた中国のマイナスイメージをなぞるものであったが、津上は中国の私営企業向け投資ファンド経営者としての経験も踏まえ、中国の財政・税制、企業の問題に関して鋭い指摘をしている。ただ、同書の最大の問題は潜在成長率が五％だとする積算根拠が示されていないことである。二〇〇九―一一年のような九％以上の成長がもはや望めないことはわかるとしても、なぜ七％は無理であり、かといって三％でもなく五％なのか、その理由が書かれていない。

津上が指摘する短期と中期の問題については、それが成長にどれほどのマイナスの効果を与えるのかは測りがたい。なぜなら政府が今後どのような政策をとるかによってマイナスの大きさも変わってくるからである。ふつう潜在成長率を算定する際には政策の出方によって左右される要素は含めないので、津上が五％前後だとする主な根拠は少子高齢化にあるとみられる。だが、生産年齢人口の減少が当面の経済成長を大きく減速させるとは考えにくい。第五節で詳述するが、仮に津上の予測の通りに生産年齢人口の減少が起きたとしても、それは経済成長率をせいぜい年率〇・一％ポイント下げる程度の影響しか持たないのである。人口だけを根拠に「七％は無理だ、五％しか成長できない」と主張することには無理がある。

第四節　生産年齢人口の増減よりも重要な労働移動

もともと一九九〇年以降の中国の経済成長において生産年齢人口や就業者数の増減が与えた影響は限定的であった。表序-1では一九五二年から二〇一〇年までの中国のGDP成長率に対して、資本の増加、労働（就業者数）の増加、そしてそれ以外の要因による生産性の上昇（全要素生産性の上昇）の貢献が示されている。たとえば、一九九〇年から一九九五年にかけては中国のGDPは年平均一二・三％で成長したが、表の右側の「成長に対する寄与度」に示したように、そのうち四・九％分は資本の増加の貢献であり、六・九％分は全要素生産性の上昇の貢献、就業者数の増加の貢献は〇・五％分である。つまり、もし仮にこの期間の就業者数の伸び率がゼロでもGDPは年一一・八％の勢いで伸びたのである。

なぜ就業者数の増加の貢献がこれほど小さいかというと、そもそも就業者数が余り伸びていないから

表序-1　経済成長の要因分解（年平均）

	GDP成長率	資本増加率	就業者増加率	成長に対する寄与度			
				全要素生産性	うち労働移動の効果	資本	労働
1952–57年	9.2%	8.6%	2.8%	4.6%		2.8%	1.9%
1957–62年	−2.0%	9.7%	1.7%	−6.8%		—	—
1962–65年	15.1%	4.5%	3.4%	11.3%		1.6%	2.2%
1965–70年	6.9%	6.8%	3.7%	2.0%		2.7%	2.3%
1970–75年	5.9%	9.5%	2.1%	0.6%		4.2%	1.2%
1975–80年	6.5%	7.8%	2.1%	1.8%		3.6%	1.1%
1980–85年	10.7%	8.2%	3.3%	5.3%		3.5%	1.9%
1985–90年	7.9%	9.5%	2.4%	2.3%	1.2%	4.3%	1.3%
1990–95年	12.3%	10.0%	1.0%	6.9%	1.6%	4.9%	0.5%
1995–2000年	8.6%	9.9%	1.2%	3.1%	0.4%	5.0%	0.6%
2000–05年	9.6%	10.7%	0.7%	3.4%	0.9%	5.9%	0.3%
2005–10年	10.8%	11.7%	0.4%	4.0%	0.9%	6.7%	0.2%

出所：国家統計局国民経済核算司編（2007），国家統計局編（各年版）をもとに計算．推計方法は丸川（2013b）を参照されたい．「労働移動の効果」については厳（2009），国家統計局（2012）のデータも利用した．

である。表序−1の「就業者増加率」の列に示されているように、中国の就業者数の増加率は一九九〇年以降かなり低下している。就業者数がおおむね一%以下しか伸びていない時に、就業者数の伸びの成長に対する寄与度が一%を超えることはありえない。一九九〇年以降の中国の成長は資本の増加や生産性の上昇など他の要因の貢献の方がずっと大きいのである。この推計結果を意外に思う読者は多いだろう。中国の強みといえばなんといっても豊富な労働力であり、膨大な数の若い労働者たちがミシンに向かって衣服の縫製に従事している「世界の工場・中国」というイメージが強い。最近でこそ賃金上昇や出稼ぎ労働者不足が顕著となったが、沿海地域の工場に農村からどんどん働き手が供給されることが中国の工業力の強さの源泉ではなかったのだろうか。

農村からの出稼ぎ労働者や農村の企業で働く労働者たちこそが中国の成長の最大の功労者だったことは疑いない。二〇一一年時点で、中国の第二次・第三次産業の就業者の六割が、こうした農村出身の労働者によって占められている。だが、こうした労働力の供給は、「就業者数の増加」よりも「第一次産業から第二次・第三次産業への労働移動」によって生じた部分のほうが大きい。一九九〇年から二〇一〇年の二〇年間に中国の就業者の総数は六億四七四九万人から七億六一〇五万人に一八％増えたにとどまるが、農村出身で第二次・第三次産業に従事する労働者数は一億二〇〇〇万人弱から二億九〇〇〇万人弱へ二・五倍になったのである。こうした労働移動が経済成長に与える効果は、生産性が低い産業から生産性の高い産業に労働力が移動することによる「生産性の上昇」ととらえられる。表序-1で一九九〇年から九五年の間に「全要素生産性」が経済成長に対して年六・九％という大きな寄与をしているが、そのうち一・六％分は農業から工業などに労働移動が起きたことの効果である。

第一次産業から第二次・第三次産業への労働移動は中国の経済成長をどの程度押し上げたのであろうか。世界銀行は、一九七八年から九五年まで中国が年平均九・五％で成長したうち一％分は労働移動によってもたらされたと推計している（World Bank 1997）。筆者（丸川）の推計結果[1]は表序-1の「労働移動の効果」に示したとおりで、たとえば一九八五—九〇年には経済成長率を年率で一・二％押し上げる効果があったが、この時期には就業者数増加が成長率を一・三％押し上げた。だが、一九九〇—九五年には労働移動の効果が就業者数増加の効果をはるかに上回っている。一九九五—二〇〇〇年の時期は、国有企業の大リストラやアジア経済危機の影響で労働移動のペースも鈍り、成長率への寄与度も低い。

だが、二〇〇〇年以降は労働移動が再び活発化し、GDP成長率を年率で約〇・九％押し上げている。

第五節　これからの経済成長率を予測する

前節では、過去の経済成長というブラックボックスの中身をのぞき、それが資本の増加、労働の増加、全要素生産性の上昇という三つの要素によってどのように作られたのかを調べた。今後の経済成長を予測する作業は、この三つの要素がどのようなペースで伸びるかを考える作業に還元できる。

まず資本の増加を見てみると、一九九〇年以来非常に速いペースで伸びたことが表序-1からわかる。その背景には中国の高い貯蓄率がある。ふつうの発展途上国では投資資金を国内の貯蓄だけでは賄いきれず外国から借金をする。だが、中国では逆に国内で旺盛な投資を行ってもなお貯蓄が余り、そのため中国政府は膨大な外貨準備を形成している。

ただ、今後高齢化が進展すると貯蓄率は下がっていくだろう。なぜなら、老後のために貯金する人々が相対的に減り、逆に貯金を取り崩して老後を送る人々が相対的に増えるからである。貯蓄率が下がれば、資金の制約から投資も相対的に減らさざるをえず、資本の増加率は下がっていくだろう。ただ、それがどの程度まで鈍化するかについては本書の二人の著者の間で意見が分かれている。筆者（丸川）は投資資金がこれからも豊富に供給されるため、資本の増加率はゆっくりと下がる程度だと考える。なぜなら国民の貯蓄率が急激に低下するとは考えにくいし、外国資本は規制が緩和されれば今まで以上に流入する可能性もあるからだ。一方、梶谷は本書第一章で詳しく論じるように中国はすでに「過剰資本蓄積」の状態にあり、投資の収益率が悪化している、と指摘する。生産性が高い投資プロジェクトはもう実施しつくされ、もう収益率の高い投資機会が減っているので、従来のようなハイペースで資本を増加させていくことは難しい。後掲の表序-2で示す筆者の予想（楽観シナリオ）では資本の増加率を七〜八%、梶谷の予想（慎重シナリオ）では六%としている。

ただ、筆者（丸川）の見るところ、中国には収益率の高い投資機会はまだ少なくない。大都市の公共交通などをみると先進国と中国との差は歴然としている。例えば人口二〇〇〇万人の北京市で通勤通学に使われている鉄道は地下鉄が一四路線あるだけだが、東京都市圏で通勤通学に使われる地下鉄、私鉄、JR線を数えていくと七〇路線ぐらいある。中国の経済発展のキーワードは「都市化」だが、都市化を支える住宅や公共交通に対してまだ膨大な投資が必要だと思われる。投資の収益率が低下しているのは、投資機会が減っているためというよりも、投資プロジェクトの選択に問題があるからではないだろうか。

次に労働についてみてみると、国連の人口予測（United Nations 2011）によれば中国の人口は二〇二六年に一三億九六〇〇万人ほどのピークに達したあと減少する。一五〜六四歳の生産年齢人口は二〇一五年にピークを迎えてしまう。さらに、一五〜六四歳の人口のうち就業している人の割合（労働力率）は一九八八年以降緩やかに下がっているので、このペースで低下が続くとすると、就業者数は二〇一二年をピークとして減少に転ずる。今後の就業者数の推移は人口のみならず労働力率の動きにも左右されるが、次第に労働力の不足感が強まるならば労働力率の低下には歯止めがかかるだろう。こうした考えに基づき、二〇一一―三〇年の間、就業者数は年率マイナス〇・三％で減少し続けると予想する。就業者数の減少は経済成長率を年率〇・一％ずつ押し下げる。

いちばん予想が難しいのが全要素生産性のゆくえである。表序-2ではいずれのシナリオでも一九九五―二〇一〇年の期間の平均伸び率が今後もそのまま続く、つまり年率三・五％で全要素生産性が伸びると予想した。これは非常に高い予想であるが、そのように考える根拠はある。第一に、農村の余剰労働力がまだかなり残っており、これを第二次・第三次産業に移動させることで生産性が上昇する可能性がある。中国はすでに「ルイスの転換点」（農村の余剰労働力が枯渇した状況）を迎えたと主張する学者もいるが、そうした論陣を張っている蔡（二〇〇八）も実は二〇〇五年時点で農村になお一億人以上の余剰労働力があったと認めている。実際、内陸部農村を調査すると余剰労働力の存在が認められるが、沿海地域の輸出産業では出稼ぎ労働者の減少と賃金の急騰など、あたかもルイスの転換点が来たかのように見える。こうした一見するとつじつまが合わない状況が生じるのは、中国農村の土地制度のために農村からの労働力の供給が制約されているためだと筆者は考えている（丸川 二〇一〇）。しかし、そうした制約は、農村部での工場立地など企業側の努力によってある程度乗りこえることが可能である。

全要素生産性がまだ伸びると考える第二の理由は、先進国からの技術導入や国内での研究開発による技術進歩の余地が大きいことである。この点は本書第三章で詳しく述べる。

第三の理由は、大学進学率が一九九八年の九・八％から二〇一〇年の三一・九％へ急上昇しており、社会全体の人材の質が向上していくことが期待できることである。たしかに、大学卒業生の就職難に示されている通り、現在の大学教育は社会のニーズと必ずしもマッチしていない。だが、大学進学率の上昇は社会が人材育成にコストをかける意志の現れであり、教育内容の調整が進めば、社会の求める人材の育成につながっていくだろう。

第四の理由は、国有企業の改革、特に民営化の進展によって企業の効率向上が期待できることである。中国では一九九七年の中国共産党第一五回党大会で中小国有企業の民営化が認められたり、一九九九年には「国家の安全にかかわる産業、自然独占の産業、重要な公共財や公共サービスを提供する産業、および支柱産業とハイテク産業の基幹企業」に国有企業を限定していく方針が示されるなど、一九九〇年代後半に国有企業改革で大きな進展があった。その後、中国政府は国有企業改革に余り熱心に取り組まなくなったが、実際には民間企業の拡大が一九九九年以降も進展している。例えば、鉱工業の売上に占める国有企業・国家支配企業の割合は一九九八年の五二％から二〇一二年の二六％へ大幅に減少しているし、建設業、小売・卸売業などでも国有企業の縮小、民間企業の拡大が起きている。電気通信、航空、鉄道、石油・石化、送配電などの産業は国有企業が独占してきたが、そうした国有企業も二〇一三年秋の中国共産党の決議によって民間資本との「混合所有」に転換することが決まり、これらの分野への民間企業の参入も認められるようになった。

以上のように、これからも生産性のハイペースでの上昇を見込める要素は多い。ただ政府の不適切な政策によってそうした成長の芽が摘み取られてしまう可能性もある。たとえば、北京市や上海市では農村からの移住を制限しているが、そうした差別は農村の余剰労働力の有効利用を妨げる。また、社会の

表序-2　今後の成長の予測

	GDP成長率	資本増加率	就業者増加率	成長に対する寄与度			労働生産弾力性
				全要素生産性	資本	労働	
楽観シナリオ							
2011–2020 年	7.7%	8.0%	－0.3%	3.5%	4.3%	－0.1%	0.46
2021–2030 年	7.1%	7.0%	－0.3%	3.5%	3.8%	－0.1%	0.46
慎重シナリオ							
2011–2030 年	5.7%	6.0%	－0.3%	3.5%	2.4%	－0.2%	0.60

出所：筆者（丸川）作成

ニーズとかみ合わない大学教育の変革も必要であろう。国有企業が独占する分野を民間資本に開放する方針は決まったものの、国有企業は既得権を守るために民間参入への障害を設けようとするだろう。

資本と労働の増加、全要素生産性の上昇の効果を積み上げた結果、筆者（丸川）は中国の潜在成長率を二〇一一—二〇年は年率七・七％、二〇二一—三〇年は年率七・一％と予想した。表序-2ではこれを「楽観シナリオ」として示した。この通りに成長すると、中国は二〇二六年ごろにGDPの規模でアメリカを抜き、その頃に高所得国の仲間入りをする。なお、二〇一一—一三年の成長実績はこの予測を上回っているので、二〇一四—二〇年は年七・五％弱で成長すればちょうど予想通りということになる。

一方、梶谷の予測は表序-2に示した「慎重シナリオ」である。二つのシナリオの違いが生じる理由の一つは先に述べた資本の増加率に関する予想の違いであるが、もう一つは労働生産弾力性の想定が違うことである。労働生産弾力性とは就業者数の一％の増加によってGDPが何％増えるかを意味する。両者とも今後就業者数が減少に転じる中で労働生産弾力性は高まるとみているが、筆者（丸川）は直近の時期に比べて緩やかに上昇すると予測するのに対して梶谷は急激に上昇するとみる。一から労働生産弾力性を引いた値が資本生産弾力性なので、慎重シナリオは楽観シナリオより就業者減少の影響を大きくみる一方、資本の寄与度は小さくみることになる。慎重シナリオだと中国がアメリカを抜くのは二〇三〇年代前半になる。

津上俊哉は国連の人口予測は合計特殊出生率を一・五一〜一・五八と見積もっていて過大評価であると批判し、二〇一〇年の人口センサスから得られる一・一八という出生率を用いるべきだと主張する。では仮に津上の人口予測を採用した場合に、経済成長率はどれだけ下がるのだろうか。労働力不足が深刻になるとすれば労働力率は低下しなくなると考えられるので、二〇一一—二〇年の就業者数の減少は年率マイナス〇・一%、二〇二一—三〇年は年率マイナス〇・六%と予想される。この数字を表序-2の「楽観シナリオ」に当てはめると、二〇一一—二〇年のGDP成長率は年七・八%、二〇二一—三〇年は年七・〇%となる。結局、国連の人口予測を使った筆者（丸川）の予測と年率〇・一%しか違わないのである。

ちなみに、二〇〇〇年の人口センサスでも合計特殊出生率は一・二二と低かったが、厳（二〇一三）は人口センサスでは相当数の子供が把捉されていなかったことを示した。二〇〇〇年センサスの〇〜一一歳の人口と、二〇一〇年センサスの一〇〜二一歳の人口を比べると、二〇〇〇年の統計には存在していなかった人が二〇一〇年には一八九〇万人も現れている。二〇一〇年人口センサスの際にも同様に大勢の子供が隠されたのだとすれば、一・一八という出生率は過少ということになる。

もっとも、潜在成長率はあくまで供給側からの成長予測である。この数字は、社会の生産要素をフルに利用した場合に可能となる成長率の上限を示している。だが、それに見合った需要がなければ潜在成長率を実現できない。もしこれが小国の場合であれば国内需要が足りなくても輸出に活路を見いだすことができるが、世界第二位の経済大国になった中国が、輸出拡大によって需給のギャップを埋め合わせることは今後ますます難しくなる。中国は二〇〇七年まで輸出拡大にかなり依存していたが、二〇〇八年のリーマンショック以降は輸出に余り期待できなくなった。近年は欧米やインドから次々とアンチ・ダンピングを発動されており、中国の輸出をめぐって世界各地で貿易摩擦が起きている。そこで中国政府は二〇〇九年より国内の投資によって景気を牽引する政策をとった。だが、投資は将来生産能力となるので、その時に消費や輸出の需要がそれに見合った量だけ存在しなければ過剰な生産能力となってしまい、企業の倒産や銀行の不良債権など多くの問題を引き起こす。

第六節　本書の構成

本書は、中国が経済超大国に向かって歩むなかで直面しつつある国内での軋みと、海外に及ぼすインパクトについて二名の執筆者の独自の調査と分析に基づいて論じる。第一章ではマクロ経済の矛盾とあつれきを取り上げる。表序-1に示したように、中国の経済成長は資本の急速な増加によって支えられてきたが、特に二〇〇五—一〇年には増加率がますます高まり、中国はいまや投資主導の経済成長の状態にある。果たしてこうした成長は持続可能なのであろうか。第一章では高水準の投資が行われる経済構造を解明し、その投資主体や資金調達における危うさを指摘する。

第二章では世界一の貿易大国となるとともに直接投資の出し手としても急速に台頭してきた中国が世界に及ぼすインパクトを論じる。世界の工業を飲み込む中国は、同時に一次産品の巨大な輸入国ともなっており、多くの途上国をモノカルチャーの方向に追いやっている。そのことをどう考えたらよいのだろうか。

第三章では特許の出願数で世界一となるなど技術の面でも台頭著しい中国の技術進歩について論じる。中国の技術開発に関しては科学技術のフロンティアで先進国と伍している側面ばかりが注目されがちだが、中国だからこそ取り組むべき技術開発の課題はむしろ他のところにあることを主張する。

第四章では土地制度の問題について論じる。序章第五節で述べたように、これからの中国の経済成長のキーワードは都市化であるが、中国の大きな問題は国民も国土も「都市」と「農村」に分断された状況が続いていることである。都市化とは国民と国土が農村から都市に移っていくことだが、このプロセスで発生する莫大な地代をどう配分するかによって多くの国民が豊かになる可能性もあれば、社会不安が起きる可能性もある。

最後の終章では、以上の分析を踏まえて、経済超大国化にともなう軋みとインパクトに政策と我々の認識とをどのように適応させるべきかを論じる。

第一章　投資過剰経済の不確実性とダイナミズム

はじめに

二〇一二年秋の反日デモによる日系企業や店舗の打ち壊し以来、特に日本企業にとって中国でのビジネスはかつてない不安定さ、不確実性を抱え込んでいる。もちろん、ビジネスに不確実性やリスクはつきものである。ただ、中国でのビジネスに関するリスクの特徴は、そこに中国の経済システムに特有の問題がからんでいる点にある。それは日本の経済システムとはかなり異質なものを含んでいるため、システムの構造自体を理解しなければ、そこに具体的に生じているリスクがどの程度のものなのか、客観的な評価自体が困難になる。シカゴ派の経済学の創始者ともいわれるフランク・ナイトは、例えば自動車事故のように生じる確率が客観的に判断可能であり、それゆえ保険によってカバーできる「リスク」に対して、そのような客観的な確率の計算が不可能であり、文字通り何が起こるかわからないような状況のことを「不確実性」と呼び、明確な区別を行った（ナイト 一九五九）。

昨今の日中関係の悪化を背景に、日本では中国との経済関係、ひいては中国経済そのものがフランク・ナイトの言う「真の不確実性」に近いイメージで捉えられるようになった、と言えるのではないだろうか。これは、中国経済自体がさまざまな問題点やリスクを抱えているものの、また同時に独自のダイナミズムにも満ちているために、総合的に評価するのが極めて難しい、ということを意味している。

本章では、近年における中国の経済成長パターンの変化、および「影の銀行」「融資プラットフォーム」に代表される財政・金融システムの問題、さらにはグローバル不均衡など対外経済関係の変化といった点に焦点をあてながら、そのような「不確実性」に満ちた中国経済のマクロ的な展望を、客観的かつ論理的に論じることを目指したい。

第一節 「過剰資本蓄積」の下での高成長

1 「過剰資本蓄積」経済とは何か

改革開放路線によって市場化を進めてきた中国経済は、一九九〇年代半ば頃から大きな転換点を迎えることになる。一つには、一九九四年における分税制の導入(1)に代表されるように、それ以前は地方政府に大きな運営上の裁量権を付与していた財政・金融システムについて、中央政府のコントロールをより強化し、一定のルールによって制御する方向の改革が行われたことがあげられる。

もう一つの大きな変化は、それまで発展途上国として基本的に資本不足の状態にあったと考えられる

図 1-1　実質 GDP 成長率と投資の寄与率

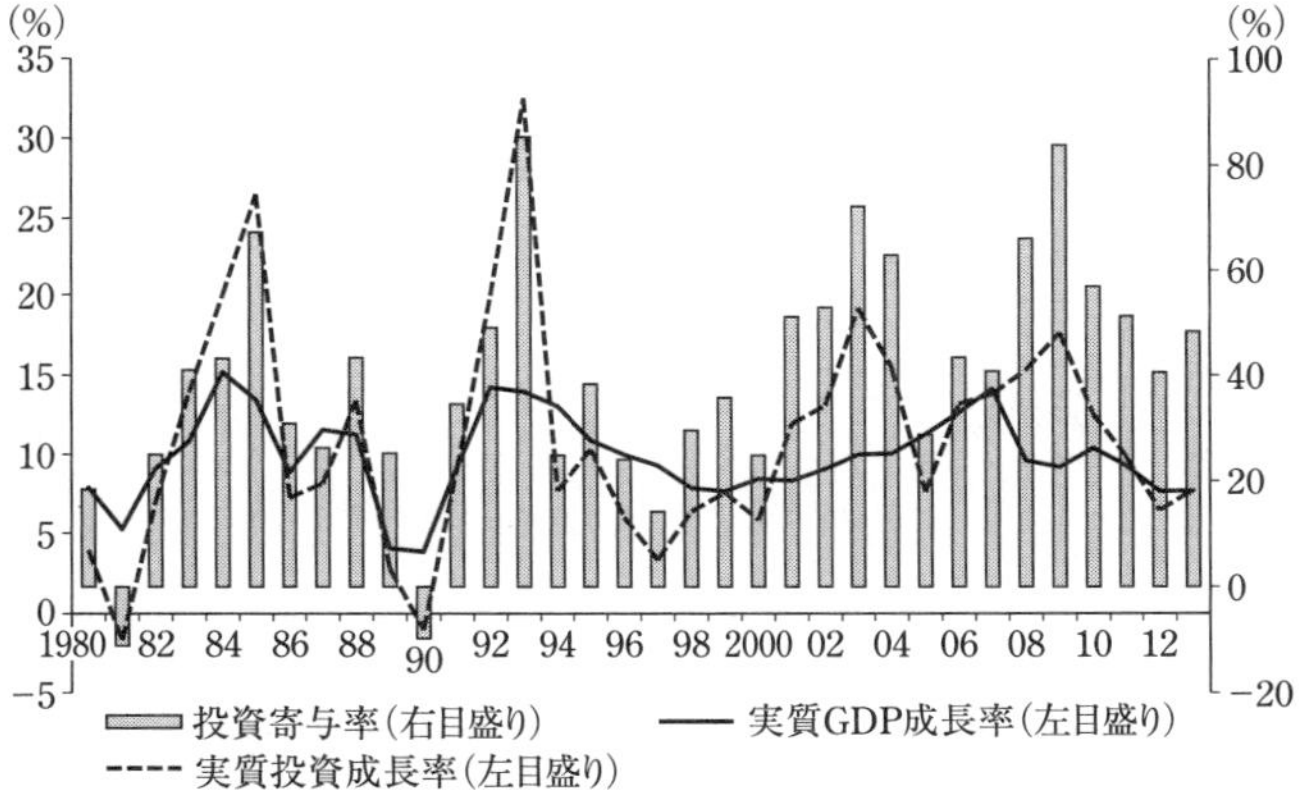

出所：国家統計局編（各年版）
注：各年の実質投資額は，1995 年価格で求めた各年の実質 GDP の値に，同年の資本形成総額が名目 GDP に占めるシェアを乗じて求めた．

中国の経済が、持続的な高度経済成長と旺盛な国内投資を背景として、次第に「投資過剰」の様相を呈してきたことである。そのことは、今世紀に入って、国内総生産（GDP）の構成部分のうち、投資の伸び率が突出して高くなっていったことに端的に表れている。図1-1をみれば、一九九〇年代には投資の伸びは全般的に抑えられていたのに対して、今世紀に入って投資の伸び率はほぼ一貫してGDPの伸びを上回り、またその寄与率[2]は平均して五〇%を超え、高いときには八〇%を超えていることがわかる。

中国の具体的な状況に関する議論に入る前に、資本が過剰に蓄積される経済とはどのような状態を意味するのか、マクロ経済学の基本的な考え方に基づいて簡単に整理しておこう[3]。ここでいう「過剰資本蓄積」とは、端的に言うと、固定資本投資の収益性が低下し、明らかに現在の投資を減らして消費を増やした方が経済厚生は増加するにもかかわらず、消費が抑制され、さらなる資本投資が持続的に行われるような状況のことである。

ここで重要なのは、「消費の時間選好率」と「投資の収益性」との関係である。「消費の時間選好率」とは、将来の消費よりも現在の消費を好む度合のことであり、現在の消費一単位と、それと等価になるような将来の消費との比率によって定義される概念である。一般に消費を将来まで待つことには何らかの代償が必要とされるため、将来の消費を現在の消費に換算する際には将来の消費を割り引く必要がある。このときに用いられる割引率が「消費の時間選好率」である。たとえば、時間選好率が年率五%だとすると、現在の消費一万円分に相当するのは一年先の一万五〇〇円分の消費、ということになる。

設備投資の収益率（実質金利）が消費の時間選好率を下回るような状況では、設備投資を減らして消費を増やした方が経済厚生は増加する。たとえば、時間選好率が年率五%のときに実質金利が二%だとすると、将来の収入のために貯蓄や投資を増やすよりも、現在の消費を増やした方がより大きな経済厚生が得られるということになる。

経済が「過剰資本蓄積」にあるとは、資本ストックの蓄積が十分に進んで、すでに投資の収益率が時間選好率を下回っているにもかかわらず、投資の勢いが止まらず、さらに資本蓄積が進んでいくような状況のことを指す。このような状況下では、資産価格上昇による「キャピタルゲイン」への期待によって、投資の実質的な収益性の低下が埋め合わされることになる。すなわち、資本の過剰蓄積は資産バブルの発生と非常に親和的なのである。

中国経済が、「資本過剰経済」あるいは「投資過剰経済」へと転換するきっかけは、海外資本の積極的な誘致、国有地使用権の払い下げを通じた都市開発の推進、そして、それまで国有企業などが提供していた住宅の民間を通じた供給への転換、さらに内陸地域への財政補助金を用いたインフラ建設の本格化など、江沢民政権期（一九八九―二〇〇二年）に実施された一連の経済政策に求められよう。

しかし、その動きが本格化するのは、むしろ胡錦濤政権期のことであった。次項でみるように、①国有企業改革、企業間競争の激化などに伴う労働分配率の趨勢的低下、②金融機関からの借り入れが困難な非国有企業による内部留保（企業貯蓄）の拡大、③社会保障整備の遅れによる家計部門の高い貯蓄率など、「過剰資本蓄積」の背景ともいうべき現象は、胡錦濤政権の時代において深刻化したと考えられるからである。特に二〇〇八年に世界金融危機を受けて大規模な景気刺激策が実施されて以降は、固定資産投資の効率性が顕著に低下しており、景気対策の名目でかなり非効率な投資プロジェクトまでもが実施されたことが示唆されている（三浦二〇一三）。

アメリカにおける中国経済研究の第一人者であるバリー・ノートンは、「和諧社会」の実現をかかげた胡錦濤政権期における経済政策の重要なポイントを以下のようにまとめている（Naughton 2011）。

① 農村における医療・年金改革など社会保障制度改革の実施、「経済性住宅」の供給。
② 農村・農業、内陸部への補助金支出の拡大。
③ 国有企業改革の停滞と独占化の進行、エネルギー・資源・通信など特定産業への集中。
④ 戦略的産業や「メガプロジェクト」への支援、および基礎的な技術開発の推進など、より積極的な産業・技術政策の実施。

これらの「和諧社会」を目指す一連の政策は、①の社会保障制度改革を除けば、「過剰資本蓄積」の根本的な解決をもたらすものではなく、市場に対する政府の介入を通じて問題の先送りを行うものであった、といえよう。しかし、後述するように（地方）政府が最大の投資主体であるという状況のもとで、このように政府の介入を強めることは、一方ではさらに経済全体の資本蓄積を進めるという側面を持っている。そのため、矛盾が解決されず介入の度合いが徐々に強まる、という一種の「罠」に陥ってしまったとも考えられるのである。

2 「過剰資本蓄積」の背景

前項でみたように、中国経済の資本不足経済から資本過剰経済（投資過剰経済）への転換が本格化したのは胡錦濤政権期のことであったと考えられる。それは、以下のような「過剰資本蓄積」の背景ともいうべき現象が、胡錦濤政権期において深刻化したからにほかならない。

(a) （地方）政府主導の積極的な投資行動
(b) 労働分配率の趨勢的低下
(c) 企業による内部留保の増大
(d) 家計部門における高い貯蓄率

以下では、近年の実証研究の結果を紹介しながら、これらの「過剰資本蓄積」の背景となる現象について概観することにしよう。

(a) （地方）政府主導の積極的な投資行動

改革開放期の中国においては、地方政府が銀行や不動産業者などの企業と一体となった「コーポラティズム」とも称される体制の下で、消費需要が伸び悩む中でも、積極的な投資拡大行動によって高成長を牽引してきたと考えられる（梶谷二〇一一）。

社会的なセーフティーネットの構築が不十分な状況のもとで高成長を続けており、所得の上昇分に比べて国内消費が伸び悩んでいる現在の中国にとって、地方政府主導で行われる固定資産投資は、その高成長を支える国内需要の最大要因になってきた。(4) ただし、このような地方政府の積極的な投資が効率的なものであったかどうかとなると、近年に限ってみても、それに疑問を投げかけるような実証研究がいくつも発表されている。

例えば、ファンとチャン－カン（Fan and Chan-Kang 2008）は、一九八〇年から二〇〇二年までの期間に、高速道路の供給が急速に進んでいる反面、より地域性の強い道路の供給が遅れている状況に注目した興味深い研究を行っている。彼らは、まず道路の等級別にその供給状況を整理した上でそれらを「上級道路」「下級道路」の二つに分類し、それぞれの供給が、都市・農村の生産性向上、さらには貧困改善に対してどの程度貢献しているかを比較した。その結果、いずれの推計においても、より下級の、すなわち地域性の強い道路の供給の方が経済的な効果は大きく、特に農村部における所得上昇、貧困改善の効果が大きい、という結果が得られたのである（表1-1）。また彼らは、より経済効果が高いはず

表 1-1　道路建設投資が経済成長に与える効果

	GDP 全体		農村非農業部門	
	上級道路	下級道路	上級道路	下級道路
全国平均	2.34	8.66	1.04	7.59
東北部	2.05	7.14	0.82	4.64
北部	2.24	12.09	1.01	9.22
西北部	1.71	2.84	0.72	2.32
中部	2.59	13.02	1.36	15.53
東南部	2.43	36.84	1.19	29.20
西南部	2.88	14.77	0.86	10.49
南部	1.95	14.98	0.81	12.09

出所：Fan and Chan-Kang（2008）
注 1：「上級道路」は高速道路および第 1 級，第 2 級の道路の合計を，「下級道路」はそれ以外の道路の合計を表す．
注 2：数字は，それぞれの道路建設に対し 1 単位の投資を行った場合のそれぞれの部門の付加価値が何単位上昇するかを表している．

の地域に根ざした道路の整備が後回しにされ、高速道路や幹線道路の供給が優先されるのは、地方政府にとって、より短期的なリターンの得られる後者の方を優先するインセンティブがあるからだ、と指摘している。

このような政府主導による積極的な投資行動の影響は、道路建設のようなインフラ投資にとどまらない。国有企業の設備投資行動も、中央・地方政府による政策的な意向の影響を強く受けていると考えられるからである。例えば、二〇〇〇年から二〇〇七年までの中国の製造業の過剰資本の状況を所有別に推計したディン＝グアリグリア＝ナイト（Ding, Guariglia, and Knight 2010）は、企業全体における過剰資本の比率は二一・一％であるのに対し、国有企業の場合は二五・五％の資本が過剰である、という結果を得ている。

これらの指摘から浮かび上がってくるのは、胡錦濤政権期以降増加した内陸部重視の投資政策が、資本の非効率な配分をもたらし、投資の限界生産性を低下させることで、資本の過剰蓄積を一層深刻化させているという事実である。

図 1-2　産業全体における労働分配率の推移

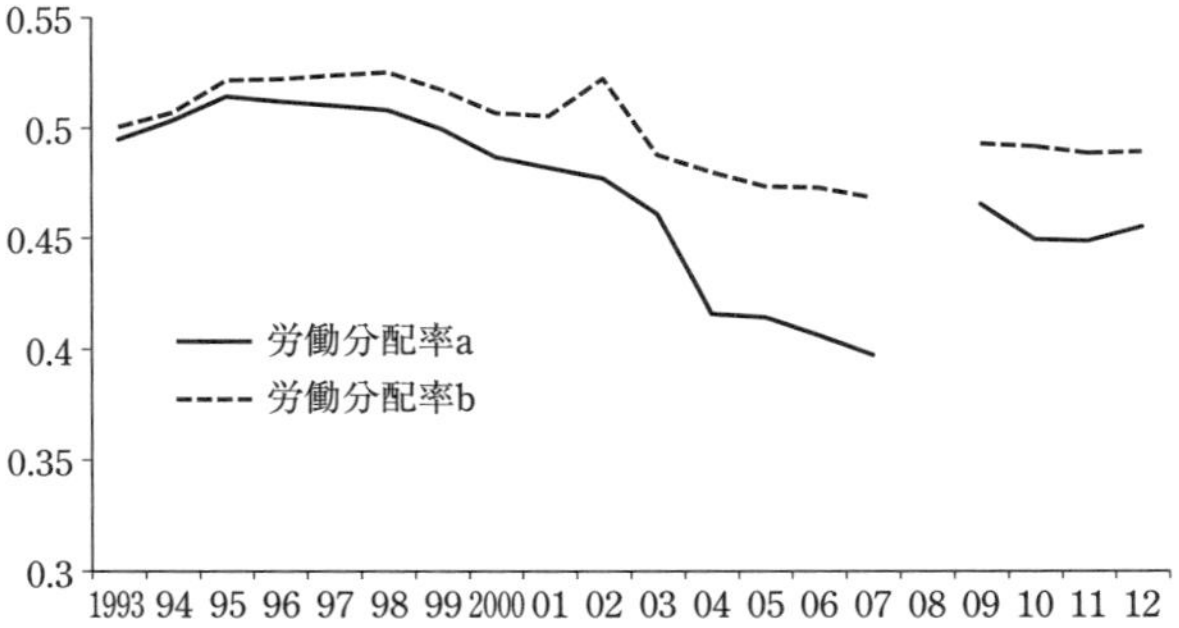

出所：国家統計局国民経済核算司編（2004），国家統計局国民経済核算司編（2007）
注 1：グラフの基になった数値はいずれも省ごとのデータを集計して求めている．なお，2008 年の省ごとの GDP 分配面の統計は現時点で入手出来ない．
注 2：労働分配率 a は GDP 分配面の統計における「労働者報酬」を GDP で除したもの．労働分配率 b は，「営業余剰」に含まれている混合所得のうち，自営業者の報酬分を推計し，「労働者報酬」に加えたものを GDP で除したもの．

(b) 労働分配率の趨勢的低下

中国におけるマクロの労働分配率は、二〇〇九年以降最低賃金の上昇などの影響により回復傾向が見られるものの、一九九〇年代以降、趨勢的には低下傾向を示している（図1-2）。労働分配率の低下は、家計の消費需要の低下と密接に関係しており、上述のような政府主体の投資需要による成長率の底上げを誘発しやすいと考えられる。例えば顧（二〇一四）は、労働者への賃金の過少支払いがマクロでみた過剰資本蓄積の原因となることを、理論モデルによって示している。

ただし、このようなマクロレベルの労働分配率が低下したことをもって、労働者への賃金が過少に支払われている、と結論づけるのは早計である。バイとチエンの研究（Bai and Qian 2010）によれば、中国のGDP分配面の統計を部門別にみた場合、農業部門の労働分配率は一貫して〇・九前後と非常に高い水準にあるが（図1-3）、これは明らかに過大に推計されている。

図 1-3　部門別労働分配率の推移

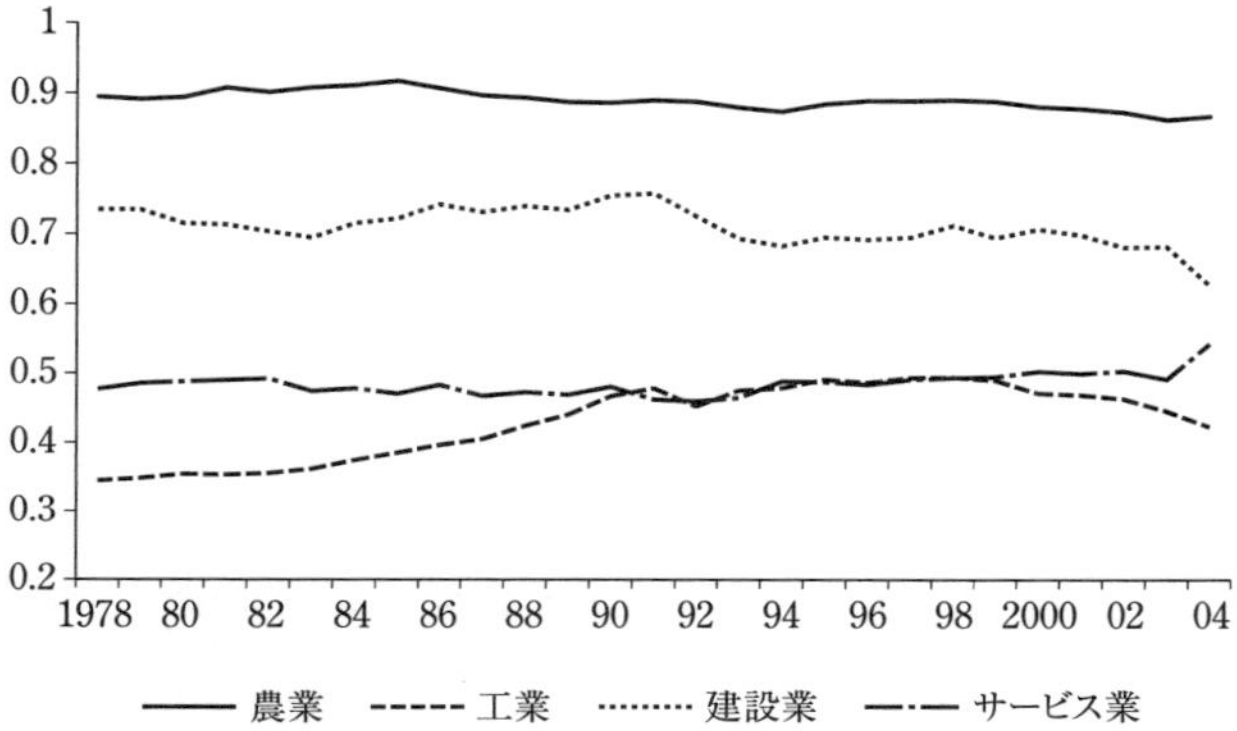

出所：Bai and Qian（2010）

農家の収入に含まれる、本来ならば営業余剰にカウントされるべき資本、あるいは土地がもたらす要素収入なども、その大部分が労働者報酬に組み入れられているからである。彼らによれば、二〇〇〇年代に入っての中国全体でのマクロの労働分配率低下のかなりの部分は、このように労働分配率が過大に評価された農業部門のシェアが、工業化の進展によって縮小したことによって説明されてしまう。

ただし、部門別に推計された労働分配率をみると、今世紀に入ってからは工業部門に限っても労働分配率の低下が見られる点は注目に値する。この事実は、以下にみるようなミクロ的な分析から得られる労働分配率の推移と基本的に一致するからである。

一九八〇年代後半に国有企業改革が開始されると、利潤追求を目的としていない国有企業は、従業員に過大な賃金支払いを行っており、それが経営を圧迫しているという主張が盛んになされるようになった。例えば、南・本台（一九九九）は、一九八〇年から九四年までの期間における全国、天津、武漢の国有企業のミクロデータを用い、一九八〇年代半ば以降には賃金が限界労働生産性を上回り、過大に支払われている可能性を示した。この背景として、一九八〇年代半ば以降の国有企業改革により、労働者のインセンティブを強化する賃金改革が行われたことがあげられる。よく知られているように、このような賃金水準の上昇は、結果として国有企業の経営悪化を招くことになった。

しかしながら、その後、中国の労働分配率をめぐる状況は大きく変化した。賃金水準が限界労働生産性を下回る、いわば過少分配の傾向が見られるようになったのである。そのことを強く印象づけるのが、フレイシャーらによる研究（Fleisher et al. 2011）である。彼らは、一九九八—二〇〇〇年の、北京、上海、広州、天津、成都の四二五の鉱工業企業のミクロデータを用いて、労働の限界生産性と賃金水準とのギャップを推計した。その結果、教育水準の高い従業員（技能労働者）の二〇〇〇年の賃金水準は労働の限界生産性のわずか七・五％、また、教育水準の低い従業員（非熟練労働者）の賃金水準も労働の限界生産性の一九・二％と、いずれも限界生産力を大きく下回る水準しか賃金が支払われていないことを明らかにした。

他にも同様な結果を示した先行研究は多く、二〇〇〇年代に入って、工業部門における労働分配率がむしろ労働生産性を下回るようになったことはほぼ間違いないと言ってよいだろう。特に非国有企業は、後述するように労働者への賃金支払いを抑えることで内部留保を拡大し、激しい企業間競争に生き残るための投資資金を確保していたと考えられる。

図 1-4　各部門の貯蓄率の推移

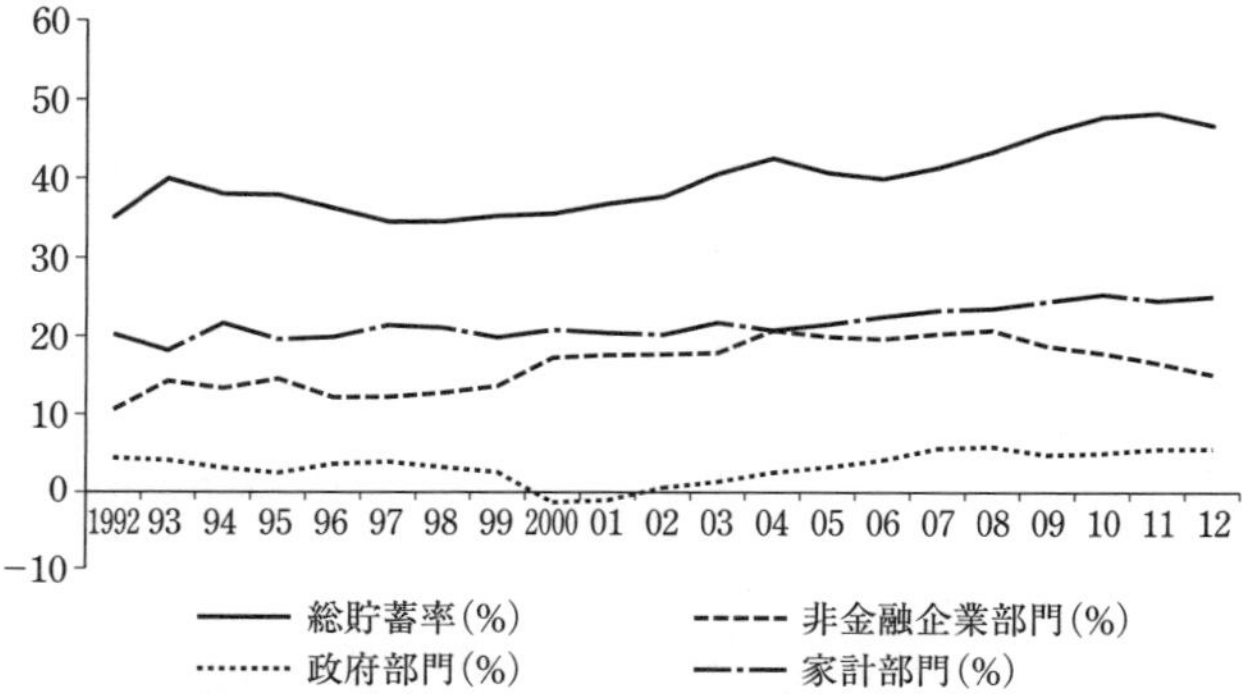

出所：国家統計局国民経済核算司・中国人民銀行調査統計司編（2008），国家統計局編（各年版）
注：グラフの数値は各部門における貯蓄総額の対 GDP 比を表す．

(c) 企業による内部留保の増大

中国の粗貯蓄率を部門別に分解してみよう（図1–4）。中国における貯蓄率の高さはしばしば問題とされてきた。その際には、後述するような家計貯蓄が対象とされることが多いが、図を見れば二〇〇〇年以降には政府部門や非金融企業部門の貯蓄率も上昇していることがわかる。また、部門別の投資–貯蓄ギャップのGDP比率を示した図1–5をみると、非金融企業部門における投資–貯蓄ギャップは一九九〇年代を通じて縮小し、その後低い値で推移していることがわかる。ただし、二〇〇八年以降は大規模な景気刺激策の影響もあって、ギャップは拡大に転じている。

　このような企業部門の貯蓄率上昇の背景として、市場において独占的な力を持つ国有企業が、大手国有銀行から低利の融資を安定的に受けることを通じて高い利益率を実現する一方で、非国有企業が、慢性的に資金調達が困難な状況に置かれてきたことが指摘できる（三浦二〇一二）。

　すなわち、資金調達に問題を抱え、企業投資を借り入れ

図 1-5　各部門の資金過不足

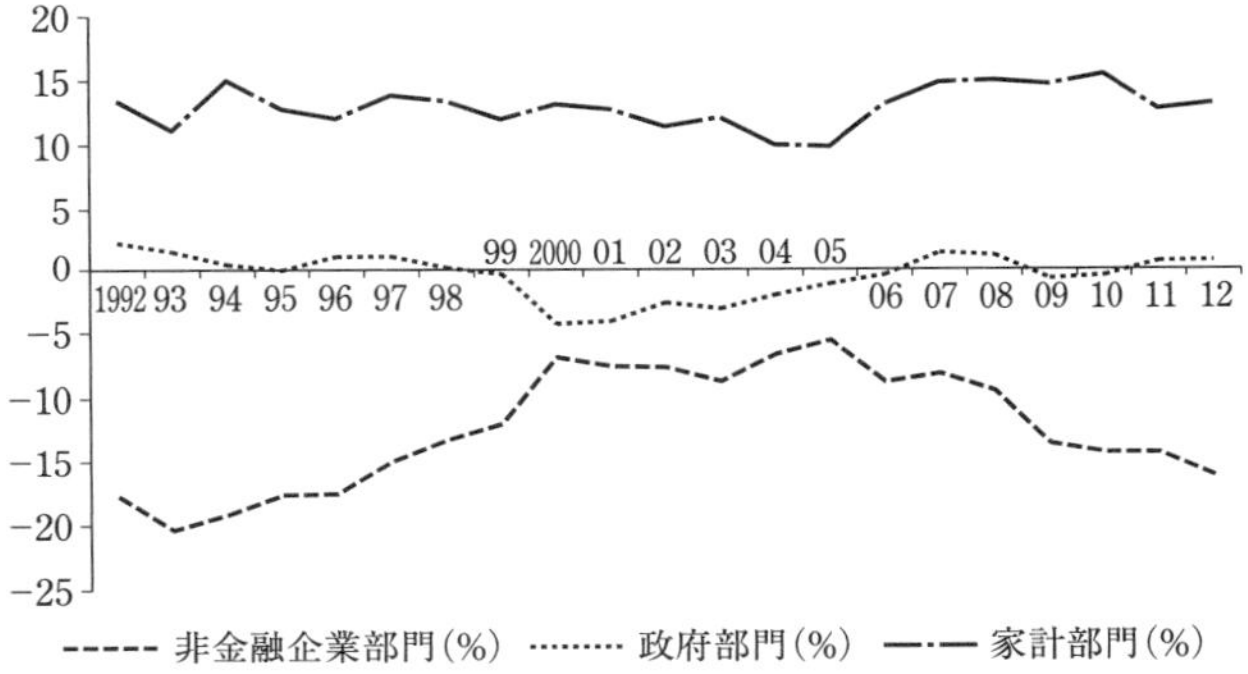

出所：図 1-4 に同じ
注：グラフの数値は各部門における貯蓄額と投資額の差の対 GDP 比を表す.

によってカバーできない非国有企業が、賃金払いを圧迫して内部留保を増やしており、そのことが企業部門における貯蓄率の高さだけでなく、低い労働分配率の原因になってきたのである。このことは、金融市場が十分に統合されておらず、非国有企業、とくに中小の民間企業は銀行から十分な融資を受けられないという「ゆがみ」が存在するために、これらの企業が過大な内部留保を抱え込んでいることを示唆するものである。言い換えれば、金融・資本市場が十分に効率的ではないことが、マクロ全体における企業貯蓄率の高さをもたらしていると考えられる。

(d)　家計部門における高い貯蓄率

(b)で述べたような労働分配率の趨勢的な低下は、社会保障サービスの不十分さや、急激な人口構成の変化などの現象と合わさって、家計における消費性向の低さ、および貯蓄率の高さをもたらす原因になっている。モディリアーニとツァオ(Modigliani and Cao 2004) は、このような高い貯蓄率の背景として、特に農村部における社会保障制度が不十分なため、家計が将来のリスクに対する保険として貯蓄に頼らざるを得ない状況をあげている。とくに、一九九〇年代後半以降には、国有企業改革を通じた年金など社会保障サービスの企業からの切り離し、および住宅の持ち家化の推進という一連の流れの中で、受け皿となるセーフティーネットが不十分であったため、家計部門が保険的な動機から貯蓄を行ったものと考えられる。

以上みてきたような(a)から(d)までの現象は、どれか一つが「過剰資本蓄積」の主要な原因というわけではなく、相互補完的なものと考えるべきであろう。例えば、製造業部門における企業の内部留保の増大は、賃金所得を圧迫し労働分配率の低下につながり、それはまた家計における消費の低迷の大きな原因になっていると考えられる。このように民間部門の消費需要が伸び悩む中で、中央・地方政府が高成長と安定した雇用状況の維持のために依存したのが、政府主導の旺盛な固定資本投資であった。

このような状況の下でも、政府部門が老齢年金などの社会保険の仕組みを整え、世代間の資源配分を積極的に進めていけば、過剰な資本蓄積をある程度抑えることも可能になる。しかし、胡錦濤政権が実際に採用したのは、そのように社会保障制度を充実させるというよりも、財政・金融政策を通じて政府・民間部門の固定資本投資を刺激し、当面の需給ギャップを解消することであった。このため中国経済は、その後も様々な矛盾を半ば慢性的に抱え込んでいくことになったのである。

3 「過剰資本蓄積」と格差問題

ここまで、今世紀に入ってから中国経済がその成長を固定資産投資に依存する「投資過剰経済」ともいうべき状況を呈してきたことをみてきた。ただし、同じように投資が過剰な状態にあるといっても、リーマンショックの前後では、そのメカニズムは大きく異なっている。ここでは仮に、リーマンショック前を「投資過剰経済」の第一段階、ショック後を第二段階としておこう。

リーマンショック以前の第一段階では、労働者への賃金支払いを圧縮して旺盛な設備投資を行うという企業の行動が過剰な資本蓄積の主要な要因だったと考えられる。ドラーとジョーンズ（Dollar and Jones 2013）は、中国経済の高投資率と低い労働分配率とを表裏一体のものとしてとらえ、以下のような分析を行っている。

中国では戸籍制度による自由な労働力移動の制限を背景に、特に農村から都市に出稼ぎに来ている非熟練労働者（農民工）の賃金水準が工業部門の限界労働生産性を大きく下回る状況が持続していた。安価な労働力の利用により都市の工業部門では資本蓄積や技術進歩が生じ生産性が向上するが、このことにより国有部門などの正規労働者と農民工との賃金ギャップはますます拡大する。

同時に、マクロの労働分配率が低下し、社会保障制度の不備を背景に家計の貯蓄率が上昇する。膨れあがった家計の貯蓄は、資本市場への政府の介入により、一部の国有部門における固定資産投資へと「動員」される。このようなメカニズムによって、近年の中国では部門間の格差拡大と過剰な投資が並行して進んだ、というのが彼らの見解である。

ただし、上記のようなロジックは、農民工による労働争議の活発化などの影響で最低賃金が上昇し、労働分配率が改善したリーマンショック後の状況下では厳密には成り立たない。資本係数（資本ストックとGDPの比率）が大きく変化しないという前提のもとでは、労働分配率の上昇、すなわち資本分配率の低下は資本収益率の低下をもたらすからである[5]。これは、通常であれば投資を減少させるはずである。しかし、実際には二〇〇九年以降にGDPに占める総資本形成の比率はむしろ大幅に伸び、約五〇%を記録している。

このような「投資過剰経済」の第二段階の主役は、リーマンショック後の大規模な景気刺激策、ならびにそれを受けて活性化した地方政府主体の投資行動である。景気を刺激するための投資事業はその大半が地方政府に丸投げされたが、地方債の発行や、銀行からの政府の借り入れが厳しく制限されていた。このため「融資プラットフォーム」と呼ばれるダミー会社（後述）を通じて資金を調達し、都市のインフラやマンションなどの建設を大々的に行ったのである。同時に、中央銀行である中国人民銀行は大胆な金融緩和によって地方政府の資金調達をサポートし、それによって生じる土地や不動産価格の上昇期待がさらなる投資の呼び水となった。収益性が低下しているにもかかわらず、民間資本も含めた高投資が持続したのは、それがキャピタルゲインへの期待に支えられていた、すなわち資産バブルの発生と切り離せないものであったということを物語っている。

このような不動産など資産価格の継続的な上昇は、「持てる者」と「持たざる者」の間における資産格差の拡大をもたらした。たとえば、二〇〇六年に行われた中国社会科学院社会学研究所の調査によると(李・陳・李二〇〇七)、家計の資産保有額のジニ係数は〇・六五三であり、上位二〇%の保有額と下位二〇%の保有額との格差は七二・四倍にも達したとされる。このような資産格差の拡大は、いうまでもなく上述のような住宅資産の私有化、市場化、ならびに土地使用権を含めた資産価格全般の高騰によって生じたものである。同時に、家賃収入やキャピタルゲインなど「持てる者」にとってのフローの資本所得の上昇をもたらし、ひいては家計間の所得格差の拡大にも寄与していると考えられる。

リーマンショックの前後を通じて、投資は国有部門に集中してきた。その結果、国有部門の賃金は非国有部門よりもより大きく上昇した。中央・省政府に近い企業が、政府と結びついた独占・寡占構造によってレント=収益増を享受するのに対し、民間の中小企業は激しい競争と低収益にさらされる、という、「国進民退」と呼ばれる状況が顕著になってきたのである。

「国進民退」という言葉が、どの程度現実を表しているのか、という点を巡っては、中国の内外を問わず様々な議論がある(加藤・渡邉・大橋二〇一三)。工業生産額や労働者数に占める国有企業のシェアが下がり続けていることから、この用語は実態に即さない、という見方もあるが、これを国有企業の「特権の強化」として捉えるならば、ここ一〇年ほどの状況の変化を「国進民退」と呼ぶことはあながち誤っていないのではないだろうか。

この点について、まず指摘しなければならないのが、非国有部門が高い生産性の伸びを通じて経済成長を牽引していたにもかかわらず、それに見合うような賃金の上昇や資本の分配は行われてこなかった、

表 1-2　都市における賃金格差の動向

	1988 年	1995 年	2002 年	2007 年
賃金のジニ係数	0.237	0.344	0.348	0.439
上位 10 分位／下位 10 分位比	2.82	5.04	4.96	6.43
国有－非国有間賃金差別（%）	43.3	43.0	44.4	80.8

出所：Xia et al.（2013）
注：国有－非国有間賃金差別は，ブラインダー・ワハカ分解により，国有－非国有間の賃金格差のうち，個人の属性・業種などでは説明できない要素を抽出したもの．

という点である。

このうち、部門間における資本の分配の非効率性を示す現象としては、本来は生産性が高いはずの非国有企業が資金調達で困難に直面していることがあげられよう。特に、民間中小企業については信用面でのインフラが脆弱であり、金融引き締めの影響を受けやすいことがかねてより指摘されてきた。二〇一一年一一月に温州で民間金融・民間企業を対象にして生じた信用不安は、そのことを象徴する出来事であったといえよう。すでにみたように、このような状況が中小企業の内部留保を拡大させ、労働分配率を圧迫するという結果をもたらしている。

一方、労働面での分配の非効率性を示すのが、国有企業と非国有企業の間の賃金格差である。シアらの研究（Xia et al. 2013）は、一九八八年、一九九五年、二〇〇二年、二〇〇七年に中国住民収入分配研究チーム（ＣＨＩＰＳ）によって実施された家計調査に基づき、都市住民の賃金格差がどのように拡大してきたかを明らかにしている。彼らの分析によれば、賃金のジニ係数は調査年ごとに確実に拡大しているほか、上位一〇分位と下位一〇分位との賃金比も同じような動きを辿っている（表1-2）。

賃金格差のうち、大きな比重を占めるのが企業の所有制による賃金格差である。シアらの分析によると、国有企業と非国有企業間の賃金格差のうち、業種や個人の属性では説明できない「差別」に当たるものの割合が、一九八八年から二〇〇二年にかけてはほぼ四三%から四四%の間を推移していたのに対し、二〇〇七年にはなんと八〇%に達しているという(6)。

このように、国有‐非国有企業間の賃金格差が、生産性の違いなどに裏付けられない「差別」的なものだ、ということは、経済全体でみると深刻な資源配分上の非効率が生じている可能性を示唆するものである。

ブラントとチュー(Brandt and Zhu 2010)は、①非国有企業の全要素生産性は一貫して国有企業のそれよりも高いこと、②にもかかわらず国有部門の賃金は一貫して非国有部門の賃金を大きく上回っていること、③賃金格差は一九九〇年代後半に一旦縮小するが、その後また拡大していることを指摘している。ブラントらによれば、このような賃金格差には労働市場だけでなく、資本市場のゆがみも大きく寄与している。すなわち、非国有部門の方が資本の収益率が高いにもかかわらず投資は一貫して国有部門に集中しており、それが国有部門‐非国有部門間の賃金格差を生んでいるというわけである。

ブラントらはまた、三部門間の資本・労働の移動を考慮した生産関数の推定を行い、その結果をベースにシミュレーションを行っている。その結果、国有部門の労働シェアが減少し、および国有部門‐非国有部門間の賃金格差が縮小することによって経済全体の全要素生産性成長率が上昇することを明らかにした。要するに、要素市場のゆがみがなく、生産性の高い部門に資本と労働が自由に移動することができたならば、現実のように固定資本投資を大きく増加させることなく、高い成長率を記録することができた、というのが彼らの結論である。

このほか、国有部門の持つ特権が格差を拡大させている例として、「灰色収入」の問題が指摘できる。「灰色収入」とは、合法と非合法の間に位置するグレーゾーンの収入という意味である。一般に、政治的な「特権」を有している階層ほど、「レントシーキング」行為を通じてこの種の収入が多くなると考えられている。灰色収入の問題に一貫して取り組んできた中国改革基金会国民経済研究所の王小魯（王二〇一三）によれば、二〇〇五年において都市部では公式推計には現れない「隠れ収入」が四兆八〇〇〇億元、二〇〇九年には九兆三〇〇〇億元（GDPの約三〇％）に達しており、そのうち、六・二兆元（GDPの約一二％）が上述の灰色収入であるという。

王らは、都市の家計収入を独自に調査し、隠れ収入を含めた実際の収入と、経済センサスなどによって政府が把握しているフォーマルな家計収入との差がどれくらいあるかを明らかにした。両者の値の差は、所得が高い層ほど大きくなる傾向があり、収入が最も高い一〇分位の家計では、実際の収入がフォーマルな収入の三倍以上になるという。また、このような隠れ収入の全体額の七〇％以上を、所得上位二〇％の高所得者層が得ていることも明らかにされた(7)。

王は、このような「隠れ収入」が反映されていないため、国家統計局の公表したジニ係数は実際の格差を過少に評価していると主張している。彼によれば、二〇一一年の公式統計における下位一〇％の家計を一としたときの上位一〇％の家計収入は八・九になるが、隠れ収入を含めると、それは二〇・九に跳ね上がる。このような隠れ収入を考慮に入れた場合、都市住民だけに限った二〇一一年のジニ係数が〇・五〇一に達すると推計している。より収入の低い農村部を含めた中国全体の不平等度は、当然これよりも大きくなるはずである。

王は、ここまで灰色収入が拡大し、実際の格差を広げている要因として、一部の産業において独占的な地位を占めている国有企業が高い利潤を得ていること、公共支出の管理が不十分で、財政支出の流れが不透明であること、ゆがみのない規律づけられた要素市場が不在であること、公共サービス部門に腐敗が蔓延しており、監督機能を欠いていること、などを挙げており、それらの点を改善するための改革が必要だと訴えている。

資産格差にせよ、「灰色収入」にせよ、社会的な「特権」が富の不平等を生み出す、という構図の上にあることは間違いない。したがって、こういった構図が生み出す格差は、単なる「不平等」ではなく、是正されるべき「不公平さ」として人々の目には映ることになる。大規模な社会調査によって、中国社会の階層分化の現状を浮き彫りにした園田(二〇〇八)は、「開拓精神が旺盛かどうか」「技能・技術を持っているかどうか」といった個人の能力に基づく格差が容認される一方で、「官職についている」「コネがあるかどうか」といった能力や努力とは無関係の属性に基づく格差には厳しい目が向けられていることを明らかにしている。

これまで紹介してきたような実証研究の結果が示しているのは、中国経済の工業部門の技術進歩は今後の持続的な成長を保障するのに十分なものであった一方で、これまで技術進歩を支えてきた非国有部門、特にその労働者にその「果実」が十分に分配されていない、という事実である。

では、非国有部門の企業家、あるいは労働者はなぜ、このような自らが生み出した高い生産性に見合うだけの賃金の上昇、および資本の分配をうけられないという「公正」ではない状況を甘受しているのだろうか。

以下のような要因が考えられるだろう。第一に、現代の中国経済で主流になっているイノベーション(8)が、必ずしもそれを生み出した主体に「対価」を保障するものではない、という点である。というのも、非国有部門の高い生産性を支えたイノベーションは、(知的)財産権の保護に裏付けられた「研究開発」によるものというよりも、最終財ならびに中間財部門における「旺盛な参入」と激しい競争を通じたものであると考えられるからである(渡邉編 二〇一三)。第二に、資本市場や土地私有権の払い下げ市場(9)など、生産要素市場においては政府および国有部門が圧倒的な地位を占めており、市場のゆがみを通じたレント(超過利潤)がそれらのセクターに流れ込む構図ができあがっている点である。そして第三に、とくに今世紀に入ってから、政府・国有部門を中心とした旺盛な設備投資によるパイの持続的な拡大という、分配の不公平性から生じる問題を先延ばしする政策が継続して行われたことがあげられるだろう。

習近平政権下の中国経済にとって、このような特定部門の企業および労働者を収奪するような成長パターンをどのように方向転換するかが最大の課題であることは間違いない。これまで成長を支えてきた投資の拡大が、次節でみるような脆弱な金融システムの下で行われることによって、中国経済はバブル崩壊による信用危機のリスクに直面することになったからである。

第二節　脆弱な財政・金融システムと「自生的秩序」——「影の銀行」と「融資プラットフォーム」

1　「影の銀行」の拡大と信用不安

本節では、最近になって中国経済のリスク要因として注目が集まるようになった「影の銀行」に代表される金融システムの問題と、「融資プラットフォーム」を通じた地方政府の債務問題に焦点をあてながら、中国経済にまつわる「不確実性」の構造を客観的にとらえることを目指したい。

まず「影の銀行」についてとりあげよう。二〇一三年になって注目を集めた「影の銀行」をめぐる一連の問題は、中国の金融システムの脆弱性と、さらなる改革の必要性を内外に強く印象づけることになった。「影の銀行」について、ここでは従来型の銀行のように当局の規制を受けないものの、一定の金融仲介機能を果たすシステム全般のことを指す、としておこう。

欧米先進国、とくにアメリカでは、投資銀行を中心に非常に洗練された金融仲介の手法が発達し、米連邦準備制度理事会（ＦＲＢ）の規制の及ばないところでレバレッジの高い（自己資本の少ない）投資を行うことで、金融システム全体のリスクを急激に増加させてきた。これがサブプライムローン危機やリーマンショックの背景となったことはよく知られている。欧米の「影の銀行」の特徴は、投資銀行がコマーシャルペーパー（ＣＰ）の提供によって市場から短期資金を大量に借り入れ、債務担保証券（Ｃ

DO）など仕組み債の取引を通じて、レバレッジを高めた高リスクの運用を行うところにある。しかし、中国版「影の銀行」はこのような高度な金融商品の取引を前提としたものではない。そこには、質屋や地下銀行など「民間金融」と呼ばれる、インフォーマルな金融業者による高金利の貸付も含まれている。しかし、「影の銀行」の形態として圧倒的に多いのは、信託会社や商業銀行が簿外取引を通じて金融当局の規制の目をかいくぐる形で金融仲介業務を行うものである。

これらの「影の銀行」による金融仲介業務を、投資家からの資金調達の側面からみると、代表的な形態として銀行が販売する「理財商品」と、主に信託会社などによって販売される「信託商品」の二つが挙げられる。このうち、「理財商品」は銀行が販売する金融商品であり、多くは国債や社債、さらにはインターバンク市場などで運用されている。最低購入金額は五万元ほどであり、都市部の中流層が購入者になっていると言われる。一方、信託会社によって販売される「信託商品」は、企業融資や不動産投資、あるいは「融資プラットフォーム」（後述）を通じた地方政府の開発プロジェクトなどが主な運用先となっている。高い利率を約束している一方で最低購入金額が一〇〇万元以上と高額であり、富裕層などが資産運用に購入していると言われる。

また、両者の中間に位置するような形態のものも存在する。これは、銀行が資産をバランスシートから切り離し、信託会社などと協力してスキームを作り、不動産などに投資を行うというもので、一般に「銀信合作」と呼ばれている（図1-6）。中国の商業銀行法第一一条および第四三条により、商業銀行と証券・保険業務の相互乗り入れには厳格な規制が設けられている。このため、銀行は資産項目のうちい

図 1-6 「銀信合作」による金融仲介

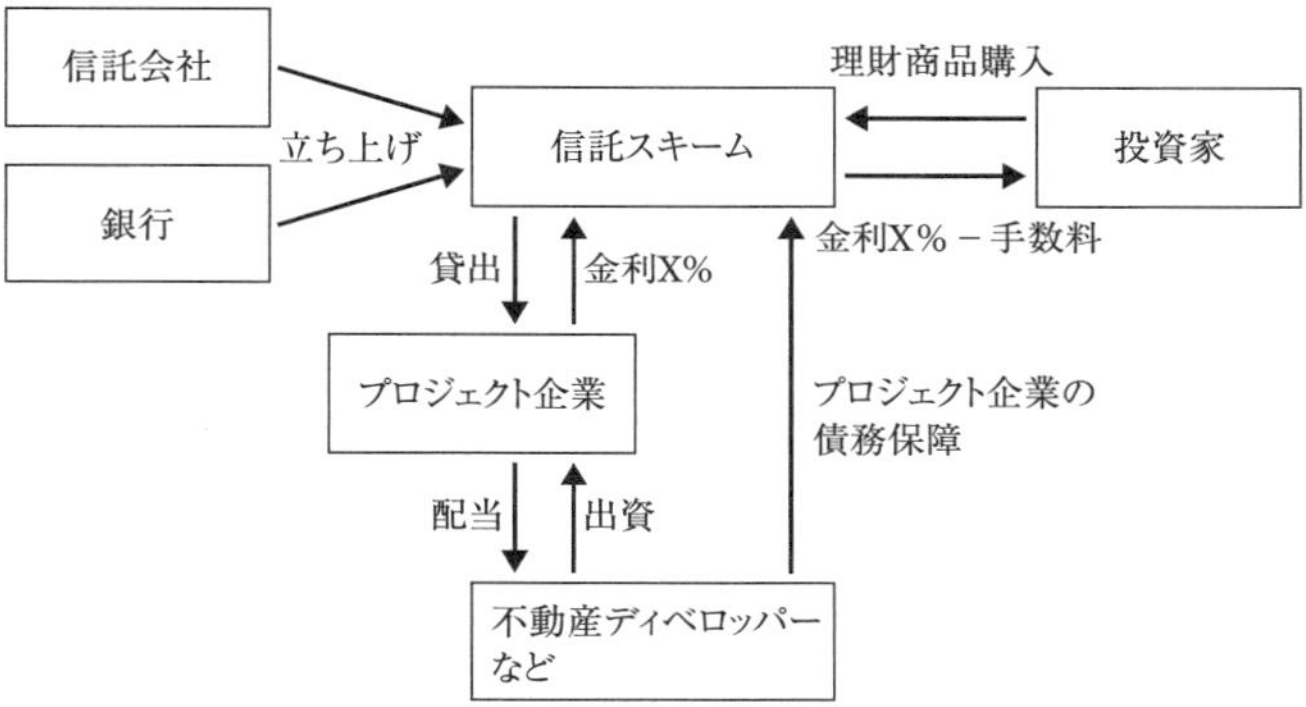

出所：黄・常・楊（2012）を基に作成

くつかのものをバランスシートから切り離して別スキームにうつし、それを小口の金融資産（「理財商品」）に分割した上で、銀行の窓口を通じて代理販売する、という手の込んだ方法を採っているのである（日本銀行北京事務所二〇一四）。

また、「委託貸付」と呼ばれる中国独特のパターンもある。これは、金融機関以外の企業が手元にある余剰資金を銀行に委託し、資金が不足している中小企業などに通常の貸出金利を上回る金利で貸し出し、銀行が手数料を得るというものである。このほか、中国の最大手ネット企業であるアリババ・グループが提供する「余額宝」[10]など、インターネットを通じて販売される金融商品も「影の銀行」の資金源となっている。

二〇一三年六月に生じた流動性危機の後、尚福林銀行業監督管理委員会主席は、「影の銀行」の主要な資金調達手段である銀行を窓口とした理財商品の残高を総額八・二兆元（約一三〇兆円）とする推計を公表したが、その後も残高は増え続けている。欧米の格付け会社などの推計によると、資産面からみた「影の銀行」の規模は、二〇一三年末の時点で銀行

図 1–7　中国「影の銀行」の全体像（単位：兆元）

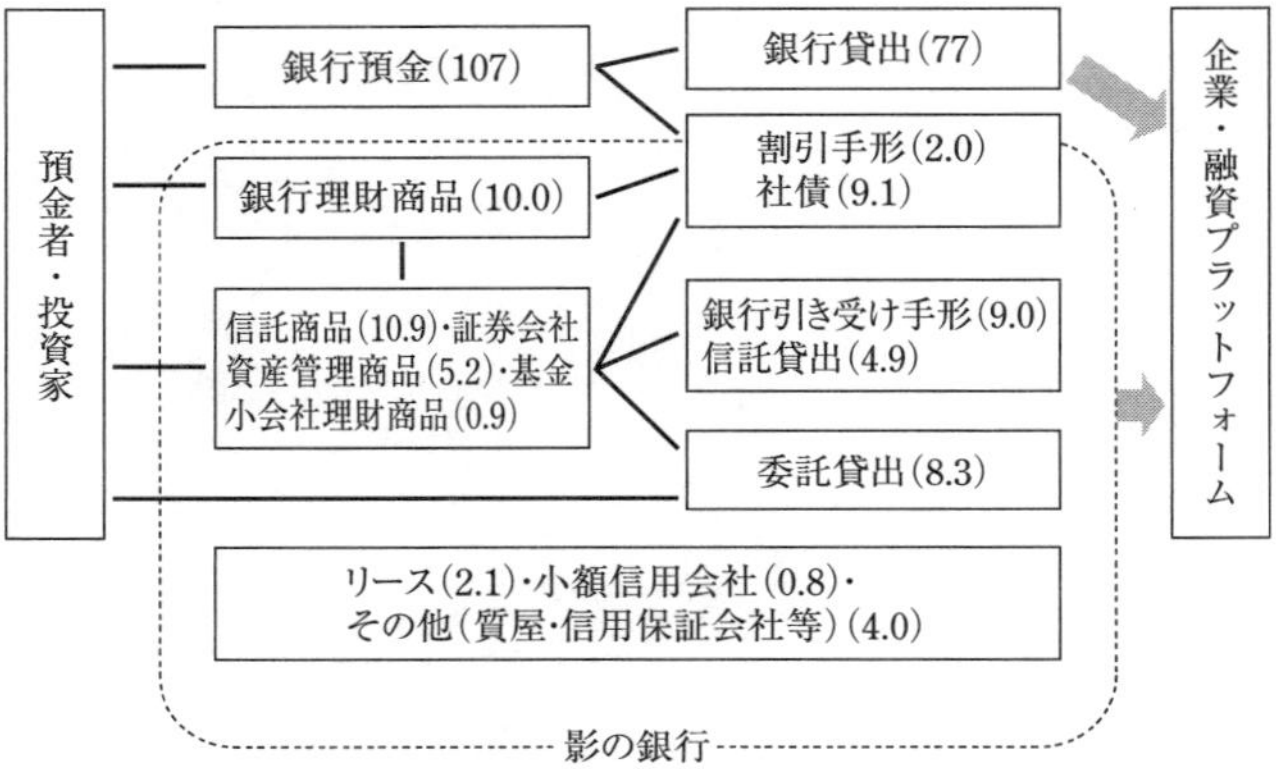

出所：日本銀行北京事務所（2014）を基に作成

理財商品および信託商品がそれぞれ約一〇兆元、委託貸付が約八兆元、その他の民間金融なども含むと三〇兆元は優に超えているとみられる（図1-7）。しかし、さまざまな形態の「影の銀行」には互いに重複しているものも多く、正確な規模は明らかではない。

では、そのような「影の銀行」のリスクは、実際のところ、どの程度あるのだろうか。

このような銀行による簿外取引は、商業銀行と証券業務の乗り入れが禁止されている状況下で、銀行による間接金融を補完し、証券業務との仲介的役割を果たすというポジティブな側面もある（李二〇一二）。一方で、商業銀行のような厳格な規制・監督を受けないにもかかわらず、短期の資金を調達して長期で運用するという「期間のミスマッチ」が生じる場合が多いため、金融システムにとって一定のリスクをもたらしているのも事実である。

そのようなリスクが顕在したのが、二〇一三年六月の短期金融市場における流動性の逼迫であった。この時期には、アメリカの量的金融緩和が終了間近だという予測が広がり新興国からのホットマネー（投機的資金）の逆流が生じていたほか、理財商品の返還期限が六月末に集中していたことから、短期金融市場は流動性不足ぎみに推移していた。その中で、中国人民銀行は、あえて市場から資金を吸収する行動に出た。このため六月二〇日のインターバンク市場における資金は逼迫し、上海銀行間取引金利（ＳＨＩＢＯＲ）のオーバーナイト金利は一三・四四％を記録したのである。短期金利の上昇は株式市場にも影響を与え、六月二四日に上海株式指標は前日から五・三九％下落した。

その後も、理財商品の償還期限が近いことによる短期金融市場における流動性不足はしばしば発生し、そのたびにインターバンク金利は乱高下した。二〇一三年末から二〇一四年にかけては、複数の信託会社が投資を行っていた山西省の採炭会社が二〇一三年末に経営破綻に陥り、投資の資金源として発行されていた理財商品の不払いが発生するのではないかという憶測が流れた。しかしいずれのケースも「匿名の投資家」による出資が行われ、不払いは最終的に回避されたと伝えられた。

すでに述べたように、「影の銀行」は、もともとは硬直的な銀行中心の間接金融システムを補完し、証券業務との橋渡しを行う機能を持つ。しかし、理財商品の多くが、「融資プラットフォーム」が資金調達の手段として発行する債券（城投債）を資産の一部に組み込むなど、「影の銀行」を通じた融資が地方政府の実質的な債務規模の拡大を支えてきた、という側面があることは否めない。その意味で、「影の銀行」の問題は単に金融システム内部のリスクにとどまらず、地方政府の債務問題や土地制度改革を含めた、中央‐地方関係やマクロ経済政策全般にかかわる重要性を持っているのである。

また、金利が当局の規制によって極めて硬直的になっていることも、「影の銀行」が近年に拡大してきた重要な背景の一つである。よく知られているように、中国政府は預金金利、貸出金利にそれぞれ基準金利を設定してきた。二〇〇四年には貸出金利の上限および預金金利の下限に関する規制は撤廃されたものの、二〇一三年まで、預金金利の上限については基準金利の一・一倍、貸出金利の下限については基準金利の〇・七倍という規制が続いてきた。この金利規制の下で、これまでは銀行に一定の利ざやが保障されていた。このほか、銀行には厳しい預貸比率規制（貸出額を預金の七五％までに規制）が課せられるほか、経済過熱が見られるときにはしばしば市中銀行への融資の直接規制措置が取られてきた。このようにフォーマルな銀行融資が当局の厳しい管理下に置かれる中で、その規制の目をかいくぐってこれまで拡大を続けてきたのが「影の銀行」なのである。

こういった金融市場への政府の強い介入によって金融機関と一部の企業を保護する政策は、「金融抑制」として理解されている。これまでの中国経済がおかれてきた「金融抑制」的な状況、およびその問題点については、3で詳しく検討したい。

2 「融資プラットフォーム」の拡大と地方政府の債務問題

さて、「影の銀行」問題が注目を浴びた背景として、地方政府によるダミー会社を通じた借り入れの仕組み、いわゆる「融資プラットフォーム」への融資が拡大していることが、その懸念の対象となっている。その背景には、こういった地方政府の「隠れ債務」がジワジワと拡大を続け、いずれ財政・金融システムを揺るがすような問題となるのではないか、という懸念がある。このため、中国でもギリシャなどいくつかの欧州連合（EU）加盟国のように、あるいは日本の夕張市のように、今後財政危機が表面化する可能性がある、という見方が根強く存在している。

表面上の統計数字を見る限り、その懸念にはそれほど根拠はなさそうだ。中国の財政赤字はこのところGDP比二％ほどで推移しており、中央・地方を合わせた政府の債務残高は二〇一三年末で一三〇兆九四七〇億元と、同じくGDP比で二二・九％ほどである。政府の債務残高が対GDP比で二〇〇％を軽く超える日本からみれば、うらやましいほど健全な数字のように思える。

ただ、これはあくまでも、予算内の財政資金の話である。中国の地方財政には正規の税収などからなる予算内財政資金のほかに、様々な予算外、もしくは制度外の収入が存在する。特に近年では、地方政府による独占的な土地使用権の払い下げによる売却益が、その独自財源として重要な役割を果たしてきた（本書第四章参照）。

さらに、このような地方政府による実質的な隠れ債務拡大の温床として問題になっているのが、「融資プラットフォーム」といわれる資金調達の仕組みである。その具体的な方法としては、例えば政府が出資者となって「〇〇都市建設集団」といった名義のプラットフォーム企業を設立し、その企業が発行した社債を地元の銀行支店に引き受けさせて都市開発の資金を捻出する、あるいは、証券会社などに、融資プラットフォームの株式を対象とした投資信託を発売させ、一般投資家から資金を集める、などのやり方がある（図1-8）。

図1-8　融資プラットフォームによる資金調達

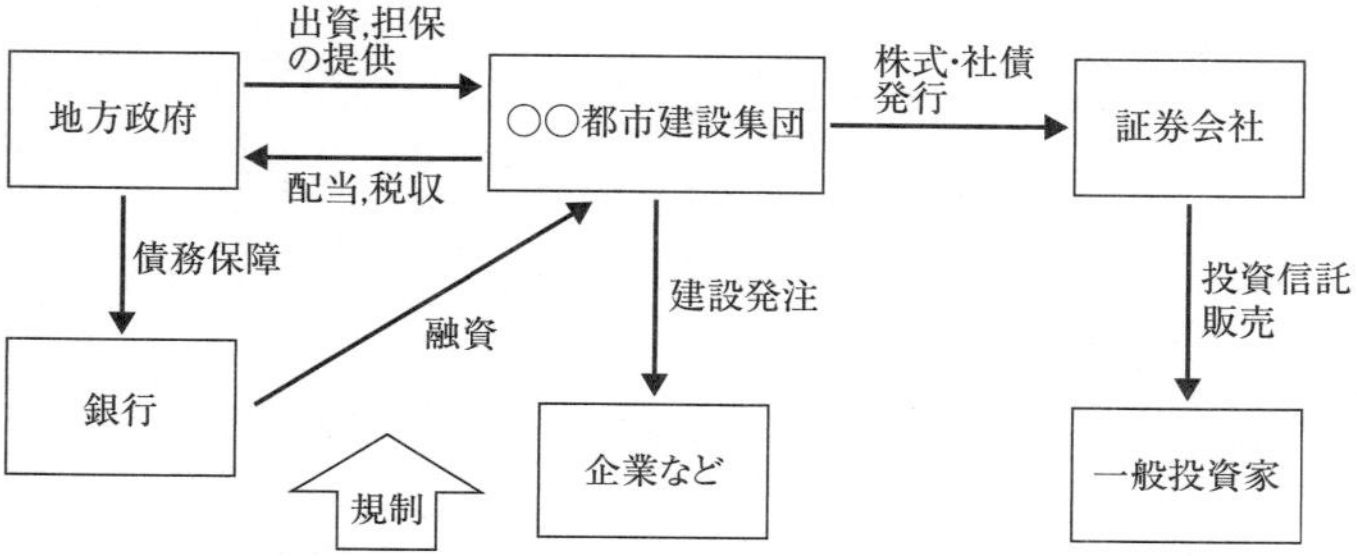

出所：筆者（梶谷）作成

それでは、このような融資プラットフォームを通じた地方政府の実質的な債務残高は全体でどの程度の規模に達するのだろうか。二〇一一年六月に、中国審計署（日本の会計検査院に相当）は地方政府の実質的な債務の規模を確定するための大規模な調査を行い、地方の実質的な債務残高は約一〇・七兆元と発表した。これはGDPの約二七％に当たる数字である。そのうち、六五〇〇社あまりの融資プラットフォーム企業を通じた債務は四・九七兆元となり、全体の債務の四六・四％に達するとされた。しかし、融資プラットフォーム企業の数や、借入残高は実際にはそれよりもかなり多かったという指摘も存在する。

このような融資プラットフォーム企業について、国務院は早くからその存在を問題視し、その整理・縮小を狙った政策を打ち出してきている。例えば、二〇一二年三月には、中国銀行業監督管理委員会が、「地方政府融資プラットフォーム貸出のリスク管理に関する指導意見」を公表した。これは、融資プラットフォーム企業の債務を状態に応じて分類して整理するとともに、新規の銀行融資を厳格に規制する内容である。このような厳しい処置によって、地方政府

図1-9　「影の銀行」と融資プラットフォーム

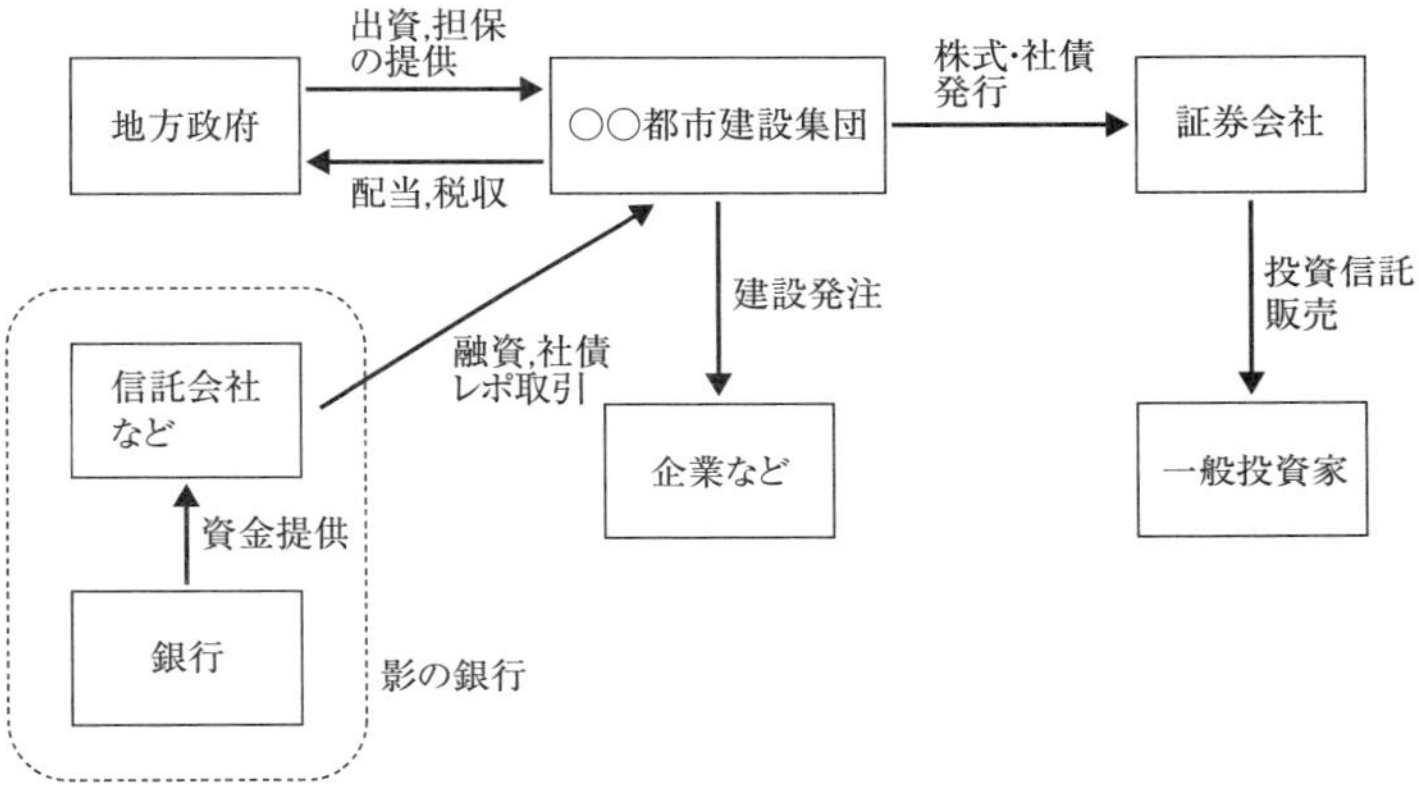

出所：筆者（梶谷）作成

の債務問題は解決に向かうかと思われた。

しかし、その一方で中央政府は、二〇一二年に計画総額一八兆元規模ともいわれる「地方版四兆元投資計画」を発動、景気刺激策のために地方政府の資金需要の拡大を助長するというちぐはぐな姿勢を見せる。そして、二〇一三年六月に全国三六の主要都市を対象として行われた審計署の調査によれば、未償還の債務残高は二〇一〇年に比べ一二・九%増加しており、大都市の中には債務残高のGDP比率が二〇〇%を越す都市もあることが明らかになった。

そこで浮上してきたのが、「影の銀行」を通じた資金調達の増加である（図1−9）。上述のように、中央政府は、融資プラットフォーム企業に対する新規の銀行融資を厳しく規制してきた。しかし、このような当局の規制の強化は、皮肉なことに「影の銀行」からの資金調達を増加させる結果をもたらした。当然ながらこれは、通常の銀行ローンに比べ高金利を課すものであり、その分貸し手・借り手双方のリスクも大きくなる。二〇一二年一二月には、国務院財務部は「地方政府の違法・違反融資行為の禁止に関する通知」を出し、これを警戒する姿勢を明らかにしたが、実質的な効果には乏しく、二〇一三年には「影の銀行」を通じた融資の残高が拡大の一途を辿ってきたことは、すでにみた通りである。

同年末に発表された、中国審計署による中国の政府債務に関する調査報告書（中国審計署二〇一三）は、二〇一三年六月末の時点で、中央政府の債務残高が一二・三八兆元であるのに対し、地方政府の実質的な債務残高は一七・八九兆元に達し（うち政府が直接返済の責任を持つものが一〇・八九兆元）、前回の調査に比べても七〇％以上増加したことを明らかにした。このうち、融資プラットフォームを通じた債務は六・九七兆元と全体の約四〇％を占めている。

中国の経済誌『財経』の試算によると、こういった地方政府による債務残高の財政収入に対する比率は、二〇一二年で三一一％にも達しているという（「善後地方債」「自下而上看地方融資平台風険」『財経』二〇一三年第三〇期）。ただし、すでに述べたように中国の地方財政には正規の財政収入以外に様々な予算外の収入が存在する。その代表的なものが、土地使用権を売却した収入である。

地方政府は、土地の供給をコントロールすることによって払い下げ価格をつり上げることが可能であるのに対し、農地の収用に際して支払われる補償費は低く抑えられたため、その差額である地方政府の収入は大きく増加していった（本書第四章参照）。このようなプロセスによる地方政府の収入の増大、およびそれに対する地方財政の依存度の増大は、二〇〇三年頃から顕在化し、その後政府の不動産市場に

図 1–10　融資プラットフォームを通じた債務と地方財政

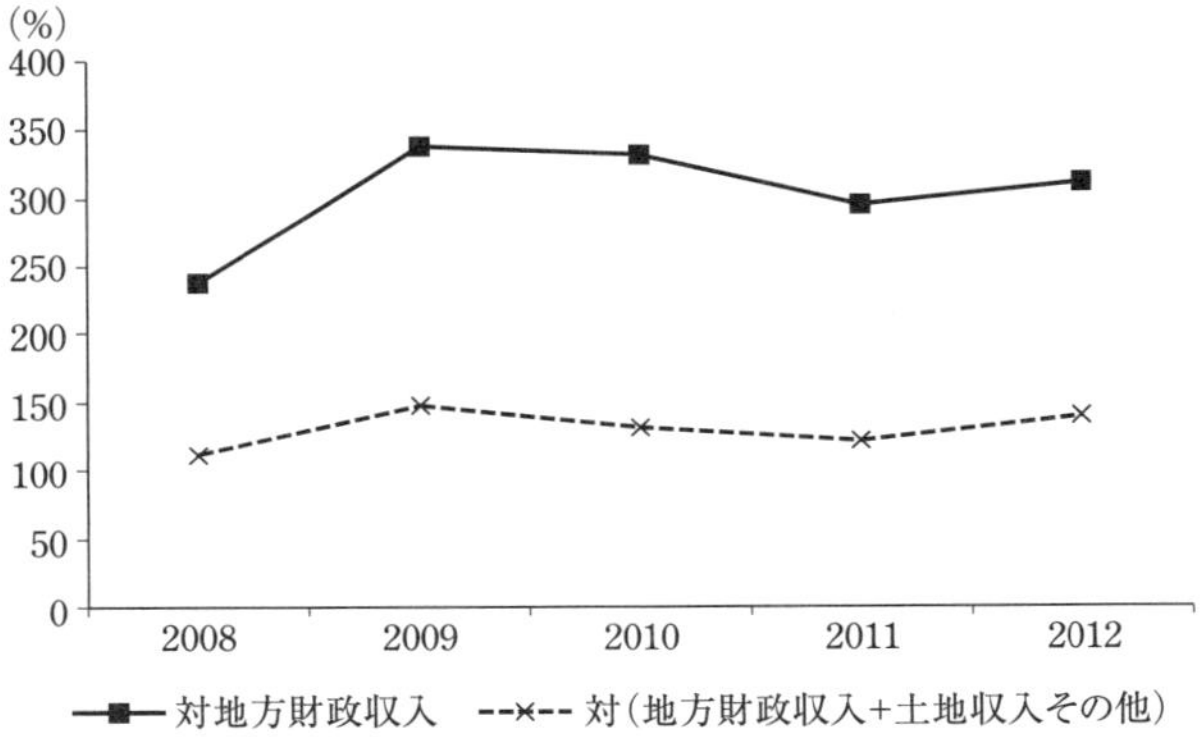

出所：「自下而上看地方融資平台風険」『財経』2013 年第 30 期
注：数字は，融資プラットフォーム企業の債務残高の，地方財政収入総額ならびにそれに土地譲渡収入などを加えた額に対する比率（%）.

対する引き締め政策によりいったん弱まるが、二〇〇八年のリーマンショック後の大規模な景気対策とそれに伴う地方政府主導の開発ラッシュにより再び拡大にいたる。近年では土地使用権の売却を通じた地方政府の収入は正規の財政収入の六〇～七〇％に達するまでになっている。地方政府の財政収入に、土地使用権の取引を通じた収入や、中央からの財政補助金を分母に含めた場合の債務残高の比率は、一四一％まで引き下げられる（図1―10）。

さて、このような地方政府の債務問題が、どこかで限界に達し、なんらかの「破綻」をもたらす可能性は、これまではそれほど高いものではなかった。その一つの根拠は、経済学において「ドーマー条件」と呼ばれている財政赤字の持続可能性の条件が、高成長を続ける現在の中国では満たされていると考えられる点にある。一般には経済成長率が政府債務の金利を上回っているとき、この条件が満たされているとされる。このようなとき、政府は現在の債務を次世代に順次繰り延べすることが可能になり、財政赤字を少しくらい膨らませても財政破綻に陥る可能性は少ないからである。

もちろん、これは裏返せば、なんらかの原因で経済成長が減速すれば、このような楽観的な見通しは成り立たなくなるということでもある。前節でも論じたように、中国経済ではこれまでの過剰資本蓄積により資本収益率の低下が続いているが、これは多額の借り入れを抱えた融資プラットフォーム企業の経営を直接圧迫することになるだろう。

むしろ現在の中国の地方財政が抱えている最大の問題点とは、その実質的な債務の拡大が正規のルートを通じない「制度外」で生じており、そこで何が起きようとも、正規の国家財政自体は決して破綻しない仕組みになっているところにある。そのため、いわば中国経済全体にリスクをもたらす信用危機の引き金が、そのことによって自分たちが直接痛手を被るわけではない地方の役人たちの手に委ねられてしまっているのである。そこにあるのは、リスクと責任の分担とが必ずしも対応していないことに起因する典型的なモラルハザードの構図であり、このため地方政府の実質的な債務の拡大に歯止めがかからない、という事態が生じていると考えられる。

また、すでにみたように地方財政が土地取引を通じた収入に依存している構図自体が、中国社会に様々なひずみをもたらしている。したがって、それを是正することが、政権が取り組むべき喫緊の課題となっているのである。そのことは、二〇一二年末において地方政府（省・市・県）が責任を持つ債務のうち、地方政府が土地譲渡収入での返済を認めている債務が三・四九兆元と、全体の三七％に達することからも明らかであろう（中国審計署二〇一三）。

さて、これまで詳しく論じてきた「影の銀行」にせよ、「融資プラットフォーム」にせよ、これらの現象は、わかりにくくて不確実な、現在の中国経済を象徴するような事例だと考えられているといっていいだろう。そのことにはいくつかの理由がある。

第一に、これらの現象の規模をはかる統計（融資や債務残高の総額）が不確実なものであり、従ってそのリスクが算定しにくいこと。

第二に、これらの現象を生み出している「システム」が先進国のものとは異なっており、それを理解したりイメージしたりすることが難しく、それ自体「不透明」で「不確実」な印象を与える、ということがあげられる。

第三に、これらの「不透明なシステム」は、それ自体さまざまな問題点を抱え、またリスクの源泉でもあるが、同時にこれまでの中国経済のダイナミズムの要因にもなっている、という点をあげておきたい。

というのも、「影の銀行」も、「融資プラットフォーム」も、硬直的で疲弊した現行のシステムがもたらすさまざまな問題に対して、民間企業や各地方政府が主体となってなし崩し的に現行のシステムの裏をかくような行動をおこすことによって形成された、いわば「自生的な市場秩序」という側面をもっているからである。

中国経済の現状を否定的にとらえる立場からみると、このような中国における市場秩序は、先進国で導入されているような、効率的なシステムの導入が進まないところに形成された、その場しのぎのものでしかない。したがって、そのようなその場しのぎのシステムしか形成されない情況が続いていく限り、いつか中国経済は耐えられないリスクに直面することになり、崩壊の憂き目を見る、という悲観的な見通しが語られることになる。

一方で、中国経済のダイナミズムを肯定的にみる立場からは、たとえ現行のシステムが機能不全を起こしているとしても、各プレイヤーの柔軟な行動によって新たなタイプの「自生的な市場秩序」が形成され、当分の間経済成長を支えていく、という比較的楽観的な見通しが語られるだろう。

このような見解の対立は、むしろ中国社会そのもの、およびそこで展開される経済をどうとらえるか、という論者の主観的な価値観を反映しており、したがって容易には解消されないものだといってよい。このような価値観上の対立が背景にあるため、中国経済の存在自体が客観的な評価の困難な、不確実性をもつものとして認識されるのではないだろうか。

3 「金融抑制」とその限界

さて、これまでみてきたように、中国の財政・金融システムは脆弱性を抱えており、それが現在なお、経済大国としての中国の像を極めて不明確にしているといえるだろう。このような構図は、また、改革開放以降の地方政府主導の発展パターンという長期的な流れの中に位置づけられなければならない。その特徴は、以下の三点にまとめられるであろう。

① 市場が完全競争の状態になく、政府規制によるレント発生の余地が絶えず存在している。

② 正規の税収が不十分な状況の下で、地方政府は自主財源の拡大を目標とした経済主体として行動する。

③ 効率的な金融システムが存在しない状況の下で、地方政府の地元金融機関への働きかけを通じた「資金動員」が地域経済に大きな影響を与える。

このような、これまで中国の金融市場がおかれていた状況を端的に表すと思われるのが、ヘルマン＝マードック＝スティグリッツ（一九九七）により提唱された「金融抑制（financial restraint）」という概念である。これは、政府が金利の規制を通じて銀行部門にレント獲得の機会を生じさせる、という状況を指している。例えば、預金金利を競争均衡水準よりも低い水準に固定することで、資金供給量は低下し、貸出金利は上昇する。このとき、銀行部門には大きな利ざやが生じるため、貸出量を増やせばその分だけレントが発生する。金融部門の初期投資が少なく、資金が不足し実質金利が高騰しがちな途上国においては、このような適度の金利規制によって金融部門に一定のレントを生じさせることが、むしろ成長に対しプラスに働く、というのが「金融抑制」論の骨子である。

改革開放初期の中国の場合、急激な工業化で資本不足が生じる中で金利が政府により低く規制されていたという点で「金融抑制」論に適合的である。ただし、同時に貸出金利も低く抑えられており、金融機関にとって利ざやを利用してレントを獲得する機会に乏しかったという点は理論との大きな相違である。この点については、金融機関が独立性を持っておらず、地元政府の意向を反映した形で融資が行われたこの時期の中国において、金融機関というよりもむしろ地方政府がレントの獲得主体となったと考えることが可能であろう。すなわち、この時期に経済成長を牽引した郷鎮企業などは、地方政府の地元金融機関への働きかけを通じて低い金利で優先的に融資が受けられた一方で、その見返りとして「管理費」として税金と異なる一種の手数料を地方政府に支払っていたと考えられる。これが一種のレントとして、予算外資金などの形で地方に留保されたのである（梶谷二〇一一）。

ただし、この成長パターンは、低預金金利・高インフレを通じて都市における家計部門には大きな負担をあたえ、天安門事件のような社会的不安をもたらした。一方で、地方政府が金融機関などと結びついた形での地域間の競争の存在が、要素市場への介入による経済厚生の損失を小さなものにし、成長に寄与したのは確かだと思われる。

このような地方政府主導による資金動員型の経済成長がしばしば物価高騰をもたらし、社会が不安定になる中で、中央のマクロコントロール能力を高めることを目的として、一九九〇年代半ばから財政・金融面における改革が相次いで実施された。しかしそれ以降も、金利規制を通じて銀行部門が一定の利ざやを得るという仕組みは継続した。その結果、一九八〇年代には地方政府のレント獲得の主な手段であった低金利政策を通じた「金融抑制」的情況は、一連の国有企業改革を経て、独占的な地位を獲得した中央所属の国有企業およびそれに資金を供給する大手国有商業銀行にレントを帰属させる手段へと転化していったのである。

このような国有商業銀行と、そこから低利の融資を受ける国有企業の既得権益を保護してきた金融市場における強力な規制の存在こそが、これまで「影の銀行」が拡大する温床になってきた。実質金利がしばしば負になる状況のもとで、家計や企業などによる資金供給が、フォーマルな銀行預金ではなく、理財商品の購入などに向かってきたからである。そんな中で生じたのが、金融機関の流動性不足を背景にした二〇一三年六月のインターバンク市場金利の高騰であった。これを受けて七月に中国人民銀行は、信用不安への対応という形を取って貸出金利の自由化を発表した。一方、預金金利については、「まだ自由化の条件は成熟していない」として自由化が見送られたほか、銀行に課せられた預貸比率（貸出額を預金の七五％までに規制）による規制も継続されることが決まった。

ただ、注意しなければならないのは、このような銀行部門が享受するレントは、あくまで預金金利が競争均衡水準よりも低めに規制されることによって発生するものだ、ということである。したがって、貸出金利の下限規制撤廃だけでは、金融市場のゆがみを基本的に変えるものではなく、本格的な市場メカニズムの導入には預金金利規制の撤廃を待たなければならない、という見方が大勢を占めている。

だが、中国経済はこのまま金融市場の改革をいつまでも先延ばしできるような状況にはなさそうだ。金融改革が喫緊の課題であることの最大の理由として、第一節で触れたような、近年の過剰資本蓄積による資本収益率の低下、という現象が指摘できよう。二〇一三年まで中国人民銀行の政策委員を務めていた中国社会科学院金融研究所所長の夏斌によれば、最近の中国経済の減速によって、負債を多く抱えた民間企業や、地方政府が都市開発のために設立した融資プラットフォーム企業は、このままでは金利を負担するのが困難になってきている。このため多くの企業は、借り入れをさらに増やして設備投資を行い、生産を拡大するという拡張路線によって、当面の困難な状況をしのごうとしている。二〇一三年の第一四半期にはGDP成長率が対前年比で〇・四ポイント減少したのに、社会融資総額の成長率がむしろ六四・二ポイント上昇したのは、このような「ポンジーゲーム（ねずみ講）」的状況が深刻化していることの表れだ、というわけだ（夏二〇一三）。

しかし、「ポンジーゲーム」にはいつか終わりが来る。進行しつつある資本収益率の低下が、問題先送りのための設備投資の拡張競争によって、より深刻化するのは明らかだからだ。このような状況の中で全体の資本収益率の低下が進んでいけば、現在「影の銀行」などを通じて高金利での資金調達を行っている中小企業や融資プラットフォーム企業、およびそこに資金を供給している中堅の金融機関などを中心に、いずれ広範な経営破綻が生じても不思議ではない。

このことからも、中国共産党第一八期中央委員会第三回全体会議（三中全会）で示された方針「改革の全面的な深化における若干の重大問題に関する決定」を踏まえた今後の金融システムの改革において、大手国有商業銀行と、そこから低利の融資を受ける国有企業の既得権益に手を付け、これまで「影の銀行」の拡大をもたらしていた「金融抑制」の構造にメスを入れることができるのかどうか、改めて問われているといえよう（本書終章参照）。

第三節　グローバル不均衡の拡大と人民元問題

1　グローバル不均衡の拡大とその帰結

これまでの節において、経済大国化する中国が、国内のマクロ経済政策の実施について様々な矛盾を抱えていることをみてきた。本節では、そういった対内的なマクロ経済の動向が、対アメリカを中心とする対外経済関係とどのように連動しているのか、という点に注目したい。

まず、今世紀になって、世界経済の不安定要因の一つとして注目を集めるようになった、グローバル不均衡（グローバル・インバランス）の問題とその中国経済との関わりを取り上げよう。グローバル不均衡とは、世界的な貿易の拡大と共に、地域間で国際収支の大きな不均衡が生じている現象を指すが、より具体的には、特に二一世紀に入ってから、アメリカの貿易赤字が拡大する一方で、中国などの新興国、さらには産油国などがアメリカの貿易赤字と対応する巨額の経常収支黒字を記録している現象をいう。それと同時に、その背景にある国際的な貯蓄投資バランスの不均衡、すなわちアメリカの貯蓄不足と新興国の貯蓄過剰の問題も、次第に関心を集めるようになってきている。

アメリカに対する資金の出し手となった新興国にはロシアや中東諸国など資源価格の高騰によって急成長を遂げた国も含まれるが、その中でも中国が最も重要な位置を占めることはいうまでもない。図1-11を見れば、二〇〇一年以降アメリカの経常赤字額のうち対中国のものが占める割合が日本を抜き、年々増加していっていることがわかる。

このような不均衡が拡大することになった一つのきっかけとして、一九九〇年代にアジア通貨危機に

図 1-11　米経常収支赤字額とその内訳

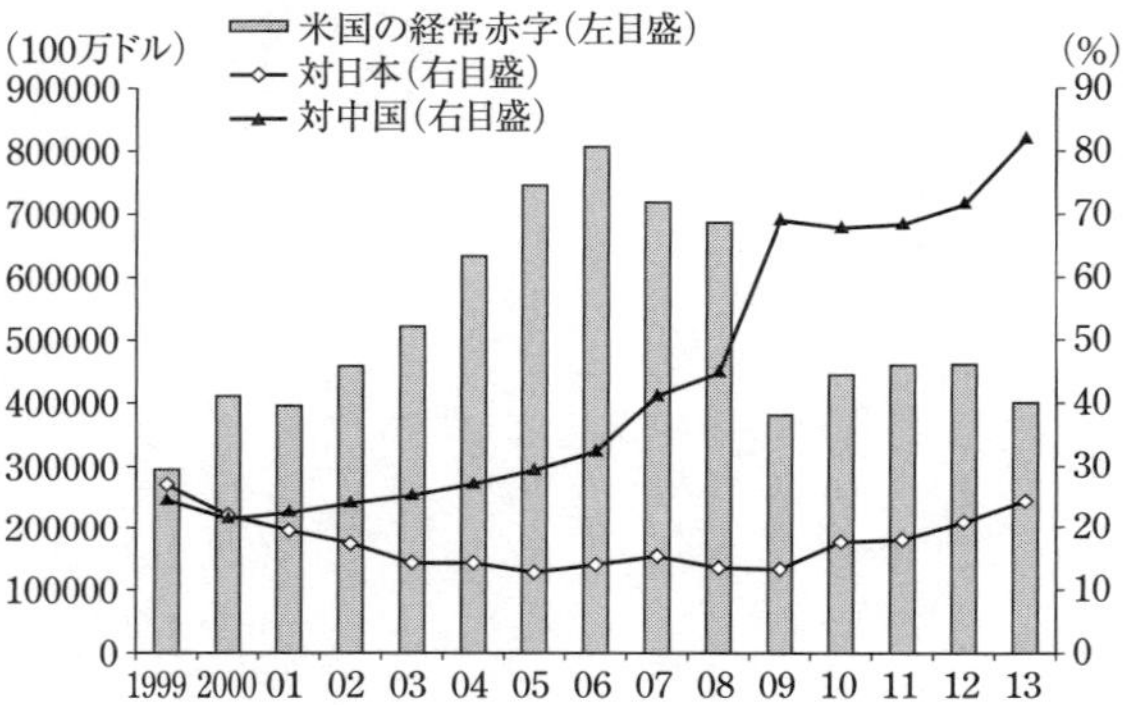

出所：U.S. Department of Commerce Bureau of Economic Analysis ウェブサイト（http://www.bea.gov/index.htm）

代表されるような通貨危機が相次いで生じたことがあげられる。自国通貨の対ドルレートを一定に保つ一方、海外資本を積極的に呼び込むことを通じて高成長を続けてきた東アジアの新興国をめぐる状況は、一九九七年のアジア通貨危機後に大きく変化した。通貨危機によって大きな打撃を受けたこれらの国は海外資金の受け入れに対して慎重な姿勢が目立つようになり、純債務国から純債権国へと転じていった。危機後も旺盛な国内投資が続いた中国も、為替レートを低めの水準でドルにペッグすることを通じて、持続的な経常収支の黒字を記録すると共に多額の外貨準備を蓄えるようになったのである。

　このようなグローバル不均衡の拡大は、アメリカが巨額の財政赤字を計上しているにもかかわらず、新興国からの資金流入によって米国債が買い支えられるため、長期金利が非常に低水準のまま推移するという状況をもたらした。一方で、それがアメリカにおけるサブプライムローンの拡大と不動産バブルをもたらす過剰流動性の原因となったとして、世界金融危機の発生後にとくに問題視されるようになったのである。

2　グローバル不均衡と人民元切り上げの是非

さて、グローバル不均衡の評価およびその原因を巡り、経済学者の立場はいくつかに分かれている。まず、そもそもグローバル不均衡を、何らかの是正の必要がある状態とはみなさず、むしろ肯定的にとらえる立場がある。これは、今日の国際金融システムを、戦後まもなくアメリカの主導で築かれたブレトン・ウッズ体制の再来ととらえるものである（Dooley, Folkerts-Landau, and Garber 2003）。ドゥーリー、フォルカッツ・ランドウ、ガーバーは、一九九七年のアジア通貨危機後、事実上のドル・ペッグ制を採用している東アジアの新興国が、外貨準備として米国債などドル建ての資産を持続的に購入することを通じて、アメリカの経常収支赤字をファイナンスするという国際通貨体制を、「新しいブレトン・ウッズ体制」ともいうべき一種の固定相場制としてとらえ、世界経済の安定化に寄与するものだとして積極的な評価を与えてきた。

ドゥーリーらによれば、中国などの新興国はこのような「新しいブレトン・ウッズ体制」の下で、安定した対ドルレートと、順調な対外輸出に支えられた高い経済成長を実現することが可能になる。その一方で、アメリカは財政赤字と貿易不均衡の拡大に気をとられることなく、国内経済の安定に専念できる。このように、お互いにメリットをもたらすものである以上、現在の国際通貨体制は持続可能なものであり、なんら是正の必要はない、というわけである。

このような「新しいブレトン・ウッズ体制」論について、アイケングリーン（二〇一〇）は、様々な立場から構成されている現在の債権国は、かつてのブレトン・ウッズ体制を構成していたG10諸国に比べはるかに同質性が低いこと、当時と異なりドル資産以外に外貨準備保有の選択肢がないわけではないこと、アメリカがドルの価値を維持し続けようとすると考えるのは楽観的過ぎること、などの点をあげて厳しい批判を行っている。実際にも、このようなグローバル不均衡の下での世界経済の高成長が持続可能だ、という立場は、リーマンショック後の世界金融危機の発生によって、その説得力が急速に失われたといってよい。

一方、グローバル不均衡の拡大は持続可能なものではなく、何らかの形で是正すべき問題だ、ととらえる立場にも、中国のような新興国が採用している硬直的な為替制度こそその原因であり、改善されるべき点だ、という主張と、そうではなく、アメリカと新興国双方の貯蓄－投資構造こそが問題だ、という主張とが併存している。

この問題に関する経済学者の発言を整理するには、国際マクロ経済学における新古典派モデルとケインジアン・モデルの論点の対立を抑えておくことが肝要となる。まず、新古典派モデルに基づく「貯蓄投資バランス論」では、価格が伸縮的であり、国内経済は均衡状態にあることを前提としている。このモデルでは、一国の経常収支は国内の貯蓄－投資ギャップと等しくなるように決まり(11)、実質為替レートは両者をバランスさせる水準に内生的に決まる。すなわち、為替レートの変化は直ちに物価水準の変化に反映され、経常収支には直接影響を与えないのである。

それに対しケインジアン・モデルでは、価格調整がスムーズにはなされず、国内経済が需要制約の下にある、と仮定しているため、通貨の切り下げは自国の生産物に対する海外需要を増加させ、自国GDP水準を押し上げると同時に経常収支を改善させる効果を持つとされる(「弾力性アプローチ」)。このように、通貨の切り下げは貿易不均衡を是正する効果を持つ、と主張するのが、新古典派モデルとの大きな違いである。

後者のようなケインジアン・モデル(「弾力性アプローチ」)に基づき、アメリカの完全雇用の実現のために元－ドルレートの大幅な切り上げが必要だ、と主張する急先鋒が、米プリンストン大教授のポール・クルーグマンである。彼は『ニューヨーク・タイムズ』のコラムを中心に同じ主張をあちこちで繰り返しているが、概略次のようなものだ。すなわち、中国は現在低めの為替レートで自国の財を安く大量に輸出するという、近隣窮乏化政策をとっている。このまま元安政策を続けることは、回復しつつあるアメリカを初めとした世界経済の需要を中国製品に集中的に向かわせ、他国の経済回復を遅らせてしまう。このため、過小評価された元を切り上げたり、変動幅を大きくさせたりすることは世界経済の回復のためにも必要なのだ、というわけだ。

これに対し、米ハーバード大教授のケネス・ロゴフや国際通貨基金(IMF)のチーフエコノミストであるオリヴィエ・ブランシャールは、新古典派的な貯蓄投資バランス論の立場から人民元の切り上げの効果に疑問を投げかけ、経常収支の不均衡に対しては、アメリカが肥大化した財政支出を抑制する一方で、中国は社会保障を充実させて内需を増やし、貯蓄率を下げる、といった両国の政策転換によって対処すべきことを説いている。アメリカの経常収支がその貯蓄投資バランスによって規定されている以上、たとえ人民元が切り上げられたとしても、巨大な経常赤字を縮小することにはつながらない。元の切り上げによって対中貿易の赤字額が減少したとしても、米国の経常赤字は全体として変化しないため、中国以外の地域に対する赤字がその分増大するだけだからだ。

以上の議論をまとめておこう。アメリカ経済をマクロでみた場合に、グローバル不均衡として理解される巨額の経常収支の赤字の存在がしばしば問題とされてきた。その持続可能性、およびアメリカ経済あるいは世界経済に与える影響を巡って活発な議論が展開されているが、その中で人民元の問題が本当に重要かどうかという点に関してはいくつかの異なった意見がみられる。人民元の過小評価が貿易不均衡をもたらしているという主張をしているのは、実際には一部の経済学者に過ぎないのだが、それがあたかもアメリカの全体の声のように聞こえるのは、それが非常にわかりやすく、したがって外交や政治の場で主張されやすいからかも知れない。

3　失われた金融政策の独自性

もちろん、元－ドルレートに代表される為替制度の問題は、中国経済に対してより直接的かつ重要な影響を及ぼすことは言うまでもない。ただ、それは通常よく言われるような輸出産業に与える影響、といったものにとどまらない。むしろ重要なのは、為替制度の選択が中国国内のマクロ的な経済政策に大きな影響を及ぼし、ひいては第一節で論じたような投資過剰の状況をもたらしている、という点である。

米コロンビア大教授であるロバート・マンデルが提唱した「国際金融のトリレンマ」という概念があ

る。[12] これは、為替レートの安定、自由な国際資本移動、金融政策の独自性、という三つの政策目標を同時に実現することはできない、というものだ。一般的に、中国は外国為替管理を通じて投機的資金を厳格に管理していると思われているものの、実際には輸出入業者によるリーズ・アンド・ラグズ（為替相場への投機的な見通しにより、人為的に外貨の支払いなどを遅らせる行為）などを通じ、かなりのホットマネーが流入／流出している、というのが定説になっている。

前節で触れた二〇一三年六月の短期金融市場における金利高騰についても、それまでアメリカの金融緩和の影響を受けて生じてきた中国国内への資金流入が、金融緩和政策終了の憶測が強まったことによって海外に逆流する、いわゆる「キャリートレードの巻き戻し」が生じたことが、一つの背景として指摘されている。

このように投機的な元の取引が積極的に行われている状況の下で、中国の政府当局は、為替相場の安定を図ろうとする限り、金融政策の独自性を事実上放棄し、アメリカの政策に追随する、という状況が続いている。金融を引き締めようと金利を引き上げると、投機目的の資金が大量に流入し、強固な元高圧力がかかってしまうからである。このことを如実に示しているのが、米中の実質金利の二〇〇四年一月から二〇一四年五月までの動向を示した図1‐12である。この図からも、中国の金融政策の動向が、米FRBのマクロ金融政策およびその帰結としての金利動向に大きな影響を受けていることが窺えよう。例えば、元‐ドルレートが事実上ほぼ固定されていた二〇〇八年夏から二〇一〇年にかけて、両国の実質金利の動きはほぼ一致していることがわかる。

図 1-12　米中長期実質金利の推移

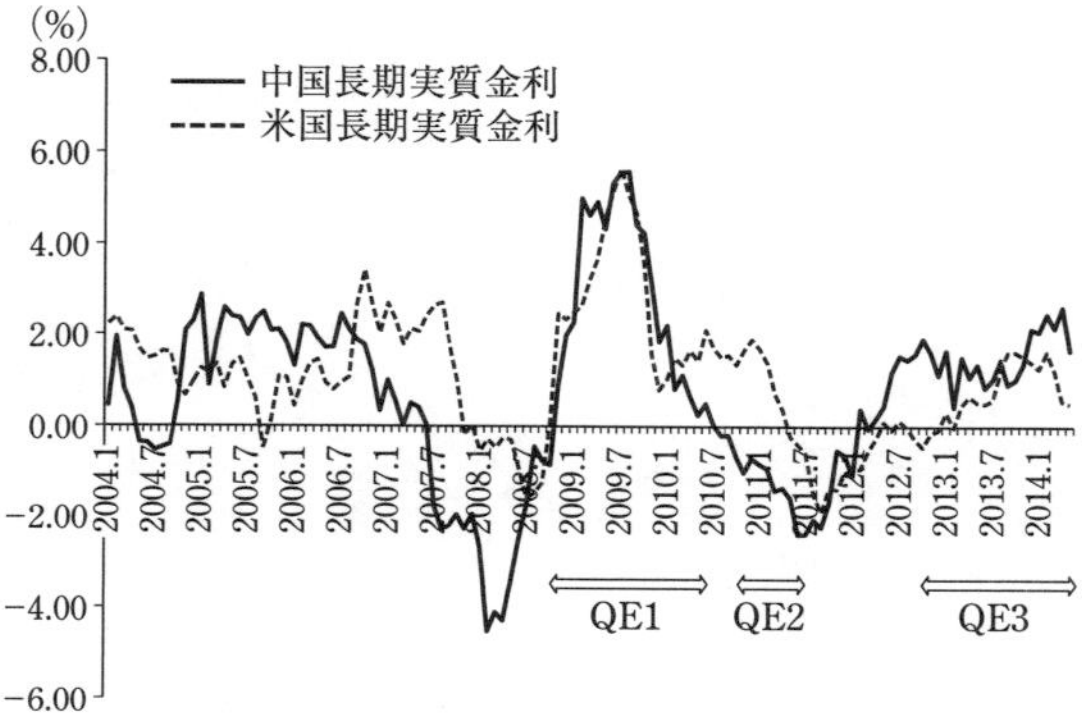

出所：CEIC Data, http://www.federalreserve.gov/releases/h15/data.htm
注：グラフのデータは米中両国の 10 年もの国債利回りを当月の消費者物価指数（CPI）で実質化したもの.

中国政府が二〇〇八年末に打ち出した総額四兆元の景気刺激策が一定の効果を及ぼしたのは、この時期に人民元の対ドルレートを一定に保っていた中国が、アメリカが危機後すぐに開始した量的緩和政策（ＱＥ１）に事実上追随してきたからにほかならない。しかし、中国が今後もアメリカの金融緩和政策に追随を続けていけば、当然ながらバブルやインフレ発生の懸念が生じてこよう。特に、元の切り上げ期待が高まっている状態のもとで、それより低い小刻みな元高が続くと、それはむしろホットマネーの流入を促し、インフレ圧力をますます加速させてしまう可能性がある。小刻みな元高が持続的に生じた二〇〇六年から二〇〇八年夏までの時期に、まさにこのような現象が生じている。

米ＦＲＢのバーナンキ議長は、二〇一〇年一一月に量的緩和政策を再開すると宣言し、具体的に二〇一一年六月までに六〇〇〇億ドルの長期国債を買い取るとした。アメリカ経済の短期金利はすでに〇%に近い水準にあるため、通常の短期の政府証券の売り買いを通じた金融政策を用いることができない。このため、長期国債の買い取りを通じてその価格を上昇させ、住宅貸出や企業の設備投資などに影響を及ぼす長期金利を直接引き下げる効果を狙ったのである。

この第二期目の量的緩和政策、いわゆるQE2については、中国をはじめとした新興国政府は厳しい反応を示した。G20などの会合では、むしろインフレ懸念が広がる中国やインドなど新興国とアメリカとの立場の違いが目立ち、このような状況を指して米中間の「通貨戦争」と表現するマスコミの報道もみられた。中国国内でも、ドルの相対的な購買力の低下を意味するアメリカの量的緩和政策が中国国内への資金流入をうながし、前述のようなインフレ傾向を加速させるのではないか、という強い懸念があった。実際、図1-12をみると、QE2の実施されていた期間において、中国の実質長期金利はアメリカに合わせて低下を続けている。金利の低下は、資金流入による元高圧力を打ち消すために緩和的な金融政策を続けざるを得なかったことを示しており、このような懸念にはかなりの根拠があることが示されたといえよう。

一方、二〇一二年九月から実施されたQE3が中国の金融政策に対して及ぼした影響は、QE1やQE2ほど大きくはなかった。それでも、二〇一三年にはバーナンキFRB議長の発言がQE3の縮小を示唆するのではないかという憶測を呼び、中国国内からのホットマネーの引き上げ、という現象を通じて金融市場に影響を及ぼしたことは既にみたとおりである。また二〇一四年三月になると、イエレンFRB新議長は、QE3の規模を段階的に縮小し、同年秋にはQE3を終了させることを明言した。このような発言を受けて為替相場は次第に元安に移行し、またホットマネー引き上げの影響か、同年半ばごろより不動産市場の低迷が伝えられるようになっている（本書終章参照）。

いずれにせよ、中国の金融政策のかじ取りがうまく行われるかどうかを判断するには、中国国内の金利や融資引き締めの動向を見ているだけではもはや十分ではない。世界経済がますます統合されつつある現在では、アメリカの金融政策並びにそれに対応した元－ドルレートの動向を踏まえて、国内の経済政策を判断することが不可欠になっているからである。

既に述べたように、人民元の過小評価の水準は客観的な評価が難しいこと、および、現実のデータからみればむしろアメリカの金融緩和が、ホットマネーの流れを通じて中国の物価水準や資産価格の上昇を招くなど、中国の金融政策全般に影響を与えているのであり、決してその逆ではない。すなわち、中国がいくら世界第二位の経済大国になったと言っても、中国経済がアメリカ経済に与える影響力は、その逆に比べてはるかに弱いものでしかない。この点の評価を見誤ってはならないだろう。

おわりに

現在の中国経済は、グローバル経済への統合と関与という国際的な要因と、中央－地方関係に代表される地域的要因にとらわれる国内事情のどちらも抜きにしては考えられない状況に置かれている。本章で検討したマクロ経済政策も、恐らくその二つの方向性の間で揺れ続けていくであろう。ただし、かつての中国を取り巻いていた状況と現在が決定的に異なるのは、かつての中国が通貨制度も含めた世界経済の「ゲームのルール」を、ただ受動的に受け入れる存在でしかなかったものが、いまや積極的にルールの構築にかかわるほどの力を確実につけてきた、というところにある。

そのことを端的に示す動きとして、世界金融危機後の中国政府に、IMF改革への発言を初めとして、世界的な国際金融秩序の構築において、積極的に発言していこうという姿勢がみられたことがあげられる。

二〇〇九年四月に行われたG20の席上で、温家宝首相はドルが基軸通貨になっていることが、新興国の為替制度を硬直的なものとし、外貨準備を膨らませ、世界的な過剰流動性をもたらしていると発言し、IMF改革の必要性を訴えた。その背景には、周小川人民銀行行長らの世界通貨体制に関する見解が存在したものと考えられる(Zhou 2009, 余二〇〇九)。

これは、IMFへの新興国の拠出金を増額すると同時に、時別引出権(SDR)の貸出枠を増やし、将来的には、新興国の外貨準備をSDR建てのものに切り替えていくという構想を示したものである。(13)この提言に基づき、二〇〇九年七月には、IMF理事会がSDR建ての債券を発行することを決定し、九月のロンドンG20財務相・中央銀行総裁会議では中国、インド、ブラジル、ロシアのBRICs四カ国が八〇〇億ドル分の購入を表明した。さらには、同年一〇月にイスタンブールで開催されたIMF・世界銀行年次大会では、IMFへの新興国の出資比率を最低五%増やすことが決定された。

さらに、二〇〇八年の世界金融危機以降、中国人民銀行は韓国・マレーシアなど一四の国や地域の通貨当局と二国間の通貨スワップ協定を締結したほか、人民元建てクロスボーダー決済や香港のオフショア市場の開設など、「人民元の国際化」に向けた制度構築に積極的に取り組んでいる(中国人民大学国際通貨研究所二〇一三）。

これら一連の取り組みは、確かに中国が国際通貨体制において「超大国」としての役割を果たそうとする姿勢を見せたものと言えるかもしれない。ただ上述のようにドルを準備通貨として大量に保有せざるを得ない中で、金融政策の自由度を事実上奪われるという、いわば「ドルの足かせ」に繋がれた状況にあることを認識し、ドルを唯一の基軸通貨とする国際通貨体制からの脱却を図ろうとする政策当局の姿勢が強く反映していることも見逃してはならない。その意味では、一連の「人民元の国際化」への政府のコミットメントには、「通貨」を媒介にして現れた中国経済の強さと脆弱さの二つの側面を見出すことができよう。

いずれにせよ、国際的な市場におけるゲームの主体的なプレイヤーとなった中国は、同時に国内に先進国とは異なった形のさまざまな問題を抱えている。したがってそれらの問題を解決するために採用される政策や制度改革が、国際舞台のゲームにおける振る舞いにも影響せざるを得ない。このことからも、一見して「わかりにくい」中国国内の経済システムが、実際にどのようなロジックによって動いており、その結果どのような問題を抱え込んでいるのか、理解することが一層重要になっているといえるだろう。

第二章　貿易・投資大国化のインパクト

はじめに

中国の財の輸出額は二〇〇九年にアメリカを抜いて世界最大となった。二〇一三年には財の輸出と輸入を合わせた貿易総額でもアメリカを抜き、世界最大の貿易大国となった。中国の輸出額が日本を抜いたのは二〇〇四年のことだったが、二〇一三年には中国の輸出は日本の三倍以上になっている。また、中国は外国からの投資を大量に受け入れてきたが、近年では逆に外国への投資の出し手としても急浮上している。中国はいまやアメリカや日本と並ぶ対外直接投資大国の一つとなった。

こうした中国による貿易と投資の拡大は世界経済にさまざまなインパクトを及ぼしている。中国の工業製品輸出は世界の工業国に対する競争圧力となっている。また中国はアジア、アフリカ、ラテンアメリカから鉱産資源や農産物を大量に輸入しているが、それはこれらの国々にとって必ずしも手放しで喜べるできごとではない。発展途上国が一次産品の輸出に特化することはその国の発展にとって不利だという説が、一九五〇年代から今日に至るまで幅広く信じられているからである。

さらに中国からの投資の拡大に対しても二つの異なった見方がある。アフリカ諸国では長年、西側諸国や国際機関から投資や援助を受けながらなかなか発展のきっかけがつかめなかったが、新たな投資と援助の出し手として中国が現れ、今度こそ発展のきっかけをつかめるのではないかという期待がある。一方、欧米は伝統的に自分たちの勢力圏とみなしてきたアフリカやラテンアメリカに中国の手が伸びることを苦々しく思っている。

中国の貿易・投資大国化は世界、特に発展途上国に対してどのようなインパクトをもたらしているのだろうか。そうした動きを我々はどのようにとらえたらいいのだろうか。本章では客観的なデータをもとにこうした問題を考えていきたい。

第一節　アジアの巨鳥から世界の巨鳥へ

1　アジアの雁の群れを乱す中国

二〇〇一年に経済産業省の黒田篤郎が著した『メイド・イン・チャイナ』（黒田二〇〇一）は世界の工場への歩みを進める中国の状況を活写したが、そのなかで黒田は中国がアジアの「雁行型モデル」を乱しているという興味深い議論をしていた。アジアでは日本がまず工業化の先進国として繊維製品や電気製品の輸出国として成長し、日本で賃金が上昇して工業労働力が不足するようになると、繊維やテレビの輸出向け工場はまず韓国や台湾に移転した。その韓国や台湾でも一九八〇年代には為替と賃金の上昇によって輸出が不利になったので、今度はマレーシア、タイ、インドネシアに輸出産業が移転した。その次は中国、さらにその次はベトナム、カンボジア、ミャンマーが輸出産業の担い手になるだろう。このようにアジアのなかで最先進国である日本から所得水準の高い順に工業化が波及することを一般には「雁行型モデル」と呼ぶ。ところが、黒田によれば一九九〇年代末頃にはデジタルカメラなど先端的な製品の工場が日本からいきなり中国に移転しており、それまでの序列が乱れ始めている。これは単なる偶然ではなく、部品産業の厚みやエンジニアの人材の豊富さにおいて中国が東南アジアよりも大きな潜在力を持っているからである。この勢いが続けばやがて中国は韓国や台湾とも競争するようになるだろう。他方で、中国では驚くほど低い賃金でも大量の労働力を雇うことができるので、アパレルなど低付加価値の産業でもベトナムやミャンマーといった後発の国に道を譲らないだろう。つまり、中国はアジアの雁の群れのなかに現れた伝説上の巨鳥「鵬《おおとり》」のごとく、アジアの「雁行型モデル」を乱す存在になるのではないか、と黒田は指摘した。

黒田と同じような問題意識から、一九九〇—二〇〇三年の貿易データを用い、貿易相手国との距離も考慮しつつ、中国がアジア各国の輸出市場を奪ったかどうかを検証したのがグリーナウェイら(Greenaway, Mahabir, and Milner 2008)である。この研究によると、中国はアジアの低所得国(バングラデシュ、カンボジア、インド、パキスタン、ベトナム)の輸出市場をあまり奪っておらず、むしろアジアの高所得国(日本、韓国、シンガポール)の輸出市場を奪っており、中国の輸出が一%増加すると、これらの国々の輸出は平均で〇・四％減少する。アジア高所得国の第三国での輸出減少は中国向け輸出の増大である程度相殺されるものの、減少分を完全に補うほどではないという。

たしかにその後、中国は韓国や台湾、さらには日本が得意としていた産業分野でも台頭し、黒田やグリーナウェイらが予想した通りであった。他方で二〇〇一年の時点では中国における低賃金労働の供給はまだ無尽蔵だと思われていたのが、実際には意外に早く限界がきた。二〇〇四年から中国の沿海部の工業地帯では出稼ぎ労働力の不足が叫ばれるようになり、中国の労働者の賃金がその頃から急速に上昇した。二〇一〇年には中国の労働者の賃金はタイと肩を並べる水準にまで上昇し、より低廉な労働力を求めて中国からベトナム、カンボジア、バングラデシュなどに生産拠点を移す動きも起きている。また、中国がアジア諸国からの輸入を拡大する勢いも予想以上だった。中国はたしかにアジアの雁行型モデルを大いにかき乱したが、そのことはアジア諸国の経済発展の道を閉ざしたわけではなく、むしろ中国自身が新たな巨大市場となってアジアに輸出のチャンスをもたらした。

2　世界にインパクトを与える中国

一方、現時点からみて黒田とグリーナウェイらの議論の限界を感じるのは、中国の台頭の影響をもっぱらアジアのなかだけで論じていることである。二一世紀に入るころにはたしかに中国はアジアの新たな工業国にすぎなかったが、いまや世界最大の貿易大国になった中国の影響がアジアだけにとどまるはずもない。

たとえばアフリカの三〇カ国の輸出に占める中国向けの割合は二〇〇〇年の時点では平均して二・三%にすぎなかったが、二〇一一年には一二・二%へ五倍以上に跳ね上がった。またラテンアメリカ・カリブの二八カ国・地域の輸出に占める中国向けの割合も二〇〇〇年の一・五%から二〇一一年の一一・〇%へ七倍以上もシェアが拡大した。つまり一〇年ほどの間にアフリカやラテンアメリカの国々にとって中国は余り重要でない輸出先の一つから輸出の一割以上を占める重要な輸出先になったのである。(1)

中国の貿易の拡大がアジア、アフリカ、ラテンアメリカに与える影響を比較的早い段階から議論していたのがシャフェディン（Shafaeddin 2004）であるが、彼は南アジア、アフリカ、ラテンアメリカは中国と貿易構造が似ているので、中国に対する輸出拡大は余り望めないだろうと論じていた。だが、こうした見通しは誤っていた。

中国の貿易拡大がラテンアメリカ諸国の貿易に与える影響を詳細に論じていたのがラルらの論文（Lall, Weiss, and Oikawa 2005）である。彼らは一九九〇―二〇〇二年の貿易データを用い、細かい貿易品目ごとにラテンアメリカの一八カ国の輸出が中国の輸出とどのような関係にあるかを分析している。たとえば世界のカラーテレビ輸出において中国のシェアが上昇し、ラテンアメリカの某国のシェアが下落した場合には、某国にとって中国は「直接的脅威」であると定義する。もし中国と某国のシェアがともに上昇しているが、中国のほうが上昇幅が大きい場合には「部分的脅威」、中国のシェアが落ち、某国のシェアが上昇している場合には「逆脅威」と呼ぶ。分析の結果、平均して各国の輸出の一一%において中国は直接的脅威であり、二七%においては部分的脅威であった。結局、ラテンアメリカは東アジアほどには中国の脅威にさらされていないというのが結論だが、同時にラテンアメリカの中国向け輸出が一次産品に偏る傾向があることを彼らは懸念していた。

第二節　中国と競争しているのはどこか

1　産業ごとの貿易を観察する意味

前節では、ラテンアメリカの輸出に対する中国の影響を検討したラルらの研究成果を紹介したが、ここではその手法を援用して分析対象を世界に広げ、より新しいデータを使って中国がどのような産業でどの国と競争しているのかを詳しく分析する。

なお、一国の経済を考えるうえでは輸出ないし輸入の総額だけが重要であり、産業ごとの貿易を分析しても意味がないとする立場もある。どのような財やサービスを輸出したとしても、自国の生産に対する需要が拡大すれば国民所得は拡大するのだから、何を輸出するかにこだわる必要がない、という考え方であり、経済学者の間では主流の考え方だといってもいい。だが、現実の世界では、輸出の総額だけでなく、個別の産業の貿易にも重要な意味があるとみなされることは少なくない。たとえば、日本のアメリカに対する自動車の輸出が拡大した一九七〇年代、八〇年代にはアメリカにとっての重要産業である自動車産業を守るべきだとの議論がアメリカで高まり、日本からの自動車の輸出が制限されるなど、両国の貿易の拡大に逆行するような政策が採られた。半導体産業における日本の台頭に対しても、ハイテク産業全般における半導体の重要性を考えるとアメリカの半導体産業を守らなければならないという議論もあった。

日本でもたとえ貿易全体は黒字であっても、食料貿易が大幅な赤字（つまり「食料自給率」が低い状況）なのは憂慮すべきことだと考える人が多く、食料の輸入を高い関税によって制限している。日本が環太平洋パートナーシップ協定（ＴＰＰ）などの交渉のなかで他の国に工業製品に対する輸入関税を下げてもらおうとすると、他国が逆に日本の食料品に対する関税引き下げを要求してきて、交渉がなかなか前に進まない。つまり、食料自給率に固執することは日本の輸出拡大に悪影響を与える可能性があるので、日本の国内総生産（ＧＤＰ）の拡大にも不利になるが、それでも食料自給率を高めることが必要だと多くの人が考えている。また、発展途上国が経済発展するためには、鉱産資源や農産品の輸出に依存する状況から脱却し、工業化を進めなければならないという考えはかなり広く受け入れられている。このように現実の政治のなかでは産業ごとの貿易が大きなイシューになっているし、発展途上国の成長にとって工業化が必要かどうかという問題は経済学のなかでもまだ決着がついていない。それゆえに、品目ごとの貿易を観察することにはそれなりの意味があると言える。

2　輸出の世界シェアの変化

以下では、各産業分野における世界に対する輸出のなかで中国と他国のシェアがどのように変化したかを検討する。ただし、ここではラルらのいう「直接的脅威」と「逆脅威」のケースのみに議論を限定する。また、そもそも中国の輸出の世界シェアが小さければ、それが拡大しても他国の輸出に与えるインパクトは大きいとはいえないので、ここでは二〇〇〇年もしくは二〇一一年の中国の世界シェアが一一%を超えていた品目だけを分析の対象とする。なぜ一一%という敷居を設けたのかというと、二〇一一年の中国全体の輸出の世界シェアが一一%だったからである。ある品目における中国の輸出の世界シェアが一一%を超えているということは、その品目の輸出を中国が得意にしていることを意味する。このことを国際経済学では中国がその品目において比較優位を有する、という。このような方針で、HS二桁分類[2]の九六品目に関して分析を行った。

紙幅の関係から三〇品目に関する計算結果のみを示したのが表2-1である。表の左側では中国の輸出が世界全体の輸出に占めるシェアを示し、右側の「シェアが大きく変動した国」は二〇〇〇年から二〇一一年の間に輸出の世界シェアがもっとも大きく変化した数カ国で、カッコのなかの数字はシェアが何ポイント変化したかを示している。例えば魚介の輸出では中国は二〇〇〇年には世界の六%を占めていたが、二〇一一年には一二%にシェアを拡大した。同じ期間にカナダの輸出の世界シェアは七%から四%へ下がり、タイの輸出の世界シェアも六%から三%に下がった。つまり、魚介において中国はカナダとタイから輸出市場を奪ったのである。HS分類〇一~二四の二四品目は動植物・食料品だが、この分野で中国は欧米諸国やメキシコ、タイからシェアを奪う一方、植物性組物材料(竹、籐など)ではマレーシアにシェアを奪われている。

表 2-1　各品目における中国の輸出の対世界シェアと競合国

品目	HSコード	中国の世界シェア 2000年	中国の世界シェア 2011年	シェアが大きく変動した国
輸出全体		4%	11%	
魚介	03	6%	12%	カナダ（−3），タイ（−3）
野菜	07	8%	14%	スペイン（−4），メキシコ（−3）
植物性組物材料	14	14%	10%	マレーシア（+7）
野菜・果実調製品	20	7%	12%	アメリカ（−3）
無機化学品	28	7%	13%	アメリカ（−5），オーストラリア（−3），ドイツ（−2），日本（−2）
革製品・旅行用具・ハンドバッグ	42	36%	41%	タイ（−3），メキシコ（−2），フィリピン（−2）
わら編み製品・かご細工物	46	61%	72%	フィリピン（−9），インドネシア（−5）
絹・絹織物	50	42%	52%	インド（−5），韓国（−4），イタリア（−3）
毛・毛織物	51	11%	19%	イタリア（−5），フランス（−3）
綿・綿織物	52	13%	23%	イタリア（−4），ドイツ（−3），フランス（−3）
人造長繊維・同織物	54	5%	28%	韓国（−9），台湾（−5）
人造短繊維・同織物	55	12%	27%	台湾（−5），ドイツ（−5）
メリヤス編物・クロセ編物	60	10%	35%	台湾（−13），韓国（−5）
衣類（ニット）	61	19%	41%	アメリカ（−5），イタリア（−4），メキシコ（−4）
衣類（ニット以外）	62	21%	34%	メキシコ（−5），アメリカ（−3）
履き物	64	26%	37%	イタリア（−9），ブラジル（−3）
帽子	65	25%	48%	台湾（−8），韓国（−7），イタリア（−5）
傘・つえ	66	62%	78%	台湾（−6），イタリア（−4），インドネシア（−2）
羽毛製品・造花	67	64%	70%	タイ（−4），韓国（−3）
陶磁製品	69	10%	31%	イタリア（−11），スペイン（−4），日本（−4）
鉄鋼製品	73	6%	17%	アメリカ（−4），カナダ（−3）
すず・同製品	80	26%	2%	インドネシア（+15），マレーシア（+5），タイ（+3），シンガポール（+3）
一般機械	84	3%	17%	アメリカ（−6），日本（−3），イギリス（−3）
電気機械	85	5%	21%	日本（−7），アメリカ（−7）
鉄道車両	86	22%	34%	カナダ（−8），アメリカ（−5），フランス（−4）
船舶	89	4%	24%	日本（−12），フランス（−5）
楽器	92	11%	25%	日本（−11），韓国（−6），台湾（−4），マレーシア（−3）
家具・寝具	94	10%	31%	カナダ（−6），イタリア（−6），アメリカ（−3）
玩具・運動用具	95	29%	37%	日本（−7），台湾（−5），アメリカ（−3）

出所：UN Comtrade と PC-TAS のデータから計算．但し，ウェブ上の UN Comtrade には台湾の輸出が含まれていないので，中華民国経済部国際貿易局のデータベースによって品目分類ごとに台湾の輸出額を割り出して加えた．

注：カッコ内の数字は各国の輸出シェアが 2000 年から 2011 年の間にどれぐらい変化したかを示す．例えば「+5」は輸出シェアが 5% ポイント増加したこと，「−3」は 3% ポイント減少したことを意味する．

鉱物（HS二五〜二七）では中国が比較優位を持つ品目はない。化学品（HS二八〜三八）のうち中国が二〇一一年時点で比較優位を持っていたのは無機化学品と火薬・マッチ・調製燃料のみで、前者のうちとりわけレアアースにおける比較優位が際立っている。

革製品・旅行用具・ハンドバッグ、わら編み製品・かご細工物、および絹・絹織物から衣類に至るまでの繊維品は中国がもともと強い比較優位を持っている労働集約的な製品であるが、二〇一一年にはいずれの品目でも二〇〇〇年よりも世界シェアを高めている。これらの品目では韓国、台湾や東南アジアばかりでなく、欧米やメキシコからも輸出市場を奪っている。衣類のようなもっとも労働集約的な産業においてさえ、後発の国に道を譲る気配が見られない。履き物、帽子、傘・つえ、羽毛製品・造花、陶磁製品、楽器、家具・寝具、玩具・運動用具もやはり労働集約的な製品であるが、これらでも中国の世界シェアは高く、しかも拡大している。こうした軽工業品の貿易を見る限り、中国は黒田が言うように雁の群れに現れた鵬のようである。

卑金属及びその製品（HS七二〜七六、七八〜八三）においては、二〇〇〇年時点では中国は鉛、亜鉛、すずで比較優位を持っていたが、二〇一一年にはいずれも大幅にシェアを落としている。これは中国政府が資源を多く消耗する品目の輸出を制限する政策をとったことが影響している。それに対して機械類（HS八四〜九三）での中国の伸びは著しく、なかでも一般機械、電気機械、船舶を有力な輸出分野とし、日本やアメリカから市場シェアを奪った。機械類は世界貿易のなかで取り引きされる金額が大きいので、これらが中国の比較優位分野になったことは中国の貿易拡大に大きく貢献した。

表2-1の分析結果を総合すると、二〇〇〇年時点で中国は革製品・旅行用具・ハンドバッグ、繊維品、履き物、玩具・運動用具など労働集約的な軽工業製品に強い比較優位を持っていたが、そうした伝統的な比較優位分野での競争力を二〇一一年にはさらに高めて、韓国、台湾、欧米先進国から輸出市場でのシェアを奪った。中国での賃金が上昇しているため、衣服などの生産拠点を中国からベトナム、カンボジア、バングラデシュに移転する動きが出ていると報道されているが、そうした動きは表2-1のような大分類のデータからは見て取ることができない。二〇一一年の中国は軽工業品に加えてさらに機械類での比較優位を新たに獲得したことで、世界最大の輸出国になった。

産業ごとの貿易を見たときに中国がどこの国と競争しているかは表2-1の右半分に示したとおりだが、アメリカ、イタリア、韓国、台湾、日本、メキシコなどが主な競合相手であった。グリーナウェイらの見立てどおり、中国はアジアの高所得国から輸出市場でのシェアを奪ったが、それよりも欧米先進国から輸出市場でのシェアをいろいろな品目で奪ったことが以上の分析から明らかとなった。

第三節　中国がもたらす発展途上国のモノカルチャー化

1　第三世界から中国への輸出増大

中国が世界への輸出を拡大する裏で、中国の輸入が世界全体の輸入に占める割合も二〇〇〇年の三%

表 2-2　中国への輸出比率が高い国

	2000年	最近年
アジア・中東		
モンゴル	46%	74%（2010年）
北朝鮮	3%	58%（2010年）
イエメン	—	41%（2012年）
フィリピン	4%	38%（2012年）
韓国	13%	31%（2012年）
台湾	3%	27%（2012年）
マレーシア	6%	26%（2012年）
日本	9%	22%（2012年）
カザフスタン	8%	18%（2012年）
インドネシア	7%	17%（2012年）
タイ	6%	17%（2012年）
ラテンアメリカ・カリブ		
コスタリカ	0.2%	47%（2012年）
チリ	7%	26%（2012年）
ブラジル	3%	22%（2012年）
ウルグアイ	4%	22%（2012年）
ペルー	8%	18%（2012年）
アフリカ		
ガンビア	0.1%	57%（2011年）
モーリタニア	1%	56%（2012年）
南アフリカ	4%	51%（2012年）
スーダン	45%	46%（2012年）
アンゴラ	23%	46%（2010年）
コンゴ民主共和国	0.1%	44%（2010年）
コンゴ共和国	16%	31%（2010年）
ザンビア	8%	31%（2011年）
カメルーン	8%	21%（2012年）
チャド	0.01%	16%（2010年）
ジンバブエ	5%	15%（2012年）
オセアニア		
ソロモン諸島	—	40%（2012年）
オーストラリア	5%	30%（2012年）
クック諸島	0.0%	15%（2011年）
ニュージーランド	3%	15%（2012年）

出所：UN Comtrade のデータから計算

から二〇一一年には九%に拡大した。中国はとりわけアジア、アフリカ、ラテンアメリカ、オセアニアなどかつて第三世界と呼ばれていた国々からの輸入を増やしている。表2-2では、最近年において当該国から世界への輸出のうち中国向けの割合が一五%を超える国をすべて列挙した。なお、表ではなるべく二〇一二年のデータを揃えたが、国によってはデータがないため二〇一一年や二〇一〇年の輸出データを使っている。中国向け輸出の割合が一五%を超える国はすべてアジア・中東、ラテンアメリカ・

カリブ、アフリカ、オセアニアにあり、ほとんどが発展途上国である。中国の発展が第三世界の国々の発展を牽引しているさまが読み取れよう。

筆者（丸川）が中国の輸入拡大がもたらすインパクトのすさまじさを実感したのは、二〇〇四年にブラジル南部のクリチバ市郊外の高速道路を車で移動していたときである。対向車線の路側帯で、積み荷を満載した大型トレーラーが延々と列をなして駐車していた。いったい何がおきているのかと同行のブラジル人に尋ねたところ、彼が言うにはトレーラーの積み荷は大豆で、中国へ向けて輸出されるところなのだという。大豆を中国向けの輸送船に載せる港湾の能力が足りないため、積み込みを待つトレーラーが行列しているそうだ。ところがその光景を目にした場所は港からゆうに一〇〇キロぐらい内陸に入った場所だったので、そこから延々一〇〇キロにわたって中国向けの大豆を積んだトレーラーが行列していたことになる。

2　一次産品輸出の増加を喜んでいいのか

ただ、こうした中国向けの一次産品輸出の増加を果たして発展途上国が手放しで喜んでいいのかどうかはいささか疑問である。国連ラテンアメリカ・カリブ経済委員会（ECLAC）や国連貿易開発会議（UNCTAD）の事務局長を務めたアルゼンチンの経済学者プレビッシュは、発展途上国が一次産品の輸出に特化するならば、途上国が輸出する一次産品と先進国が輸出する工業製品との価格の比率（これを「交易条件」と呼ぶ）は一次産品に不利に展開していくので、途上国の発展が阻害されると説いた

(Prebisch 1950)。途上国が発展するには一次産品輸出から脱却して工業化を進めなければならず、そのために工業製品の輸入に対する関税を高めて国内でそれに代わる工業を育成する戦略を説いた。

一次産品と工業製品の価格比率が、一次産品に不利なように変わっていくというところがこの主張のカギであるが、そうなる理由についてプレビッシュは次のように説明している。途上国の一次産品生産者は概して規模が小さくて競争的であるのに対して、先進国の工業製品メーカーは概して独占的、寡占的であり、しかも先進国では労働組合が強いので賃金が上がりやすい。賃金の上昇を先進国の企業は独占・寡占の力を利用して価格に転嫁するので工業製品の価格が一次産品に比べて高くなりがちだというのである。プレビッシュの主張をさらに推し進めて、ラテンアメリカがなかなか発展できないのはヨーロッパなど先進国との経済関係のなかで不利な一次産品輸出の役割を押しつけられてきたことに原因があり、ラテンアメリカの低開発は欧米先進国の発展というコインの裏側なのだ、という従属理論の主張も現れた。従属理論に従えば、ラテンアメリカは先進国との経済関係を断ち切ったほうが発展できるという過激な結論に至る。

中国と他の発展途上国との貿易関係は、こうしたかつての議論を再燃させかねない方向に展開している。中国の輸出は二〇一二年時点で九五%が工業製品となっている。一方、例えばラテンアメリカ・カリブ諸国ではかつて輸入代替工業化が進められたため、一九八七年の時点ではＧＤＰに占める製造業の比率は二五%に達したが、その後下落に転じ、二〇一一年には一四%にまで落ちてしまった。その主な理由は、無理な輸入代替工業化によってラテンアメリカが経済危機に陥り、その打開策として一九八〇年代後半以降に貿易自由化が行われたため、工業が相対的に縮小したことだ（Mesquita Moreira 2007）が、二一世紀に入ってからもさらに工業が縮小したのは中国からの工業製品の流入と無関係ではないだろう。アフリカでも、中国からの工業製品の流入によって工業化の芽が摘まれてしまうのではないかという懸念が存在する（Ighobor 2013）。

もっとも、オーソドックスな国際貿易理論では、各国がそれぞれ比較優位を持っている品目を輸出することがもっとも有利だとされる。一次産品の生産が得意な国はそれを輸出して、それと引き換えに工業が発達した国から工業製品を輸入したほうが、自ら苦労して工業製品を作るよりも安価に工業製品を手に入れられるので国民の実質所得をより高められるというのである。実際、カナダやオーストラリアのように一次産品の輸出国で先進国になった国の例もある。だが、そうした主張をする経済学者も特定の一次産品の輸出に特化することは、価格変動のリスクにさらされるため不利だということは認めている（Lederman and Maloney 2003）。また、途上国にとって一次産品輸出は成長のきっかけとしては意味があるが、次の段階では製造業主導の産業構造に転換すべきだと指摘する研究も多い（Mesquita Moreira 2007）。そうした観点からいえば、発展途上国と中国との貿易関係が、前者が一次産品輸出に特化し、後者が工業製品輸出に特化するという形で発展していることは、発展途上国の将来にとって憂慮すべき現象だと言えよう。

3　モノカルチャー化の進展

そこで、中国の輸入拡大の結果、発展途上国では特定の一次産品に輸出が集中するモノカルチャー化が進展しているのかどうかを検証してみよう。表2-2で示された中国への輸出比率が高い国々のなかから代表的な国を選び、それらの国の輸出のうち一次産品が占める割合を世界に対する輸出と中国に対する輸出とで比べてみる。もし中国に対する輸出における一次産品の比率が世界に対する輸出におけるそれよりも高い場合には、中国への輸出によって、その国の輸出全体における一次産品への傾斜が強められていることになる。

また、モノカルチャー化を測る指標として、各国の輸出の品目別構成に関するハーフィンダール指数を計算した。これは輸出に占める各品目のシェアを二乗し、それを合計した数字である。この指数が高いほど特定の品目に輸出が集中していることを意味している。

第二節での分析では貿易商品の分類としてHSを用いたが、ここではもう一つの分類法である国連の標準国際貿易商品分類（SITC）を用いる。この分類は貿易商品を一〇の大分類に分けるが、そのうち〇番から四番まで、すなわち〇（食料品及び動物）、一（飲料及びタバコ）、二（食用に適しない原材料、鉱物性燃料を除く）、三（鉱物性燃料、潤滑油その他これらに類するもの）、四（動物性又は植物性の油脂）をここでは一次産品と定義して以下の分析を進める(3)。ハーフィンダール指数は一〇の大分類が輸出全体に占める割合をもとに計算した。

計算結果を表2-3に示す。ブラジル、ウルグアイ、ペルーをみると、対中国輸出における一次産品比率は対世界輸出の一次産品比率を最近では大きく上回っている。しかも、それに釣られるように世界全体に対する輸出における一次産品比率も高まる傾向を見せている。つまり、この三カ国では中国向け輸出が増えることで、輸出が一次産品に偏っていく傾向が明瞭である。ハーフィンダール指数も中国向け輸出の場合は世界向け輸出の場合よりも相当に高く、中国向け輸出はモノカルチャーの様相が強い。ブラジルの場合、二〇一二年の中国向け輸出の七七％は鉄鉱石、大豆、原油の三品目によって占められ、ウルグアイは対中国輸出の五八％が大豆、ペルーは対中国輸出の六七％が銅鉱石、鉛鉱石、鉄鉱石だった。

インドネシア、モーリタニア、南アフリカ、オーストラリアについてもやはり対中国輸出の一次産品比率が高く、輸出全体の一次産品比率も上昇傾向にあり、かつ対中国輸出は特定の品目に集中する傾向がある。インドネシアの対中輸出は石炭とパーム油に偏っており、モーリタニアは鉄鉱石、銅鉱石、原油、南アフリカは鉄鉱石と石炭、オーストラリアも鉄鉱石と石炭に偏っている。

一方、マレーシア、コスタリカ、チリ、ザンビアについては、最近では対中国輸出の一次産品比率が対世界よりもやや低くなっている。だが、マレーシア以外の三カ国はいずれも対中国輸出が特定の品目に集中するモノカルチャーの構造を見せている。まず、コスタリカの場合、インテルの半導体工場が同国に進出しているため、中国向け輸出の七三％が集積回路（ＩＣ）である。チリの場合、対中国輸出のうち銅鉱石は二五％にとどまっているが、精製銅や粗銅など銅鉱石の一次加工品が対中国輸出の五六％

表 2-3　各国の輸出における一次産品のシェア

	一次産品輸出シェア	2000年	2005年	2011年	2012年	HI（最近年）
フィリピン	対世界	7%	10%	17%	15%	0.39
	対中国	25%	6%	16%	19%	0.54
マレーシア	対世界	18%	23%	35%	36%	0.22
	対中国	32%	27%	32%	28%	0.28
インドネシア	対世界	41%	50%	62%	61%	0.18
	対中国	62%	70%	82%	82%	0.24
タイ	対世界	21%	21%	27%	25%	0.22
	対中国	40%	31%	36%	35%	0.20
コスタリカ	対世界	34%	34%	39%	38%	0.22
	対中国	48%	3%	11%	10%	0.66
チリ	対世界	52%	55%	48%	50%	0.27
	対中国	54%	59%	38%	45%	0.45
ブラジル	対世界	37%	43%	63%	62%	0.17
	対中国	78%	78%	93%	91%	0.53
ウルグアイ	対世界	53%	66%	71%	73%	0.30
	対中国	38%	41%	84%	91%	0.52
ペルー	対世界	45%	50%	58%	59%	0.19
	対中国	97%	90%	87%	87%	0.56
モーリタニア	対世界	66%	93%	—	88%	0.35
	対中国	100%	100%	—	100%	0.62
南アフリカ	対世界	28%	28%	37%	37%	0.16
	対中国	48%	50%	84%	83%	0.51
ザンビア	対世界	18%	27%	12%	—	0.65
	対中国	37%	33%	6%	—	0.84
オーストラリア	対世界	58%	62%	74%	74%	0.22
	対中国	80%	84%	92%	87%	0.52

出所：UN Comtrade のデータから計算
注：HI＝ハーフィンダール指数

を占めており、輸出の八割が銅関連である。ザンビアも同様で、対中国輸出の八七％は精製銅だった。

以上のように、中国は鉱物資源やその一次加工品、大豆などを大量に輸入しており、これらの輸出国におけるモノカルチャー化に拍車をかけている。プレビッシュは一九五〇年代に途上国の一次産品への特化を憂慮したが、二〇〇〇年代には中国を相手に同じことが再現されている。ところが、ラテンアメリカやアフリカの国々から中国への従属を警戒する声が出ているかというとそうでもない。むしろ、アメリカのクリントン国務長官が二〇一一年六月にザンビアを訪問した際に中国のアフリカにおける「新植民地主義」に対する警戒を呼びかけた（Reuters, June 11, 2011）ように、警戒の声は欧米から出ている。伝統的に欧米の縄張りだったラテンアメリカやアフリカに対して中国が活発に経済援助、貿易、直接投資を進めていることに露骨な不快感を示しているのである。

4　中国の交易条件の悪化

なぜ中国向けに一次産品輸出が増えていくことに対して途上国側から余り不満や警戒の声が聞かれないのだろうか。それは、一次産品の工業製品に対する交易条件の悪化というプレビッシュが指摘した根本的な問題が中国との貿易では生じていないからである。むしろ中国が大量に一次産品を輸入するために一次産品の国際価格が高騰している。逆に中国が輸出する工業製品は概して安価なものが多く、しかも価格は低下傾向にある。中国と他の途上国との貿易関係は、一次産品輸出の交易条件が良くなっているため、多くの途上国にとって有利に展開しているのである。図2-1では中国がラテンアメリカ、ア

図 2–1　鉱産資源・大豆の国際価格と中国のパソコン輸出価格の推移（2005 年央＝100）

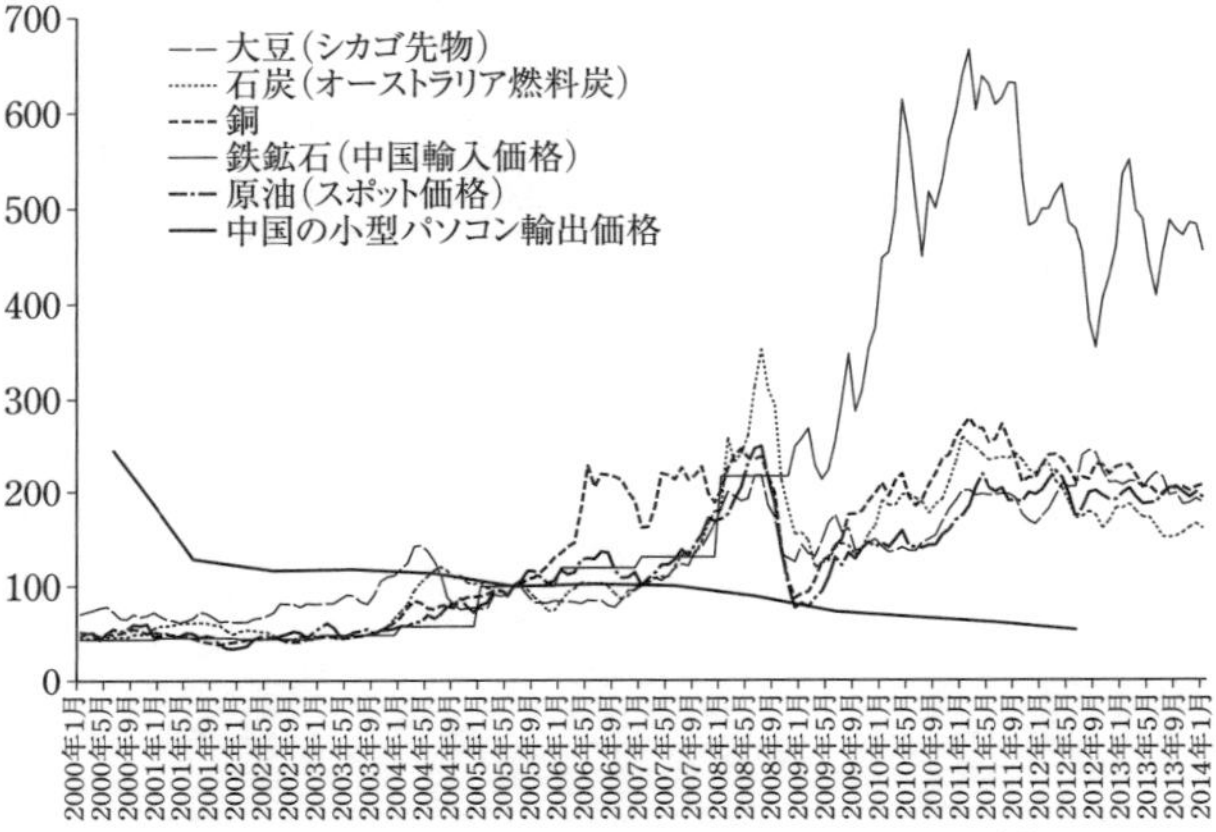

出所：IMF Primary Commodity Prices および UN Comtrade から計算

フリカ、オーストラリア、東南アジアから大量に輸入している一次産品として大豆、石炭、銅、鉄鉱石、原油の国際価格もしくは中国の輸入価格を示している。二〇〇五年の平均価格を一〇〇とした場合、どれもその後値段が大きく上がっており、もっとも高騰した鉄鉱石は二〇一四年一月に四五六、他の商品も二〇〇ぐらいの価格になっている。一方、中国の最近の最大輸出品目はノートパソコンやラップトップパソコンで、二〇一二年には輸出総額の六%を占めたが、その一台あたり輸出単価は年々下落している。中国が輸入するものの値段は上がり、中国が輸出するものの値段は下がっているのである。

なぜこうなるのだろうか。実はそのヒントがプレビッシュの議論のなかにある。プレビッシュの時代とは逆に、いまでは一次産品の輸出市場における寡占化が進んでおり、例えば鉄鉱石に関しては世界輸出の七割を三社（ＢＨＰビリトン、リオ・ティント、ヴァーレ）が支配している。一方、中国では工業のほとんどの分野で多数の企業が激しく競争しており（渡邉編二〇一三）、独占・寡占は国有企業が支配する送配電や通信といった国内産業においてしか存在しない。つまり、中国の工業が競争的、一次産品の世界は寡占的であることが、中国の交易条件が悪化する理由の一つだとみられる。

中国が工業のさまざまな分野で競争力を高める一方、世界の他の国々、特に発展途上国が一次産品のモノカルチャーに向かう状況は、必ずしも一次産品輸出国の側に不利にはなっていない。ただ、中国がいくつかの産業で一人勝ちの様相を示すようになると、世界各国に強い警戒の念を引き起こす。その一つの現れが、中国の輸出をめぐる貿易摩擦の激化である。世界貿易機関（WTO）の加盟国は、ある国ないし企業が不当に安い価格で輸出を行い、それによって自国の産業がダメージを受けている場合には、その国・企業を対象に時限的な関税をかけることができる。これをアンチ・ダンピング措置という。中国および中国の企業は一九九五年から二〇一二年の間に世界各国から六六四件のアンチ・ダンピング措置を受けており、これは第二位の韓国（一八一件）を遠く離してダントツの一位である。特にインド、アメリカ、欧州連合（EU）によってアンチ・ダンピング措置を実施されるケースが多い。

一つの事例として、中国製太陽電池に対するアメリカ、EUのアンチ・ダンピング措置について触れておこう。半導体の一種である太陽電池はもともとアメリカ、日本など先進国の企業がもっぱら生産しており、中国では二一世紀に入ってからようやく量産が始まったものの、その世界シェアは二〇〇四年時点ではわずか三%にすぎなかった。ところが、ヨーロッパ各国で太陽光発電を優遇する政策が導入されると、商機に敏感な中国の企業家たちが次々と新しいメーカーを設立し、激しい競争を展開して太陽電池の値段は急速に下落し、市場はさらに拡大した。二〇一二年には中国の世界シェアは六三％にまで拡大し、欧米の有力メーカーがいくつか倒産するに及んだことでアメリカとＥＵが中国製太陽電池に対するアンチ・ダンピング措置の実施を検討し始めた。アメリカは二〇一二年にアンチ・ダンピング措置を施行し、高い関税をかけた。一方、ＥＵは中国との激しい交渉の結果、結局アンチ・ダンピング措置の実施を見送り、代わりに中国の太陽電池メーカーが輸出の量と価格を自主規制することになった(Marukawa 2014a)。太陽電池産業においては、中国企業がいまや欧米や日本と正面から競争しており、中国のほうが強い競争力を持っているが、それは技術やブランドの優位性に基づく競争力というよりも、中国企業どうしの激しい競争によって低価格を実現していることに基づいている。太陽電池産業の展開はまさに中国の台頭の縮図である。

第四節　日本に対するインパクト

1　日中貿易の展開

第二節で行った分析のなかで、中国が日本からもいろいろな産業で輸出市場のシェアを奪ったことが明らかになった。工業製品の輸出国として中国が台頭した影響は、やはり工業製品の輸出国である日本にも当然及ぶはずである。ただ、日本と中国の関係のなかで貿易や投資の分野はどちらかというと両国間関係の良好な側面と見なされることが多い。小泉純一郎が首相の座にあった二〇〇一―〇六年には、日中関係を表現する言葉としてしばしば「政冷経熱」と言われたものである。日中関係はその後、尖閣諸島をめぐる問題が噴出するなどいっそう悪化したが、それによって「経熱」も冷めてしまったのであろうか。ここでは日本と中国の経済貿易関係を振り返る。

日本と中国の貿易は中華人民共和国が成立した直後の一九五二年から細々と始まったが、本格的な始動は正式な国交が樹立された一九七二年からである。一九七〇年代の日本の中国からの輸入は石油・石油製品が全体の三四％を占め、繊維原料と糸・織物がそれぞれ一〇％、魚介類と野菜・果物がそれぞれ六％であった。一方、日本から中国への輸出は鉄鋼が四五％を占め、続く化学肥料は六％を占めていた。当時の中国は鉄鋼や化学肥料といったかなり基礎的な工業製品も輸入せざるをえず、輸出できる工業製品は繊維品ぐらいだった。一九七〇年代に二度にわたる石油ショックに見舞われた日本にとって、中国は有力な石油、石炭の供給源として期待が高かった。日本が西側諸国に先駆けて中国への政府開発援助（ODA）の提供に踏み切ったのも、中国からの石油・石炭を確実に輸入できる態勢を中国側に築くことが動機の一つとなっていた（関山二〇一二）。

一九八〇年代になると、中国の改革開放政策が展開され、工業設備の近代化が進められたため、日本からの機械の輸出が増えた。中国からの輸入は引き続き石油が多かったが、このころから衣服縫製業の中国への移転が始まった。一九九〇年代になると、中国は衣服などの労働集約的な工業製品の輸出拠点

図 2-2　日中貿易の産業内貿易指数

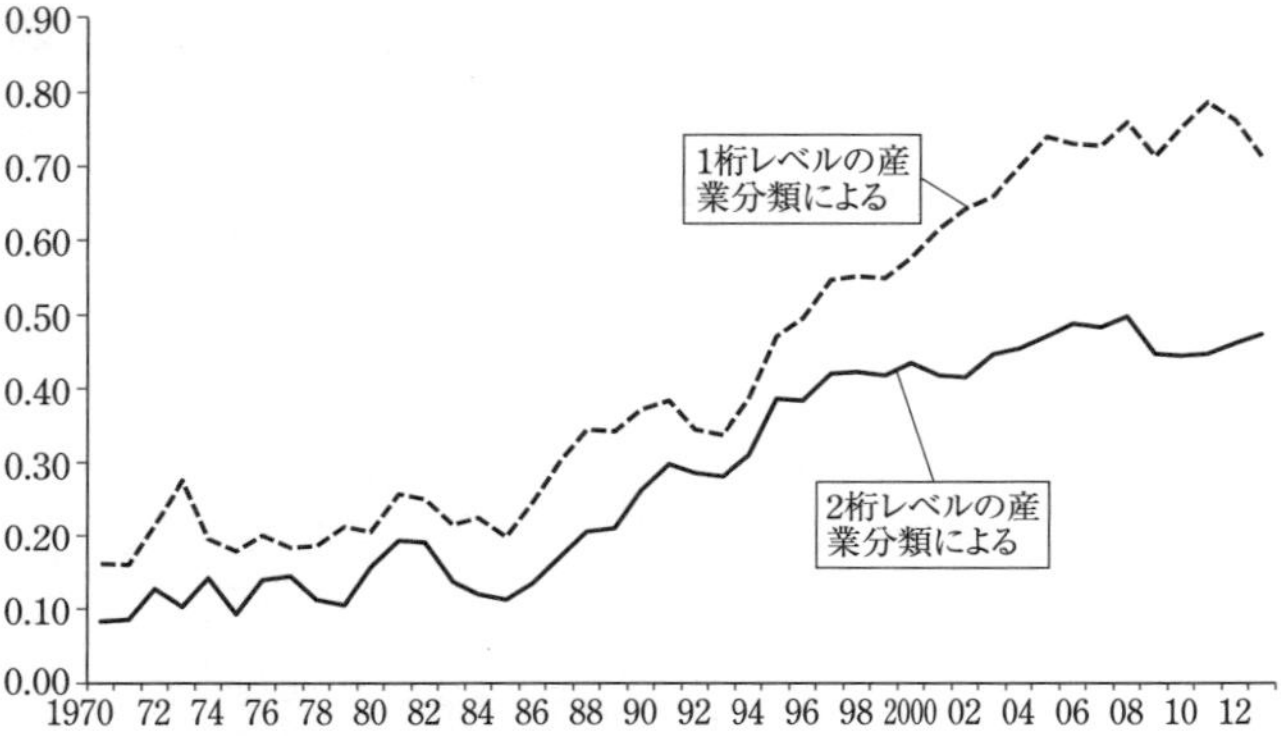

出所：日本の税関統計によって計算

として存在感を増し、石油の輸出は大幅に後退する。一方、日本から中国への輸出は、成長する中国の工業を支える機械設備が中心となる。このころになると日本と中国は互いに工業製品を輸出しあう「水平分業」の関係になった。

そのことは日本と中国の貿易における産業内貿易指数(4)の上昇によっても確認することができる。図2-2では「食料品及び動物」、「飲料及びタバコ」といった大まかな産業分類によって計算した産業内貿易指数（一桁レベル）と、より一段細かい産業分類で計算した産業内貿易指数（二桁レベル）を示している。このうち一桁レベルの指数をみると、中国が労働集約的工業製品の輸出国になりはじめた一九八六年ごろから上昇を開始し、二〇〇五年まで上昇が続いている。日本と中国は工業製品、とりわけ機械を互いに輸出しあう関係になってきており、二〇一三年には日本の中国からの輸入の四六%、日本の中国への輸出の五〇%が機械類によって占められている。だが、二桁レベルの指数をみると一九八六年から始まった産業内貿易指数の上昇は一九九七年に止まり、それ以降はあまり上がっていない。二桁レベルの産業分類とは具体的に言えば、衣類、鉄鋼、工作機械、産業用機械、輸送機械といった程度に分類するものである。これぐらい細かくみると、例えば衣類ではもっぱら中国が日本に輸出するばかりで逆はほとんどなく、輸送機械では日本から中国への輸出が多くて逆は少ない。こうした日中の比較優位の構造は一九九〇年代半ば以降わりと安定していることが図2-2からわかる。つまり、日本と中国は互いに機械を輸出しあってはいるが、機械の中身をみるとかなりはっきりとした棲み分けを行っている。日本と欧米の間では、機械産業の分野での競争が一九八〇年代には激しい貿易摩擦をもたらしたが、日本と中国の機械産業ではまだそういった関係にはなっていない。中国の電機や自動車のメーカーが日本企業のライバルになるまで成長すれば、貿易摩擦に発展する可能性もあるが、しばらくはその可能性も低いだろう。日中間の貿易摩擦はむしろ繊維産業や農業といった日本の比較劣位部門で起きている。

2　貿易摩擦

日本と中国はもともとフルセット型の産業構造を持っているので、日中が緊密な貿易関係を築くと、どうしても産業分野によっては競合することになる。一九八〇年代までは中国製品の品質は概してどの産業分野でも低かったのでほとんど日本の競争相手にならなかったが、一九九〇年代半ば以降は中国製品の品質が向上し、農産品や労働集約的な工業製品が中国から日本に大量に輸入されるようになった。そのため、日本の繊維産業や農業の団体から日本政府に対して、中国からの輸入急増に対して何とか手を打ってほしいという要望が寄せられるようになった。日本は一九六〇年代から主にアメリカ、ヨーロッパ向けの輸出においてしばしば自主規制を求められた。日本が欧米を攻め、欧米がいろいろな保護措置を駆使して守るという構図が一九九〇年代半ばまで繰り返されてきた。ところが、一九九〇年代からは逆に中国などの新興国が日本市場を攻める側となったのに、日本政府はアンチ・ダンピングやセーフガードといった関税及び貿易に関する一般協定（GATT）・WTOのルールのなかで認められている保護措置さえ採っていない、として繊維産業や農業の団体からの不満が高まっていた。

中国からの輸入急増がさまざまな産業で問題となるなかで、具体的な保護措置を求める動きが最初に起きたのは一九九五年二月のことである。日本紡績協会と日本綿スフ織物工業組合連合会が綿製ポプリン・ブロード織物と四〇番手クラスの綿糸の輸入に対してセーフガードを実施してほしいという要請を日本政府に対して行った。ちなみにセーフガードとは、ある製品の輸入が急増することによって国内の産業が打撃を受けている場合に、期間を限って輸入数量の上限を定めたり、高い関税を課したりできる制度である。しかし、この時は中国側の輸出自主規制によって日本の輸入が抑えられたとして、日本政府はセーフガードの実施を見送った（日中経済協会一九九六）。その後もポプリン・ブロード織物、ニンニク、ショウガ、タオルに関して関連団体からセーフガード発動の要請が政府に対してなされたが、いずれも発動は見送られた。

そうした政府の姿勢に対して農業団体、地方議会、農村を地盤とする自民党の国会議員などから批判が相次ぎ、ついに二〇〇一年四月にネギ、生シイタケ、い草の三品目を対象とする暫定セーフガードの発動に至った（Yoshimatsu 2002）。ちなみにセーフガードはその品目の輸入全般に関わるもので、中国だけをターゲットにすることはないが、これら三品目の輸入の九割前後は中国からだったので、実質的な影響を被るのはもっぱら中国であった。そこで中国は報復措置として、日本からの自動車、携帯電話、エアコンの輸入に対して一〇〇％の特別関税を課する動きに出た。WTOでは加盟国が所定の手続きに従ってセーフガードを発動することは認めているが、他国が自国をターゲットとしてセーフガードなどを発動したからといってそれに報復することは認められていない。ところが中国はこの時点ではまだWTOに加盟していなかったので、このルールを無視できた。この日本と中国の間の小合戦は二〇〇一年一二月に双方がセーフガードと特別関税とを取り下げることで終結したが、単純に金額だけをみれば日本側の方がはるかに大きな損害を被った。暫定セーフガードが実施された八カ月間に日本のネギの輸入は四四七四万円減り、生シイタケの輸入は一一億円減ったが、い草は逆に一〇億円近く輸入が増えた。一方、中国が特別関税を課していた六カ月間に日本の中国に対する携帯電話の輸出は二三〇億円分失われ、自動車輸出は三六〇億円分失われたと推計されている（日中経済協会二〇〇二）。

特に携帯電話は、日本メーカーが中国の需要拡大に向けた態勢を整えようとしていた矢先に出鼻をくじかれた格好となり、その後も日本メーカーはなかなか販売を回復できないまま数年後には中国市場から多くが撤退した。世界最大の携帯電話市場である中国で敗退したことで、多くの日本メーカーは海外市場全般をあきらめ、もっぱら日本国内向けの高機能・高価格の携帯電話作りだけに専念するようになり、いわゆる「ガラパゴス化」の道を歩んだ。もちろん、日本が農産品に対してセーフガードを発動したから日本の携帯電話産業が衰退したなどと短絡することはできないが、日本が比較劣位部門を守ろうとすることが比較優位部門の競争力を損ねる可能性があることはこの手痛い経験が示している。

ネギ、生シイタケ、い草に対する暫定セーフガードの発動が失敗に終わったこともあり、その後日本政府はセーフガードを一度も実施していない。中国からの輸入はその後も増加しているにもかかわらず、中国を実質的なターゲットとするセーフガードが発動されないばかりか発動要請もなされなくなったのは、日中貿易において日本側の利害がさまざまに錯綜していることが多いからである。例えば中国製タオルの輸入に対してセーフガードが要請されたことがあったが、中国から輸入されるタオルのなかには日本のタオルメーカーが中国で製造しているものもかなり含まれるため、セーフガードは中国で生産していない日本企業の保護にはなるが、中国で生産している日本企業にとっては逆に不利になる。農産品にしても、日本企業が中国の農家に種を売っていたり、日本の商社が開発輸入をしていることが多く、セーフガードの実施は日本の一部の生産者を保護する一方で、他の日本企業に損害をもたらす。日本の農業団体などがセーフガード発動要請をしなくなったもう一つの理由は、おそらくセーフガードよりもはるかに有効な国産品保護の手段があることに生産者たちが気づいたからである。それは日本国内の風評である。

3　風評の効果

最初の問題は二〇〇二年に起きた。一九九〇年代以降、中国から日本に対する生鮮野菜や冷凍食品などの輸出が急速に伸びていたが、二〇〇二年に中国から輸入された冷凍ほうれん草から日本政府の定めた基準値を大幅に上回る殺虫剤クロリピリホスが相次いで検出されたのである。このとき、中国産冷凍ほうれん草を食べたことによる健康被害は起きなかったが、中国産の生鮮野菜や野菜調整品のイメージが悪化し、スーパーの店頭でも中国産野菜がしばらく姿を消した。日本の中国からの野菜・野菜調整品の輸入をみると、二〇〇一年はネギと生シイタケに対する暫定セーフガードが発動されたにもかかわらず、日本円ベースで前年に比べて一九%も増加したが、冷凍ほうれん草の残留農薬問題が起きた二〇〇二年は前年に比べて八%減少した。続く二〇〇三年も輸入額が減少し、ようやく二〇〇四年に二〇〇一年並みの輸入額に戻った。二〇〇一年の輸入額を基準とすると二年間で三六七億円分の輸入が失われた計算になる。

さらにより大きな波が二〇〇七年から始まった。アメリカで中国製の原料を使ったドッグフードを食べた犬が死んだ事件をきっかけに「チャイナ・フリー」と銘打った商品が登場したことが日本でニュースとなり、二〇〇七年夏には中国国内で起きている深刻な食品衛生の問題が日本の週刊誌で毎号のように取り上げられた。そうした報道によってかきたてられた日本の消費者の中国産食品に対する不安を裏付けるかのように、二〇〇八年一月にいわゆる毒ギョーザ事件が発生した。中国で製造された冷凍ギョーザに高濃度の農薬が何者かによって仕込まれ、日本でそれを食べた二家族が食中毒になった事件である。この事件によって中国産食品全般のイメージは取り返しがつかないほど大きく損なわれた。日本の野菜・野菜調整品の輸入額の推移をみると、二〇〇八年には前年に比べて二一%も減少し、二〇〇九年も減少が続いた。毒ギョーザ事件の悪影響は二〇一〇年頃まで尾を引いた。中国産食品に対するネガティブ・キャンペーンが始まった二〇〇七年から二〇一〇年の間に野菜・野菜調整品の輸入額が二〇〇六年の輸入額に対してどれぐらい減ったかを合計すると、四年間で一八九〇億円もの輸入額が失われたことになる。二〇〇一年の三品目に対するセーフガードによって減った輸入額は差し引き二億円足らずだったので、この間の悪評はセーフガードの一〇〇〇倍もの「保護効果」を発揮したことになる。

結局、事件発生から二年後に中国の工場の従業員が農薬を故意に入れた容疑者として逮捕された。この事件は食品メーカーの安全管理のあり方に深刻な反省を迫るものではあったが、野菜の栽培時に用いた農薬が残留していたという二〇〇二年に起きた問題とは異なり、偶発的な犯罪行為によって引き起こされた事件である。この事件を中国産食品一般のリスク、すなわち不注意や管理の不備によって起き、ある程度その確率を計算できるリスクに結びつけることにはかなりの飛躍がある。二〇一三年一二月に今度は日本国内の冷凍食品工場で日本人の従業員によって冷凍食品に農薬が仕込まれる事件が発覚した。厚生労働省によれば、この冷凍食品による健康被害が疑われる事例が二〇一四年二月末までに二八七九件起きたというが、だからといって「日本産食品＝毒」という見出しが日本の夕刊紙に踊ることもなければ、スーパーの店頭に日本産の食品が置いてあることに抗議する消費者もいなかった。一方、二〇〇八年の毒ギョーザ事件が起きた時にはまさにそうしたことが起き、日本のスーパーの店頭から冷凍食品のみならずおよそ中国産と書かれたあらゆる食品が追放された。中国料理店までが「中国産材料は一切使っていません」と張り紙をして信頼回復を図らざるをえないほど徹底した中国産食品パージが繰り広げられた。

一つの事件が中国産食品追放運動ともいうべき大きな動きにつながったのは、食品に高濃度の農薬が仕込まれるという異様な事件への驚きもあっただろうが、前年から中国産食品のリスクを大きく取り上げてきたテレビや週刊誌がこの事件を単なる偶発事ではなく、中国産食品一般のリスクと結びつけるような報道を行ったことの作用も大きい。さらに、日本のメディアにそうしたバイアスがかかった背景には、二〇〇五年に中国で反日デモが広がったことで「反日の中国」というイメージが日本国民の間に植え付けられていたことが底流としてあるだろう。「反日」に対する反感から、「毒食大陸中国」といった差別的報道を喜ぶ日本人が少なくなく、そうした空気にメディアが迎合した側面もある。

日本の農業団体や一部の企業はそうした空気に乗じて「安全安心の国産食品」をここぞとばかりにアピールした。日本ではセーフガードのようなフォーマルな保護措置よりも、消費者が持つ「中国産食品は危ないのではないか」という不安や、外食産業や食品加工業者が持つ「中国産食品を使っていると知られたら安全に対して無責任だと責められないか」といった不安を利用するほうが、よほど効果が大きいことが分かったからである。

ただ、その「効果」も結局は長続きしないものである。二〇一三年の日本国内における冷凍食品への農薬混入事件が示すように、一〇〇%の安全が保証できるはずもないのに国産だから安心だと喧伝することは消費者をミスリードするものであり、人々はいずれその間違いに気づく。外食産業や食品加工業など材料として中国産食品を扱う業界ではその材料に「安心」のイメージがあるかどうかよりも、材料の品質と価格、そして農薬や異物が本当に混入するリスクがどれほどあるのかが重要である。二度の大事件を経て中国の食品輸出業者は以前にも増して管理を強めているので、厚生労働省の輸入食品監視統計を見る限り、中国から輸入される食品のリスクはきわめて低い。従って、消費者が事件を忘れるころには加工業者はまた中国産食品を利用するようになる。実は二〇一三年には中国からの日本への野菜・野菜調整品の輸入額は一連の騒動が起きる以前の二〇〇六年の水準を上回り、史上最高額を記録した。

第五節　投資大国の実像

1　いわゆる「走出去（外へ出る）戦略」とは何か

前節まででは、もっぱら貿易を通じた中国の台頭のインパクトを論じてきたが、貿易とならんで対外投資においても中国は近年急速にその存在感を高めつつある。以下ではその現状について報告する。

二〇〇四年までの中国は外国から多くの直接投資を受け入れてきたが、外国に直接投資を送り出すほうはきわめて微々たるものでしかなかった。ところが、図2-3にみるように二〇〇五年から中国の対外直接投資ががぜん伸び始め、いまやアメリカや日本などの先進国と肩を並べる水準にまで拡大し、数年後には中国の対内直接投資の金額を抜く勢いである。いったい二〇〇四—〇五年に何が起きたのであろうか。

図 2–3　中国の対内・対外直接投資

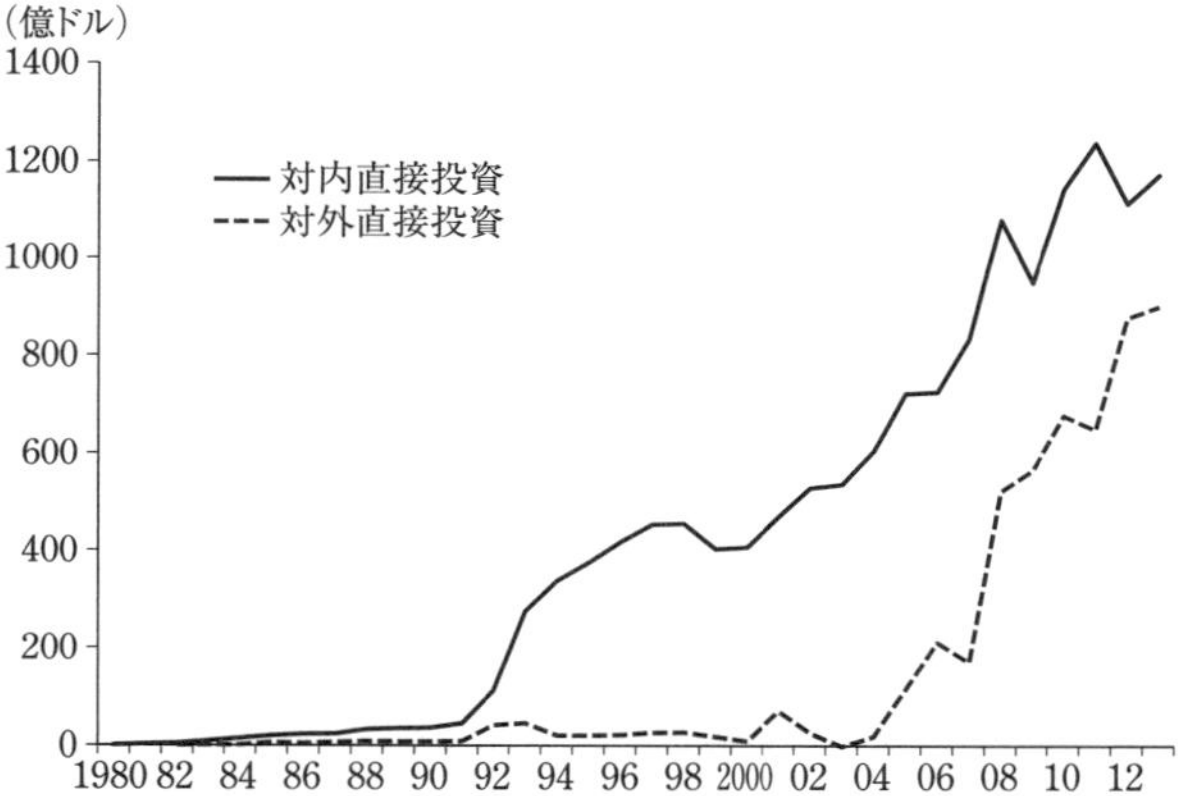

出所：UNCTAD

一般にはこのころに中国が「走出去（外へ出る）戦略」なるものを打ち出し、国有企業を中心に意図的に海外進出を図るようになったと説明されることが多い（たとえば高橋二〇〇八、大橋二〇〇八など）。欧米のジャーナリズムでは「中国は世界を買おうとしている」といったセンセーショナルな報道までされている（Nolan 2012）。実際、中国でももっとも権威ある政策体系である五カ年計画のなかに、二〇〇六年以降、「走出去戦略を実施する」と書き込まれていることは、これらの説を裏付けているかのようである。だが、現実の政策をみると、こうした説明はいささか中国の意図を買いかぶりすぎているように思える。二〇〇四年に実際に何が起きたかというと、中国企業が外国に投資する際の手続きが簡素化され、対外投資に対するいくつかの奨励策が打ち出されたのみである（国務院発展研究中心企業研究所課題組二〇〇六）。それまで中国の企業が外国に投資しようとすると、商務部に対して一〇種類の書類を提出して審査を受けなければならなかったほか、国家発展改革委員会や国家外貨管理局の審査にも通らねばならなかった。こうした強い規制は、外貨の獲得をなるべく多くし、外貨の流出をなるべく減らそうとする中国政府の大方針に基づいている。ところが、中国は膨大な外貨準備を持つようになったので外貨獲得に血道を上げる必要はなくなり、むしろ輸出などで獲得した外貨を積極的に海外投資して有効活用すべきだということになった。こうして、二〇〇四年に対外直接投資に対する規制が大幅に緩和され、企業は引き続き政府に書類を提出しなければならないが、政府はそれを確認するのみとなった。さらに、税制面では海外の現地法人からの配当収入に対する法人税の課税が五年間は免除されるようになり、公的金融機関から対外直接投資に対する金融支援も始まった。ただ、これらは他国でも実施されている一般的な投資奨励策にすぎない。中国企業の内発的な論理で対外進出を求めていたのを、二〇〇四年までは規制によって抑えこんでいた。その規制を緩めたことで、抑えられてきた対外投資意欲が一挙に噴出したというのが近年の急増の理由である。中国政府の戦略に基づく対外直接投資はその一部に過ぎない。

2　公式統計の不備

さて、中国の対外直接投資の実態を調べようとするときに大きな壁となって立ちはだかるのが、統計データの不備である。たしかに中国政府から毎年詳細な対外直接投資のデータが公表されているのだが、それを見ても投資の実態をつかむことはむずかしい。たとえば、対外直接投資がどの国・地域に対してなされたのかをみると（商務部・国家統計局・国家外貨管理局二〇一二）、二〇一一年末までの累計額で第一位は香港（全体の六一・六％）、第二位が英領ヴァージン諸島（六・九％）、第三位は英領ケイマン諸島（五・一％）だった。だが、ヴァージン諸島やケイマン諸島は著名なタックス・ヘイブン（租税回避地）であり、投資の真の目的地はどこか別の国であったことは明らかである。香港への直接投資も、第三国への投資の中継点として香港を使っているものがかなり含まれているとみられる。また、同じ統計を業種別に見てみると、もっとも投資額が大きいのは「リース・商業サービス業」で全体の三三・五％を占めている。ところが、この「リース・商業サービス業」には、外国企業の株式を取得して子会社にするといった対外M&Aも含まれており、実際にはさまざまな産業への投資が含まれている。第二位は金融業で一五・九％、第三位は鉱業で一五・八％、第四位は卸売・小売業で一一・六％、第五位にようやく製造業が登場し、全体の六・三％を占めるにすぎない。だが、中国の対外直接投資に関する報道を見る限り、製造業への投資がもっと多いように感じられるし、逆に金融業への投資は本当はもっと少ないのではないかと思われる。

中国の対外直接投資の統計に対する以上のような疑問にある程度答えてくれるのが、王碧珺らの研究（Wang, Mao, and Gou 2014）である。この論文は二〇〇三年から二〇一一年上半期までに国家発展改革委員会が認可した対外直接投資のプロジェクト二九三件（総投資金額九九四・三億ドル）に関する情報をもとに投資統計を再構成している。それによると投資金額がもっとも多かった投資先はオーストラリアで全体の一二・二％を占め、南アフリカ（七・七％）、香港（七・〇％）がそれにつぐ。業種別では、鉱業が全体の五二・四％を占め、製造業（一三・二％）がそれにつぐ。公式統計ではもっとも多いことになっているリース・商業サービスは投資額のわずか〇・三%を占めるにすぎない。この集計でカバーされているのは同じ期間に実施された対外直接投資のうち、金額では四分の一弱、件数では二%以下にすぎないが、それでも公式統計よりは実態に近い印象を受ける。

3 独自集計によって浮かび上がった対外直接投資の実態

筆者（丸川）らは中国商務部のウェブサイトで公表されている中国の対外直接投資に関するデータベース（「境外投資企業（機構）名録」）を加工して新たな対外投資統計を作成した（Marukawa, Ito, and Zhang eds. 2014）。このデータベースによって一九七〇年から二〇一三年までになされた実に二万八五四二件もの対外直接投資の情報が得られる。残念ながら投資金額は公表されていないが、この情報を集計することによって業種や目的地別の投資の件数を知ることができる。

まず投資先地域をみると、香港がもっとも多いという点は公式統計と変わらないが、その件数は全体の二八%と、公式統計（金額ベース）ほど香港が圧倒的な割合を占めているわけではない。件数でみた場合の第二位の投資先はアメリカで一一%を占め、ロシア（四%）、日本（三%）、ベトナム（三%）が続く。投資している企業をみると、投資件数のうち中央直属の国有企業の割合はわずか八%にすぎず、残りは地方の国有企業や民間企業である。公式統計によれば二〇一一年末までの投資額ストックのうち七六%を中央直属企業が占めていたので二つのデータを突き合わせると、中央直属企業の投資プロジェクト一件あたりの規模は三億ドル、その他企業の規模は五四五万ドルで、両者の間には実に五七倍もの格差がある。中央政府に近い国有企業が国策を遂行するために大規模な投資を進めているというのが中国の対外直接投資の一面であるとすれば、膨大な数の民間企業が小規模な投資をしているというのも一つの側面である。

表 2-4　対外直接投資における投資者と現地法人の業種

	投資者		現地法人	
	件数	比率	件数	比率
製造業	14679	51.4%	15017	52.6%
電気機械	3326	11.7%	3330	11.7%
石油加工・化学・医薬	1987	7.0%	1981	6.9%
一般機械・専用機械	1970	6.9%	1961	6.9%
輸送機械	1049	3.7%	1077	3.8%
繊維	1040	3.6%	1046	3.7%
卸売小売業	4515	15.8%	3638	12.7%
リース・商業サービス	1598	5.6%	1456	5.1%
建設	1843	6.5%	1760	6.2%
鉱業	995	3.5%	1457	5.1%
農林水産業	648	2.3%	1052	3.7%
研究開発・技術サービス	556	1.9%	460	1.6%
運輸・倉庫	726	2.5%	740	2.6%
消費者サービス	222	0.8%	209	0.7%
情報・コンピュータサービス	766	2.7%	768	2.7%
不動産	693	2.4%	662	2.3%
ホテル・外食	140	0.5%	170	0.6%
電力・ガス・水道	292	1.0%	285	1.0%
文化・スポーツ・娯楽	372	1.3%	363	1.3%
その他	497	1.7%	505	1.8%
総計	28542	100.0%	28542	100.0%

出所：Marukawa, Ito, and Zhang（2014）

対外直接投資がどのような業種で行われているかをまとめたものが表2-4である。業種分類を行うにあたって筆者らは中国側の投資者の業種と、対外投資によって設立された現地法人の業種とを別々に分類した。というのは、中国国内では貿易を営む会社が、カンボジアではアパレル縫製工場を経営したり、ラオスではゴム農園を経営したりというケースがかなり多くみられたからである。この場合、投資者の企業は「卸売小売業」に、カンボジアの現地法人は製造業のなかの「衣服・同付属品製造業」に、ラオスの農園は「農林水産業」にそれぞれ分類されるべきだが、投資者と現地法人が同じ業種であることを前提とする分類ではこうした業種をまたいだ投資の実態が浮かび上がってこない。(5) そこで筆者らは投資者の業種と現地法人の業種とを別々に分類した。その結果、現地法人でみた場合には五二・六%が製造業への投資だった。それに次ぐのが卸売小売業だが、先ほど述べたように中国の貿易会社が海外で工場、鉱山、農園など異業種を営むケースが多いので、投資者の分類における卸売小売業の比率のほうが現地法人における比率よりも高い。鉱業への投資は件数でみると決して多くないが、鉱業への投資は概して金額が大きいと考えられるので、大型プロジェクトのみを集計した王碧珺らの研究と必ずしも矛盾しているわけではない。

筆者らの作成した統計から浮かび上がってきた中国の対外直接投資の一つのきわだった特徴は「近隣志向」である。たとえば中国から北朝鮮への直接投資は全部で一七二件あったが、そのうち三五%は国境を接する吉林省の企業による投資、三一%は同じく国境を接する遼寧省の企業による投資であった。韓国には六一七件の投資が行われているが、うち三三%は地理的距離がもっとも近い山東省の企業による投資だった。台湾には隣接する福建省からの投資が二七%を占めてもっとも多く、香港、マカオには隣接する広東省からの投資件数がもっとも多い。ベトナムには隣接する広西自治区からの投資が一三%を占めてもっとも多く、ミャンマーとラオスには隣接する雲南省からの投資がもっとも多い。カザフスタンとキルギスタンには隣接する新疆自治区からの投資がそれぞれ四九%、三七%を占め、モンゴルには内モンゴル自治区からの投資がもっとも多く、ロシアには長い国境を接する黒竜江省からの投資がもっとも多い。黒竜江省からロシアに対する四五九件の投資のなかで目立つのが、ロシアで森林を伐採して木材に加工したり、家具を作ったりするプロジェクトであり、現地法人の業種をみると二六四件が農林水産業（ほとんどが林業）、二〇件が木材・木製品・家具であった。中国の隣国に対する直接投資は、その国・地域に隣接した省・自治区からの投資件数がもっとも多い。この法則に対する唯一の例外はネパール向けの投資で、総計三七件のうち隣接するチベット自治区からは三件のみだった。

一方、アフリカに対する直接投資二六四二件の内訳をみると、中央直属企業によるものが五四九件を占めてもっとも多く、なかでも建設業を営むプロジェクトが二八八件を占めている。おそらく、中国政府のアフリカに対する援助による建設事業を中央直属の建設会社が受注しているのであろう。つまり、アフリカに対する援助外交という国策と、それを受注する中央直属企業とが連動して動いていることが推測できる。

4 未熟な多国籍企業

中国の対外直接投資についてはこれまで筆者（丸川）自身のものも含めてかなりの数の研究が行われてきた（高橋編 二〇〇八、丸川・中川編 二〇〇八、苑 二〇一四など）。筆者らの研究では中国企業の対外直接投資を類型化して、①中国の国有石油会社による海外の石油、天然ガス採掘への投資など天然資源の獲得が目的であるもの、②電機メーカーのハイアールのインドやアメリカへの投資のように、海外市場の開拓を目的とするもの、③パソコンメーカーのレノボによるＩＢＭのパソコン事業部の買収、自動車メーカーの吉利汽車によるボルボの乗用車事業部の買収、ハイアールによる旧三洋電機の冷蔵庫・洗濯機事業部の買収のように、中国企業が技術開発能力やブランドなどの戦略的資産を獲得することを目的とするもの、④中国のアパレルメーカーがカンボジアに縫製工場を設立する投資のように、中国より賃金水準が低く、労働力が豊富な国に進出する効率追求型の投資、⑤海外の株式市場での資金調達を目的とした投資、などに分けられるとしていた。こうした研究は対外進出している中国企業に着目し、企業の発展プロセスのなかで対外直接投資をとらえようとするものであり、いわば中国型多国籍企業の特徴を明らかにすることを試みたものといえよう。

だが、中国の対外直接投資統計を作る作業の中でわかったことは、中国側の投資者のなかには企業のホームページさえ持たず、中国国内にはビルの一室に事業所を持つだけの企業がきわめて多いことであった。たとえば、ロシアに森林の伐採と木材加工を行う事業所があり、中国国内にはその木材を輸入して販売する営業所があるのみといった企業が少なくなく、とりわけ前述した中国の各地方から隣接する国に向かう投資にそうしたパターンが多い。こうした企業は、自国内で一定の発展を経た企業が海外の事業に乗り出すという、これまでの多国籍企業論が想定しているような企業ではなく、最初から国外の事業で儲けることを目的として会社が作られたのではないかと思われる。いわば中国の企業家精神が隣接する国々に溢れ出している構図である。対外直接投資が本格的に解禁された二〇〇四年からわずか一〇年の間に二万八〇〇〇件を上回る膨大な数の投資がなされたのは、中国政府の意を受けた国有企業が対外進出したからというよりも、海外での事業機会を狙う膨大な数の企業家がいたからだと思われる。

中国の対外直接投資は本格的な解禁からまだ一〇年ほどの時間しか経っておらず、全体として試行錯誤の段階にあるとみるべきである。たしかに中国経済の拡大に伴って中国企業の成長も著しく、「フォーチュン・グローバル五〇〇大企業」のなかに中国の企業が日本を上回る八七社（二〇一三年、香港企業を除く）も入っているのは印象的である。しかしそのなかでグローバルな舞台で活躍している多国籍企業といえるのは通信機器メーカーの華為技術（ファーウェイ）とパソコンメーカーのレノボぐらいであり、残る企業の大部分は中国国内での事業がメインの国有企業である。世界第四位には中国石化、第五位には中国石油が入っており、この二社が海外の石油権益の取得に乗り出していることが欧米で「中国が世界を買おうとしている」という警戒心が巻き起こる原因となっているが、この二社が中国内外で所有する石油・天然ガス資源は産油国の国営石油会社には遠く及ばないし、海外での石油生産の割合も中国石油は二六％、中国石化は五％以下で、海外資産が七〜八割という欧米石油メジャーに比べるとまだ国内の事業が中心である（Nolan 2012）。対外直接投資の送り出し国としての中国はまだ発展の初期段階にある。

おわりに

貿易と投資からみると、二一世紀に入ってからの中国の拡大ぶりはすさまじい。輸出額では二〇〇九年に世界トップとなったが、それは欧米や日本など先進国が占めていた輸出市場でシェアを奪い、かつ労働集約的な製品でも他の発展途上国に市場を譲らないことで達成された。その裏では輸入も拡大したが、中国向けの輸出が多い国々では特定の一次産品やその一次加工品へのモノカルチャー化が生じている。中国が世界に工業製品を輸出し、主に発展途上国が中国に一次産品を輸出するという新たな「垂直分業」の構造が形成されている。ただ、かつての先進国と途上国の間の貿易が「垂直分業」と呼ばれたのは、高価な工業製品を輸出する先進国が「上」で、価格が下落傾向にある一次産品を輸出する途上国が「下」だという認識に基づいていたが、現在の中国と途上国の間の貿易はどちらが「上」でどちらが「下」なのかがよくわからない。中国は先進国に代わって工業製品の最大の輸出国となったが、中国の産業が競争的であるため輸出品の価格は下がる傾向にあり、中国が輸入する一次産品は、供給者が寡占化していて価格が上がる傾向にある。

中国の貿易拡大はもちろん日本にも大きなインパクトを及ぼしている。世界のなかで主要輸出国が日本から中国に変わった品目も少なくない。日中貿易も次第に産業内貿易の様相を深めているが、細かくみると相互に棲み分けており、機械産業ではこれまで大きな貿易摩擦は起きていない。貿易摩擦は主に繊維や農業など日本の比較劣位部門で起きてきた。日本の場合、中国製品に対する風評が結果として国産品を保護する効果を持った時期があったが、しかしそうした「保護効果」は長続きするものではなく、中長期的にはやはり日中双方の比較優位に沿うような貿易が定着していくであろう。

中国はまたアメリカや日本と並ぶ対外直接投資の送り出し国にもなった。伝統的な対外直接投資の理論では、対外投資を行うのは企業の実力が高まった現れと考えられてきたし、中国の対外投資は中国の国策を体現したものだととらえる向きもある。だが、中国の膨大な数の対外直接投資を担っているのは、少数の中央直属企業と、ハイアール、レノボ、華為技術など実力を高めつつある企業、そして近隣国で「一発当てよう」と狙っている膨大な数の企業家たちである。

中国は貿易額が世界一となり、輸出のほとんどは工業製品であり、なかでも機械の輸出が多く、対外直接投資の規模も日本やアメリカと肩を並べており、その点ではまるで先進国のようである。だが、その中身をよく検討するとむしろ巨大な発展途上国の姿が見えてくる。

第三章　技術大国化のインパクト

はじめに

前章では中国が世界一の貿易大国になったと述べたが、中国というと大量の安価な製品を輸出する国というイメージが強い。前章の分析が示すように、そのイメージはかなり正確だと言わざるをえないが、中国政府はそうしたイメージを変えたいと願っている。一九九六年に制定された第九次五カ年計画（一九九六―二〇〇〇年）では「粗放的な経済成長から集約的な経済成長方式への転換」が課題として打ち出され、資源や労働力を多投した経済成長から、技術進歩に依拠した成長に転換することを目標とするようになった。技術進歩はもちろん海外の技術を導入することによっても達成できるし、外国企業の直接投資を受け入れれば中国は自ら費用を負担することなく国内の技術水準を上げることができる。実際、一九八〇年代から今日に至るまでの中国の技術進歩は、外国からの技術導入と直接投資の受け入れによって成し遂げられてきた。自動車産業などは直接投資受け入れにほぼ全面的に依存することで、今日世界最大の生産量を誇るまでになった。

だが、二〇〇六年頃から中国はそうした外国頼みの技術進歩には飽き足らなくなり、中国企業が主体となり、中国人が知的財産権を有する技術を発展させることこそが大事だという姿勢を政策のなかで鮮明に打ち出すようになった。そうした政策の成果はすぐに数字の形で現れた。二〇一一年から中国の特許出願数が世界一となったのである。この数字だけをみればすでに技術大国となった中国だが、果たしてその中身はどうなのだろうか。そもそも一人あたりの国内総生産（GDP）ではまだ発展途上国である中国が、世界の技術進歩をリードする役割を果たすべきなのだろうか。中国が取り組むべき技術開発とは何か。本章ではこうした問題を論じていきたい。

第一節　科学技術政策と技術開発の進展

1　科学技術への投入の増加

二〇〇六年に決定された第一一次五カ年計画では、「自主イノベーション能力の向上」が最重要課題の一つとされるようになった。ことさらに「自主」をうたっているのは、中国が一九八〇年代以来もっぱら先進国からの技術導入や外国企業の直接投資の導入によって発展してきたのを、これからは自国で研究開発をおこない、中国の企業が国内の科学技術を生かして世界へ羽ばたく姿を夢見ているからである。「自主イノベーション」の説明として、「自主的知的財産権、有名ブランドと国際競争力を有する有

表 3-1　日本と中国の研究開発費・研究者数

	2000	2001	2002	2003	2004	2005	2006	2007	2008	2009	2010	2011	2012
研究開発費の対GDP比率(%)													
日本	3.00	3.07	3.12	3.14	3.13	3.31	3.41	3.46	3.47	3.36	3.25	3.39	3.34
中国	1.00	0.95	1.07	1.13	1.23	1.32	1.39	1.40	1.47	1.70	1.76	1.84	1.98
研究開発費(兆円)													
日本	15.3	15.5	15.6	15.7	15.8	16.7	17.3	17.8	17.4	15.8	15.7	15.9	15.9
中国	1.2	1.5	1.9	2.2	2.6	3.3	4.4	5.7	6.8	7.9	9.1	10.7	13.0
研究者数(万人)													
日本	64.8	65.3	62.3	65.2	65.4	68.1	68.5	68.4	65.7	65.6	65.6	65.7	—
中国	69.5	74.3	81.1	86.2	92.6	111.9	122.4	142.3	159.2	115.2	121.1	131.8	—

出所：OECD, Main Science and Technology Indicators, 国家統計局編（各年版）より作成

力企業を形成する」と書かれているのは、そうした意図を示している。

より詳しい科学技術政策は、同じ二〇〇六年に制定された「国家中長期科学技術発展規画綱要（二〇〇六―二〇二〇年）」に示されている。この計画はエネルギー、水・鉱物資源、環境など分野ごとの科学技術の課題を細かく列挙したものであるが、全体としては自主イノベーションの強化によって当時六〇％であった外国技術への依存度[1]を三〇％以下に引き下げること、研究開発支出の対GDP比率を二・五％以上とすること、特許の認可件数と科学論文の被引用回数で世界の五位以内に入ることなどを二〇二〇年の目標として掲げている（Jacobson ed. 2007）。

実際に科学技術に対する資金や人材の投入が増加していることは、さまざまな指標から見て取ることができる（表3―1）。研究開発への資金投入を表す指標としてよく使われる研究開発支出の対GDP比率をみると、二〇一〇年に二％以上とするという政策目標には届かなかったものの、年々増加している。中国の研究開発支出をその時々の為替レートによって日本円に換

図3-1　中国と日本の特許出願件数

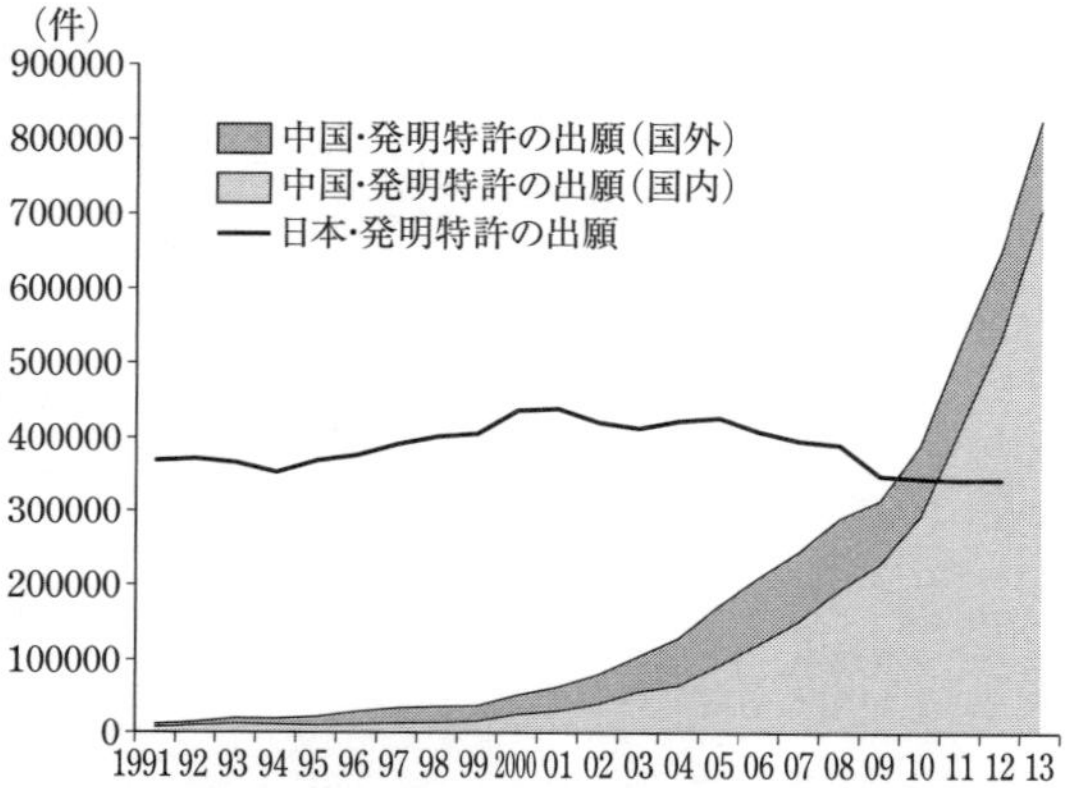

出所：中国＝国家知識産権局，日本＝特許庁「特許行政年次報告書」

算したものをみると、二〇〇〇年には日本の一〇分の一にも満たなかったものが、二〇一二年には日本の八割程度まで増えており、二〇一四年には日本を抜く勢いである。また、科学技術に従事する研究者の数ではすでに日本の二倍ぐらいになっている。

こうした膨大な投入が成果を生み始めているらしいこともいくつかのデータからうかがえる。図3-1は日本と中国における特許出願件数を示しているが、二〇一〇年に中国での特許出願数が日本のそれを超え、その後日中の差はどんどん開いている。なお、中国での特許出願のうち国外からの出願は中国国内での研究開発活動を反映するものではないので、それを除き、国内からの出願だけに限ってみても二〇一一年以降は日本を上回っているのである。二〇一一年以降はアメリカでの特許出願数も上回り、世界でもっとも多くなった。もちろん特許の質はどうなのかという疑問も生じるだろう。日本で近年特許の出願数が減少傾向にあるのは、日本での研究開発活動が不活発になったというよりも、特許の出願と保持にはコストがかかるので、日本企業が事業に役立ちそうなものに絞って出願するようになったためだと言われている。

だが、中国で出願される特許が質の低いものばかりでもないらしいことは、中国からなされる特許の国際出願の増加からうかがえる。特許を付与するかどうかは各国の判断に委ねられるが、国際的に事業活動を展開する企業が関連する各国すべてに出願するのは大変な手間なので、ある一国に出願すれば特許協力条約に加盟している一四〇余りの国々のすべてに出願したことになるというのが「特許の国際出願」である。従って、その数はある国の企業（発明者）が自らの発明を国際的な事業に使う意向を示すバロメーターだといえるだろう。また、特許の国際出願は、国内での特許出願よりコストがかなり高いので、出願者は国際的に通用する自信を持っている発明しか国際出願しないだろう。従って、国内での特許出願数よりも、特許の国際出願数のほうが先端的な研究開発における各国のポジションを表していると考えられる。それをみるとアメリカが世界でもっとも多く、日本がそれに次ぎ、中国は二〇〇五年の時点で日本の一〇分の一ほどの数にすぎなかったが、その後急増し、二〇一三年にはドイツを抜いて世界第三位になった（表3-2）。まだ日本の半分ほどではあるが、中国企業が少なからぬ分野で世界の先頭に伍していることがこの数字から読み取れる。なかでも通信機器メーカーの中興通訊（ZTE）と華為技術（ファーウェイ）の二社は企業別の出願数において毎年パナソニックなどと熾烈なトップ争いを演じている。

また、中国の科学技術の進歩を示すいくつかのシンボリックな業績もある。例えば、宇宙開発においては二〇〇三年に初めての有人宇宙飛行を実現したし、計算科学では二〇一〇年一一月に中国のスーパーコンピュータ「天河一号A」が世界一の計算速度を実現した。その後、日本の「京」やアメリカの

表 3–2　特許の国際出願件数（主要企業・国別件数）

年	2009		2010		2011		2012		2013	
企業名	件数	順位	件数	順位	件数	順位	件数	順位	件数	順位
パナソニック（日本）	1891	1	2154	1	2463	2	2951	2	2881	1
中興通訊（中国）	517	22	1863	2	2826	1	3906	1	2309	2
華為技術（中国）	1847	2	1528	4	1831	3	1801	4	2094	3
クアルコム（アメリカ）	1280	5	1677	3	1494	6	1305	7	2036	4
インテル（アメリカ）	176	—	201	—	309	43	640	20	1852	5
シャープ（日本）	997	10	1286	8	1755	4	2001	3	1840	6
ボッシュ（ドイツ）	1588	3	1301	6	1518	5	1775	5	1786	7
トヨタ（日本）	1068	9	1095	11	1417	7	1652	6	1696	8
エリクソン（スウェーデン）	1241	6	1149	9	1116	10	1197	10	1467	9
フィリップス（オランダ）	1295	4	1435	5	1148	9	1230	9	1423	10
シーメンス（ドイツ）	932	11	833	12	1039	12	1272	8	1323	11
アメリカ	45627	1	45008	1	48596	1	51207	1	57239	1
日本	29802	2	32150	2	38888	2	43660	2	43918	2
中国	7900	5	12296	4	16406	4	18627	4	21516	3
ドイツ	16797	3	17568	3	18568	3	18855	3	17927	4

出所：WIPO, *PCT Yearly Review* より作成

「セコイヤ」「タイタン」が世界一の座を奪取したが、二〇一三年六月からは中国の「天河二号」が世界一の座にある（二〇一四年六月現在）。

2　過度の政府関与の弊害

一人あたりの所得水準はまだ先進国には遠く及ばないとはいえ、世界第二位の経済規模となった中国が科学技術のいくつかの分野で世界をリードする役割を果たすのは自然な流れであり、それは経済大国としての責務だといってもいいかも知れない。中国が単に安価な工業製品だけでなく、知的な創造の面でも世界に貢献することは中国自身にとってのみならず、世界にとって歓迎すべきことである。

ただ、中国の場合には、科学技術大国になろうとする政府の意気込みがいささか過剰であり、それが研究開発の方向を歪めている恐れがある。

ともすると特許の数や計算速度など目に見える派手な成果ばかりが追求され、民族的自尊心を満足させるためだけのような研究開発の「成果」が喧伝される傾向がある。スーパーコンピュータにしても、世界一をとることが自己目的化していて、計算機の設計における創造性に欠けており、真の計算機工学の進歩につながっているのかは疑問だという声もある（伊佐二〇一〇）。

中国政府の役人たちは、政府が研究開発の音頭をとることがはらむ矛盾にあまりにも無自覚であるように思う。本来、世界の先端に立つイノベーションを起こすためには、世界で誰も挑んでいない課題を見つけることから始める必要がある。新しい課題を独創的な発明によって解決できたとしても、その発明が経済的に成功するかどうかは市場のニーズ、代替的な技術の状況によって左右される。このように、研究開発とは必然的に試行錯誤を伴うものである。中国の科学技術政策のように、政府が分野別に細かく科学技術の課題を列挙し、それにあわせて資金を配分するようでは、かえって研究者が自由に課題を見つけるのを妨げ、けっきょく先進国の科学技術の後追いばかりになるだろう。

むしろ研究者や企業の独創的な研究開発を可能とするような補助金や減税など、一般的な研究開発奨励策も並行して進められるべきだろう。それにしても先端的な研究開発は投資に対して安定的なリターンを期待できるようなものではない。中国はリスクの高い新製品の開発よりも、世界の技術進歩から置いて行かれないようにしつつ、生産プロセスの改善などに努力した方がいいという意見（Breznitz and Murphree 2011）もかなり説得力がある。

政府がイノベーションの発展方向に関与しすぎることの弊害は、単に科学技術の研究が本来持つべき創造性を失わせるというだけではない。政府が特定の研究開発に多大な資源を投入した場合、その政策を正当化するために、そのプロジェクトを無理やり成功させてつじつまを合わせようとしがちである。単なる研究開発の失敗であればそれに投下した資金を失うだけの話であるが、無理に成功させようとすると、さらに大きな投資、環境悪化、人々の不効用など経済社会に多大なコストを押し付けることになる。詳述は避けるが、日本の核燃料サイクルやリニアモーターカーといった技術もそうした罠にはまりつつある。中国の第三世代移動通信の「独自技術」は核燃料サイクルやリニアモーターカーといった巨大技術に比べれば投資額も小さいし、それを押しつけられた社会の側の負担も小さいが、やはり同様の罠にはまった典型例である。次節ではこの事例について述べよう。

第二節　独自技術の罠

1　技術標準の間の競争

ここで取り上げる事例は、中国が単に先端的な技術を開発したというだけでなく、「技術標準」の間のグローバルな競争に参加した事例である。技術標準とは何か？　それは製品の特徴を表す量や特性のことであり、次に掲げる三つの役割の一つ以上を果たすことを目的としている（McIntyre ed. 1997）。第一に、製品が持つべき品質、安全性、環境負荷などの最低基準を定めること。第二に、製品の質を表す基準を定めることで企業間や企業と消費者の間のコミュニケーションを円滑にすること。第三に、製品が他の補完的な製品やサービスとの間で互換性を持つようにすること。第一の役割を果たす技術標準として玩具安全（ST）基準、第二の役割を果たす技術標準としては、日本における乗用車の燃費計算の基準である「JC〇八モード」、第三の役割を果たす技術標準としては、ACコンセントの形状に関する基準を挙げることができる。

ハイテク業界で特に関心が高いのが、第三の役割を果たすために設けられた技術標準である。というのも、ハイテクの分野では多数の製品やサービスが補完的なネットワークを作ることによって互いに価値を高め合う傾向があるが、複雑な製品であるだけに、多数の企業が製品やサービスを提供しても相互の補完性が保たれるようなルール（技術標準）を定めておく必要がある。ところが、あるグループの製品やサービスの間の技術標準と、別のグループの製品やサービスの間の技術標準とが相容れずに競争することがハイテク分野では少なくない。いずれかの技術標準が優勢を占めてしまうと、敗けた方の技術標準に則った製品やサービスは価値が低くなってしまう。

そうした技術標準の間の競争としてしばしば引き合いに出されるのが、一九七〇年代後半から八〇年代にかけて展開されたVTRにおけるVHS対ベータマックスの競争である。家庭用VTRが普及するなかで、日本の家電メーカーは日本ビクターを中心とするVHS陣営とソニーを中心とするベータマックス陣営に分かれて相争った。VHSのプレーヤーに対応した映画ビデオはベータマックスのプレーヤーでは見ることができず、逆も同様なので、両陣営の戦いは映像ソフト業界を巻き込んで展開されたが、結局ＶＨＳの圧勝に終わった。両者は画質や使いやすさなどを競い合ったものの、ＶＨＳの勝利を決定づけたのは、より多くのメーカーがＶＨＳの機器を作るようになって価格が低下したことと、ＶＨＳの方が映像ソフトの点数も多かったことである。要するに仲間を多く集めた方が勝ったのである。

この事例はハイテク産業における競争の本質を理解するうえで大きな示唆を与えた。第一に、ハイテク製品には往々にしてネットワーク外部性が存在することがわかった。すなわちある製品から消費者が得る効用は、その製品と技術標準が共通する製品のネットワークが大きければ大きいほど高まることである（Katz and Shapiro 1986)。ＶＴＲの場合、多数の映像ソフトを見られることの方が画質の多少の違いよりも重要である。だから、技術標準間の競争は仲間集めの競争になる。第二に、技術標準間の競争で敗れるほうのネットワークに参加している消費者は、勝利しているネットワークのほうにコストを負って転換するか、あるいは小さなネットワーク外部性でがまんせざるをえない（Besen and Farrell 1994)。ベータマックスのプレーヤーを買った人は少ない映像ソフトでがまんするか、ＶＨＳに買い替えざるを得ない。もしＶＨＳ用映像ソフトをベータマックスのプレーヤーでも見られるのであれば、両者の競争はあれほど激しいものにはならなかっただろう。一つの技術標準から他の技術標準に乗り換えるコストが大きいから技術標準の間の競争は激しくなる。

技術標準の間の競争が以上の二つの特徴を持っている場合、消費者がある製品を買う際には、単にその製品単体の性能や価格だけでなく、その製品が属している技術標準が将来優勢になるかどうかも考えるだろう。従って、ある技術標準が競争に勝利するかどうかは消費者の期待に左右される面もあるので、政府がそうした期待に影響を与えることで特定の技術標準をプッシュすることもできる。VTRだけでなく、パソコンの基本ソフトや記憶媒体、テレビや携帯電話の通信方式などでも技術標準の間の激しい競争が展開された。技術標準の競争に勝利すると、勝者はその技術標準を利用するすべての者に対して基本ソフトの購入を義務づけたり、基本特許に対するロイヤリティの支払いを義務付けることによって、膨大な利益を手にすることもできる。

中国は二〇世紀の間はまだ技術標準の形成に参加するほどの研究開発力を持っていなかったので、先進国の企業が展開する技術標準の間の競争をただ傍観しているしかなかった。ところが、中国が電気製品や通信機器の分野でかなりの技術開発能力を獲得した二〇世紀末以来、中国政府は自国企業が開発した技術標準によって世界の技術標準の間の競争に割って入ろうとするようになった。具体的には移動通信、無線LAN、デジタルビデオディスク、ビデオ圧縮技術、無線タグ（RFID）などの分野で、中国独自開発の技術標準を政府の介入によって広めようとする戦略が繰り広げられた（Suttmeier, Yao, and Tan 2006）。中国政府の戦略は世界に仲間を広めるというよりも、中国国内における外国の技術標準の普及を抑制し、自国の技術標準の採用を義務づけたり優遇したりすることで、中国市場に製品を販売しようとしている内外の企業がその技術標準を採用せざるを得ないように仕向けることだった。自国市場の将来性をテコにして国内の技術の成長を図る戦略であり、いわば「技術標準の輸入代替戦略」ということができる。

このような戦略を採ることができるのは中国の特権である。もし小さな発展途上国が多国籍企業に対して自国の技術標準に従わないと市場に参入させないと言い出したら、多国籍企業はその国の技術標準を利用するコストを支払うぐらいならその国の市場をあきらめてしまうかも知れない。中国市場の規模や将来性が大きいからこそ、中国は自国市場へのアクセスと引き替えに独自の技術標準を押しつけることが可能となる。もしこの作戦が功を奏して中国国内で独自の技術標準が広まれば、ネットワーク外部性によってその技術の効用が高まり、世界の他の国々もその技術標準を採用してくれるかもしれない。そうなれば中国の企業が莫大な利益を手にすることだろう。

ただ、実際のところ、中国による独自の技術標準を広める試みは外国の企業や政府の抵抗、技術自体の問題などもあって成功していない。唯一かなりの国内市場を獲得し、国際的にも一定の広がりを見せたのが、移動通信の技術標準である。以下では、中国の移動通信における自主技術である「TD－SCDMA」についてみていこう（Marukawa 2014b）。

2　移動通信の技術標準間競争

この技術が生まれた背景を知るためには、移動通信（携帯電話）の技術発展史を簡単に振り返っておく必要がある（丸川・安本編 二〇一〇）。一九七〇年代末に移動通信が日本などいくつかの先進国でスタートしてから一九九〇年代半ばごろまでは、移動通信の第一世代と呼ばれる。この時代にはアメリカ、日本、ドイツ、フランス、北欧などが、それぞれ独自に技術を開発して国内で移動通信サービスを行っていた。当時は国単位で移動通信の技術標準を統一することが多かった。世界市場での技術標準間競争に勝とうという意識は希薄であり、技術標準の統一はもっぱら国内での通信を便利にするためだった。だが、第一世代の後半になって東南アジアや中国など後発国でも携帯電話網を整備しはじめるようになると、後発国は先進国が開発した技術のいずれかを導入した。後発国が採用したのはアメリカで開発されたAMPSか、北欧四カ国の共通技術として開発されたNMTのどちらかだった。ネットワーク外部性の理論が示唆したとおり、ネットワークの規模をいち早く拡大できた技術を後発国は採用し、日本などそれ以外の国が開発した技術は採用されなかった。

一九九〇年代半ばに始まり、今日でも全世界の携帯電話加入者の七割が利用しているのが、第二世代の移動通信技術である。これは音声やメール、画像などの信号をデジタル化して送受信するもので、デジタル化した信号を圧縮することで、アナログ方式だった第一世代よりも短時間で送受信できるようになった。この時代には各国の政府や企業が技術標準間の競争を意識して戦略的に動くようになった。なかでもヨーロッパの政府や企業は、電機産業での挽回を狙って早くからヨーロッパ共通の技術標準を作る準備を進めた。ヨーロッパ統合に合わせて、人々が国境をまたいで移動しても一つの携帯電話機を持ち歩いて同じ電話番号を使えるようにするとともに、ヨーロッパ企業が開発した技術を全ヨーロッパが採用することによって大きなネットワーク外部性を生み出すことが狙いだった。こうして作られた第二世代の移動通信技術であるGSMはスタートした当初からヨーロッパ以外の国でも採用されはじめ、やがて世界を席巻するに至った。

日本政府もこの時代には技術標準の間の競争を意識し、NTTが開発した独自技術PDCを東南アジアに売り込んだが、どこの国の事業者も採用してくれなかった。アメリカは国内の技術標準を統一しなかったので、技術標準間の競争に出遅れたが、しばらく後にアメリカのクアルコムが開発したCDMAという技術標準が、その先進性のゆえにアメリカや日本、韓国、中国などで広がりを見せた。

GSMの開発に参加したノキアやエリクソンといったヨーロッパ企業は携帯電話機や通信機器の世界市場で成功し、CDMAを開発したクアルコムは携帯電話用集積回路（IC）の販売で急成長した。一方、一九八〇年代には圧倒的な技術力と競争力を持っていた日本の電機メーカーはGSMやCDMAの開発に参加していなかったため競争上不利になり、特にGSMを使っているヨーロッパや中国などの携帯電話市場ではまるで振るわなかった。日本国内では逆に日本メーカーが圧倒的な強さを見せたが、それはNTTドコモなどが日本独自方式のPDCを採用したことが影響している。以上のように、第二世代の時は、技術標準間の競争と各国メーカーの競争との間に密接な関連が見られた。

第二世代では孤立して失敗した日本勢は、第三世代ではなんとか孤立を避けようとノキア、エリクソンと手を組む戦略に出た。ちなみに第三世代とは、第二世代よりデータ通信速度がより速く、音声やメールのみならず動画の受送信も可能とする技術である。一方、第二世代においては欧米の開発したGSMとCDMAの技術を採用し、国内の携帯電話機や通信機器の市場も先進国の企業に席巻されていた中国は、第三世代では先進国の支配に楔を打ち込もうと狙っていた。

各国の通信担当官庁が集う国際電気通信連合（ITU）では、人々が国境を越えて携帯電話を持ち歩いて自由に使うためには世界の技術標準を統一するのが望ましいとして、第三世代では世界共通の技術標準を定める話し合いを行った。日本勢はヨーロッパと手を組んでGSMとの互換性を持つW－CDMAを推したが、北米はCDMAとの互換性を持つCDMA二〇〇〇を推して譲らず、結局ITUは技術標準の世界的統一をあきらめて、二〇〇〇年にこの二つを含む五つの技術を世界標準と定めた。このうちの一つが中国の提案したTD－SCDMAであった。なお、残る二つの技術はのちに第三世代には属さないと再定義されたので、第三世代技術として中国のものを含む三つが残ることになった。

こうしてヨーロッパ・日本勢と北米勢が妥協しなかった結果、中国が漁夫の利を得る形で第三世代の移動通信技術の国際競争に参戦することになったが、そのことは、中国が欧米や日本と互して技術標準間競争を戦うだけの力をつけたことを意味するものではなかった。他の二つの第三世代技術は二〇〇一年に商業運用が始まったが、中国企業を中心に開発が進められたTD－SCDMAはなかなか実用化に至らなかった。中国の通信事業者はさっさと先進国の技術を導入して第三世代のサービスを始めたいと思っていたが、他の第三世代技術が中国で先行して使われるとTD－SCDMAに全く勝機がなくなってしまうため、中国政府はTD－SCDMAが実用化可能になるまで第三世代のサービス開始を認めない方針をとった。さらに、国内最大の通信事業者である中国移動にTD－SCDMAの採用を義務付け、TD－SCDMAにはもっとも大きな周波数帯域を割り当てるなど、これを商業的に成功させるためのあらゆる手段を駆使した。結局、中国で第三世代のサービスが始まったのは二〇〇九年初めで、先進国で第三世代サービスが始まってから八年も後になった。TD－SCDMAの開発に政府の財政資金が費やされただけでなく、それを市場で成功させるために中国の携帯電話ユーザーたちは八年の長きにわたって第二世代サービスで我慢させられたのである。だが、ようやく始まったTD－SCDMAのサービスの人気は低く、商業運用の開始から三年を経た二〇一一年末の時点でも加入者は中国の携帯電話ユーザー全体の五％ほどにすぎなかった。

3　技術進歩がもたらした技術標準の意味の希薄化

中国がTD－SCDMAを成功させようとしたのは、それを世界に普及させればその特許を持つ中国企業に多大な利益がもたらされると考えていたからだ。ところが、中国が開発に手間取っているあいだに、移動通信において技術標準の持つ意味が大きく変わってしまった。ICの技術進歩によって一つの携帯電話機でいくつもの技術標準に対応することが可能になり、技術標準を切り替えるコストが劇的に下がったのだ。

第二世代までは、一台の携帯電話機で複数の技術標準（たとえばGSMとPDC）に対応することは不可能ではなかったものの、携帯電話機が大きくかつ高価になってしまうこともあり、またそうした機能に対する需要も小さかったので、そういう電話機が作られることは少なかった。ところが、第三世代を迎えた際にヨーロッパの通信事業者は第三世代の通信網をサービス領域の全域に張り巡らせる資金的な余裕がなかったので、人口が密集した大都市だけに第三世代の高速通信を行う基地局を配置し、人口が希薄な農村では第二世代や両者の中間の二・五世代の通信サービスでカバーする方針をとった。そうなると、第三世代の通信技術にしか対応しない携帯電話機では通話できる場所が限られてしまうので、第三世代サービス用の携帯電話機を第二世代にも使えるようにする必要がある。こうして第三世代と第二世代の両方に対応する「デュアルモード」の携帯電話機が必要とされるようになり、両方に対応した電子回路をパッケージしたICが開発された。

日本では二〇〇一年に第三世代のサービスが始まって以降、第二世代から第三世代への移行がスムーズに進んだので、「デュアルモード」の携帯電話機はほとんど必要がなかった。しかし、世界全体では二〇一一年時点でもまだ七一％のユーザーは第二世代のサービスを利用しており、第二世代の加入者も依然として増加していた。実際のところ、もし通話とメールだけの用途であれば第二世代の通信速度で十分に用を足せるのであり、テレビ電話や音楽のダウンロードなど大容量の通信を行うニーズがある人にだけ第三世代サービスは有用なので、そうしたニーズがない人までみな第三世代サービスに加入している日本は世界の中でもかえって異様である。

一方、欧米やアジアでは第三世代サービスが始まって以来、一つの技術標準が一国全体を覆うのではなく、通信事業者が第二世代（GSMなど）と第三世代（W－CDMAなど）の複数の技術標準による通信サービスを並行して提供するようになった。日本でも第四世代のLTEのサービスが始まってからは、第四世代は一部の地域だけをカバーし、残りは第三世代でカバーしている。このように消費者が複数の技術標準を容易にスイッチできる時代になると、技術標準間の競争に勝つことで儲けるという戦略が通用しなくなる。たとえば、TD－SCDMAの特許を握る企業らが技術のライセンス料をつり上げることで儲けようとしたとしよう。そうするとそれに対応した携帯電話機の価格が高くなり、サービス利用料も高くなる。すると、消費者は第二世代のサービスにとどまってTD－SCDMAのサービスを使わなくなるだろう。TD－SCDMAに消費者を引き付けたければ、ライセンス料は高くできないし、むしろ多くの携帯電話機メーカーに技術を公開して多数の携帯電話機を開発してもらう必要があるだろう。

二〇〇七年に発売されたアップルのiPhoneが世界で大成功を収めたことは、技術標準の持つ意味の希薄化を象徴するできごとである。ノキア、エリクソン、モトローラといったかつての世界の有力携帯電話メーカーと違って、アップルは各世代の通信技術の開発に参加しておらず、ライセンスを受けて技術を利用させてもらうユーザーにすぎない。しかし、いまや通信技術はICのなかにパッケージされているから、通信の技術標準の策定プロセスに参加していないことは携帯電話機を作るうえで不利な要素にはならない。消費者にとって魅力のある携帯電話機を作るには、通信技術に通暁していることよりも、通信を利用するサービスに関するアイディアが重要な決め手となる時代になった。

中国が第三世代の技術標準間競争に参戦することを決めた時点では、中国発の技術標準が中国のみならず世界の多くの国々の通信事業者によって採用され、その技術の開発に参加した中国企業の携帯電話機や通信機器が世界に売れていく姿を中国政府は夢見ていた。ところが中国がTD－SCDMAの開発に手間取っていた間に世界はすっかり変わってしまい、特定の技術標準の開発に参画していることと、その技術を利用した携帯電話機や通信機器で成功を収めることとの関連性が希薄になった。TD－SCDMAの開発に参画している中国の華為技術や中興通訊は世界でも有数の通信機器メーカーに成長したが、この二社が躍進したのはTD－SCDMAが世界に広まったからではなく、二社がGSMやW－CDMAなどに対応した機器で成功したからである。

逆に、TD－SCDMAなど特定の技術を利用した通信ネットワークを成功させるには、アップルのような外部の企業にも技術を積極的に公開し、魅力的な携帯電話機のラインアップを増やす必要がある。つまり、仮にTD－SCDMAを採用する通信事業者が世界に広まったとしても、それによって発生する携帯電話機や通信機器に対する需要を中国メーカーが独占できるわけではないのである。第二世代のサービスでは中国で七割以上の圧倒的なシェアを持っていた中国移動は、TD－SCDMAを押しつけられた第三世代サービスでは四割程度のシェアに低迷した。TD－SCDMAに対応した魅力的な携帯電話機が少なかったことがその一因であった。そこで、二〇一三年に中国移動は携帯電話機のラインアップにアップルのiPhoneを迎え入れた結果、シェアを四六％に拡大できた。

このような状況ではもはや技術標準の間で陣取り合戦を行うことの意味も低下したため、W－CDMAとCDMA二〇〇〇の両陣営は、第四世代ではLTEという共通の技術標準を作ることで同意した。ところが中国はTD－SCDMAの失敗を挽回するためにこの流れに合流せず、TD－SCDMAの発展型であるTD－LTEを開発した。中国政府は二〇一三年一二月にTD－LTEを運営する許可を国内の通信事業者三社に与える一方、LTEを運営する許可はそれから半年後の二〇一四年六月にようやく通信事業者二社に与えており、自国技術を政策的に優遇する戦術を相変わらず使っている。TD－LTEは中国移動だけでなく二〇一三年一〇月の時点で一八カ国の通信事業者二三社で採用されることが決まったので、中国移動だけにしか採用されなかったTD－SCDMAよりは成功しそうである。ただ、LTEが二〇一三年末時点で九五カ国の通信事業者二六〇社で採用されたのには見劣りがする。

もっとも、LTEとTD－LTEの関係はもはや競争関係ではなくなりつつある。日本のソフトバンクなどはスマートフォンの普及による通信量の増大に対応するためにLTEとTD－LTEの両方のネットワークを運営し、携帯電話機の種類によって使うネットワークを振り分けている(2)。中国でも、第二位と第三位の通信事業者である中国聯通と中国電信は両方のネットワークを敷設することで通信量の増大に備えようとしている。また、中国移動は同社の第四世代サービスに対応した携帯電話機を生産するメーカーに対して、TD－LTE、LTE、W－CDMA、TD－SCDMA、GSMという五種類の技術に対応した携帯電話機を作るよう求めている。第二世代の時代には、ヨーロッパのメーカーはGSMに強く、日本のメーカーはPDCに強いという明確な色分けがあったが、いまや「デュアルモード」どころか、「五モード」に対応した携帯電話機さえ作れる時代になったため、LTEが普及しようが、TD－LTEが普及しようが、各メーカーの市場シェアにはほとんど影響はないだろう。たしかにTD－LTEが世界に普及すれば、その特許を多く持つ中国企業のライセンス料収入は増えるかもしれないが、前述のような理由から余り多くのライセンス料収入は期待できない。

中国が第三世代のTD－SCDMAを何とか実用化し、続く第四世代では先進国が開発したLTEから二年以内の遅れでTD－LTEを実用化したことは、中国の移動通信技術がいまや世界の先端に伍するレベルに到達したことを雄弁に物語っている。ところが、中国がキャッチアップする間に技術標準が持つ意味は希薄化してしまった。もはや技術標準を握っていることと、携帯電話機や通信機器の市場で大きなシェアを握ることとはほぼ無関係となった。それは、一つの技術標準から他の技術標準に乗り換えるコストが大きく下がったからである。中国は第三世代の開発に国家が投資し、社会に多大な機会費用を押しつけることで、第四世代にいたって世界の技術進歩の先端に伍するようになった。しかし、独自の技術標準を持つことがもたらす利益はきわめて小さくなってしまった。

以上、もっぱら移動通信の例をもとに技術標準が持つ意味の変化について議論してきたが、技術がICにパッケージされるようになった電機や通信の他の分野でも同様に技術標準の意味の希薄化が起きている。自国の技術標準を戦略的に拡大することで自国に価値を引き込もうとする試みは、もうあまり成果を生まなくなるだろう。

第三節　キャッチダウン型技術発展の意義

1　キャッチダウン型技術発展とは何か

グローバルな技術標準の間の競争に割って入ろうという中国の試みが空しい結果に終わったのは、人々に有益な製品やサービスを生み出すという研究開発の本義を忘れ、世界の先端に立つことで民族的自尊心を満足させたり、技術標準を握ることで巨利を得るという戦略に溺れたためであるように思われる。中国は新製品開発のような野望を持たず、先に引用したブレズニッツ＝マーフリー（Breznitz and Murphree 2011）らのいうように先進国の技術のフォロアーでいた方がいいのだろうか。

新製品開発は先進国に任せておけばいいという意見に筆者（丸川）は賛成できない。なぜなら中国企業でなければ認識できない研究開発上の課題も少なくないと思うからだ。一つの例が「家庭用豆乳機」である。これは外見上は電気ポットと似ており、中に大豆を入れると大豆をゆでてすりつぶし豆乳を作るという機械である。自宅で豆乳を作りたいというニーズは中国系の人々の間にしかないので、先進国の家電メーカーはどこもこんな製品を思いつかなかったが、中国の民営家電メーカー九陽集団が開発するや中国で大ヒットし、同社だけで累計五〇〇〇万台以上売り上げた（『二一世紀経済報道』二〇一二年一一月一九日）。中国人の需要に応えるような製品を先進国企業がなんでも開発してくれるわけではない。そこに中国企業が独自の新製品を開発して成功するチャンスが潜んでいる。

中国だけでなく、他の発展途上国における需要に対しても、先進国企業が十分にそれに見合った製品やサービスを開発してくれるわけではない。これまで先進国の企業は、先進国の一～二世代前の製品を途上国にもっていけばいいと考えていた。そういう発想を根本から転換し、むしろ発展途上国の需要に合わせて製品を開発し、それを逆に先進国に展開するべきだという「リバース・イノベーション」の考え方をＧＥ会長のイメルトらが提起した（Immelt, Govindarajan, and Trimble 2009）のはごく最近のことである。発展途上国の需要や所得水準や環境に見合った製品・サービスはまだ十分に開発されておらず、そこに中国など後発国の企業にとってのチャンスが転がっている。

発展途上国に固有の条件に適合した技術開発の領域として一九七〇年代から指摘されていたのが労働集約的な生産技術である。先進国の技術は資本集約的で、熟練した労働者の存在を前提としているので、未熟練の労働力が豊富な途上国には適合しない。そうした途上国の条件に合った「適正技術」が必要なのだという議論が一九七〇年代に国連工業開発機関（UNIDO）などで展開され、そうした技術を開発する運動がすすめられた。明治時代の日本でもヨーロッパから導入した繊維機械を、当時の日本における労賃の安さや労働者の熟練度の低さ、補修部品の供給可能性にあわせて簡便化する開発が盛んに行われたが、これなどは適正技術の好例であろう（中岡二〇〇一、清川一九九五）。

ただ、「適正技術」論は発展途上国への適合性をもっぱら生産要素の面からみており、途上国の消費者には先進国と異なった嗜好があり、需要があることには考えが及んでいなかった。家庭用豆乳機のような途上国独自の需要に合わせた製品を開発するという発想はかつての適正技術論にはなかった。中国などの発展途上国で現に起きている新たな技術開発の動きをもとに、もう一度概念を練り直す必要がある。

第一節と第二節でふれた中国によるスーパーコンピュータや第三世代、第四世代の移動通信技術の開発は、結局のところ先進国の製品と同じ機能を果たすものを開発しているにすぎない。先進国企業の知的財産権を侵さないように技術的には多少異なったアプローチをとっているとしても、機能的には同じものを作ることを目指しているという点で、「キャッチアップ型技術発展」と呼ぶことができる。

一方、適正技術や家庭用豆乳機のように、発展途上国の嗜好、需要、生産要素賦存、環境に適合するために、途上国の企業が主体となって、先進国の技術発展とは異なる方向に技術のフロンティアを押し広げるような開発行為を、「キャッチダウン型技術発展」と呼ぶことにしよう。中国政府の科学技術政策をみると先進国へのキャッチアップばかりを目指しているように見えるが、民間企業の研究開発まで視野を広げると発展途上国の需要を考慮したユニークな製品も少なくない。そして後者のような研究開発こそむしろ、中国や他の発展途上国の経済と社会に大きなインパクトを及ぼしているように思われる。以下ではキャッチダウン型技術発展の事例を二つ紹介しよう。

2　電動自転車

二一世紀に入ってから中国の道路上でたくさんの電動自転車を目にするようになったが、電動自転車は中国の企業が国民のニーズを汲み取り、社会環境に適応した製品を模索する中で生み出した独創的な製品である。電動自転車の発明は、一九九三年に発売された日本の電動アシスト自転車が刺激となっている（丸川・駒形二〇一二）。電動アシスト自転車は、モーターによって人の足でペダルを漕ぐ力を補助するものだが、モーターでの駆動によってスピードが出過ぎると、日本の道路交通法上の「軽車両」の範囲を逸脱して、乗るのに運転免許が必要な「原動機付き自転車」と見なされてしまう。そこで電動アシスト自転車には足で漕ぐ力を検知するトルクセンサー、スピードを検知するセンサー、それらのセンサーの情報によってモーターの駆動力を調整するコントローラーが装備され、スピードが出過ぎるとモーターによる補助が止まるようになっている。そうした装置によって日本の法令のもとでは「軽車両」

の範囲にとどまっているのである。

一方、中国企業が一九九九年頃から販売しはじめた電動自転車はスピードセンサーとコントローラーは備わっているものの、トルクセンサーはないので、漕がなくてもスイッチを入れれば走り出す。また、スピード制御機能は実際には機能を止めた状態で出荷されることが多い。それでも多くの都市では運転免許が不要な軽車両と見なされるのである。中国の道路交通法規では日本と同じく軽車両とオートバイとが区別されているのだが、中国では日本ほど厳密に運用されていない。中国の電動自転車はモーターの駆動力も強く、スピードも時速四〇キロメートルぐらいまで出るのだが、それでも運転するのに免許は求められないので、実質的には「免許のいらないオートバイ」だと言ってよい。

日本の電動アシスト自転車はハイテク機能を装備しているため、一〇万円前後と高価だが、高齢者や主婦の間で人気を呼び、市場規模が急ピッチで拡大している。ただ、高価な商品であるだけに日本での販売台数は二〇一三年に四六万台弱にとどまり、日本以外ではヨーロッパで数十万台売れているのみである。一方、中国の電動自転車はトルクセンサーなどを省略し、技術的参入障壁が低いため、多いときで二四〇〇社以上のメーカーが生産に乗り出し、価格は一台三万円程度となっている。中国では近年は電動自転車の販売台数が一般の自転車を上回っており、二〇一一年には三〇〇〇万台を超える生産が行われた。

中国の都市ではかつては広々とした自転車専用道が設けられていて、多くの人々が通勤や通学に自転車を利用していた。一九八六年の北京では外出時の交通手段の六三%が自転車だった（呉二〇〇六）。

それが自動車の増加とともに、自転車が走るスペースは狭められ、自転車に乗る危険度も上昇した。他方で、多くの都市ではオートバイに対する厳しい保有制限が徹底されている。自転車の利用環境が悪化しているが、公共交通以外の交通手段として残るのは自動車のみということになる。だが、自動車を保有するコストは多くの庶民にとっては高すぎる。オートバイの保有制限さえなければ、中国の都市でもベトナムや台湾のように多くの人がオートバイを使っていたであろうが、その選択肢が奪われたため、オートバイに似た電動自転車が登場するや、人々がこれに飛びついたのである。つまり、巨大な潜在的需要は存在しながらも厳しい規制のために空白となっていた市場を電動自転車が埋め、日本の電動アシスト自転車を二桁上回る規模の市場を形成した。

以上のように、道路状況の変化とオートバイ禁令のなかで生じた潜在的需要を察知した中国の企業家たちが電動自転車という技術的適応を行い、各地方政府の法令執行のさじ加減と人々のニーズを睨みながら改良を重ねた。結果的に中国のメーカーらは、日本の電動アシスト自転車にヒントを得ながらも、単にそれを簡略化したというだけではない独自の製品を生み出した。電動自転車は中国の交通環境と交通規制のもとで形作られる需要に適応したもので、日本の電動アシスト自転車にキャッチアップしたものではなく、その法律上の位置づけはグレーではあるものの、経済的に大成功を収めたイノベーションだと評価できる。

日本の電動アシスト自転車と中国の電動自転車とは産業の構造という点でも対照的である。日本の電動アシスト自転車業界はパナソニックサイクルテック、ヤマハ発動機、ブリヂストンサイクルの三社で日本市場の九四％（二〇一二年、「日経シェア調査」による）を占める寡占状態にある。この三社が強い競争力を見せているのは、基幹部品であるドライブユニット（スピードセンサー、トルクセンサー、コントローラーをまとめたもの）をパナソニックサイクルとヤマハ発動機の二社が社内で開発・製造し、ブリヂストンはヤマハ発動機に自転車フレームを提供するのと引き換えにドライブユニットの供給を受けるという構造があるからである（高見二〇一〇）。高度な技術を要する基幹部品を垂直統合などによって囲い込むことで（潜在的な）ライバル企業との差別化を図る、というのは多くの産業で日本企業が採用している戦略だが、電動アシスト自転車でもまさにそうした戦略によって三社が寡占態勢を築いている。

一方、中国企業の場合は完成品メーカーが基幹部品を社内で開発・製造せず、外部の専門メーカーからの供給に依存するケースが多い。世界のパソコン産業では一九八〇年代から基幹的なＩＣや基本ソフトを外部の専門メーカーが担う分業構造が定着しているが、中国では自動車のエンジンのように先進国では完成品メーカーが社内で開発・製造するのが当然視されているものまで外部に依存する企業が少なくない。筆者はかつての著書（丸川二〇〇七）でそうした特徴を「垂直分裂」と呼び、中国の各産業での広まりを示した。その後、テレビ製造業で垂直統合路線を採っていた日本の電機メーカーも液晶パネルやプラズマディスプレイを社内で開発・製造することをやめるなど、世界的にも垂直統合から垂直分裂への流れが進んでいる。

電動自転車の場合にも、最初は鉛酸蓄電池、モーター、ブレーキといった一般的な部品を買い集めて組み立てるメーカーばかりであった。本来、電動自転車のような新製品を開発するに際しては、完成車メーカーは、部品が持つべき強度や重量といった要件について研究し、部品メーカーにそうした要件に従った部品を特注で作らせるべきであろうが、初期の電動自転車は一般の自転車の部品をそのまま流用するという乱暴なやり方で生産された。電動自転車の品質と安全性は次第に高まっているが、それは完成車メーカーが研究開発したというよりも、蓄電池やブレーキなどの部品メーカーが電動自転車の市場拡大に気づき、電動自転車に適合した高性能の鉛酸電池や制動力の強いブレーキを開発したことによる。

このように電動自転車の技術進歩は完成車メーカー主導ではなく、むしろ蓄電池やブレーキの専門メーカーが独立に研究開発を行うことで電動自転車の技術を進歩させている。つまり、技術進歩を主導するのはむしろ部品メーカーの側なのである。こうした状況はなにも中国の電動自転車産業だけに特殊なものではない。世界のパソコン産業においても、基幹部品メーカーのインテルと、基本ソフトメーカーのマイクロソフトが技術進歩をリードしており、完成品メーカーの側の主導権が失われて久しい。ただ、中国では部品メーカーの側が技術進歩の主導権を握る状況がパソコンだけでなく電動自転車、携帯電話、自動車などさまざまな分野で多かれ少なかれみられ、中国の完成品メーカーは部品メーカーの技術的サポートに頼ることが多い。このように完成品メーカーが外部の技術的サポートによって生産や開発を行う状況は、中国ではかなり一般的にみられ、完成品メーカーの側が主導権を持つことを当然視する日本とは対照的である。(3)

従って、垂直分裂型が一般的な中国の産業の技術的な競争力を考えるうえでは完成品メーカーだけを取り出して検討しても不十分である。中国の電動自転車メーカーのなかにヤマハ発動機やパナソニックサイクルに匹敵するような有力メーカーがないからといって、この産業に技術進歩の能力がないと速断してはいけない。なぜなら垂直分裂型産業においては技術進歩の担い手はむしろ部品サプライヤーであるからである（渡邉 二〇一三）。

3 「アドビ・フラッシュ」を利用したアニメ

次に取り上げる事例は工業製品ではなくテレビで放映されたり、映画館で上映されるアニメである。アニメの世界ではアメリカがもともと先進国であり、一九六〇年代に日本がテレビのアニメ・シリーズの作り方や内容において独創的な進歩を成し遂げ、二〇〇五年には世界で放送されるテレビアニメの六割を日本製が占めるまでに成長した（経済産業省商務情報政策局文化情報関連産業課 二〇〇五）。一方、中国では二一世紀に入ってから政府がアニメ産業でのキャッチアップを目指してさまざまな政策を打ち出している。全国各地の工業団地には「アニメ産業パーク」が付設され、全国各地の大学・専門学校にはアニメ専攻が誕生し、大量の卒業生が世に送り出されている。政府は中国のテレビ局に対して夕方のゴールデンタイムに海外アニメを放映することを禁じており、アニメを放映するなら必ず国産アニメとすることを義務づけている。また、地方政府が国産アニメを育成するために、アニメがテレビで放映された時間に応じた奨励金をアニメ制作会社に与えている（張・丸川 二〇一四）。

このように手厚い保護育成政策が採られているにもかかわらず、国産アニメの人気はなかなか高まらない。アニメ愛好者に人気投票を行うと上位のほとんどを日本のアニメが占めてしまう。優れた国産アニメが生まれない理由として、政府によるアニメの内容審査など制作者の独創性の発揮を阻害する制度や環境の存在も挙げられるが、もう一つの要因としてテレビ局がアニメ制作会社に支払うアニメの放映料が少なく、およそ放映料だけでは制作コストを到底回収できないという問題がある。

そうしたなかで例外的に人気投票の上位にランクインする国産アニメがある。広州原創動力伝播文化有限公司というアニメ会社が制作した「喜羊羊与灰太狼」である。「喜羊羊与灰太狼」は二〇〇五年にテレビでの放映が始まって以来今日まで続く大ヒットとなり、劇場映画も第六作まで公開されるなど国産アニメのなかでもっとも成功した作品となった。この作品の特徴は「アドビ・フラッシュ」というソフトを利用して作られていることである。アドビ・フラッシュは本来インターネット上の簡易なアニメを作るためのソフトとしてアメリカのアドビ社が開発したものである。制作者は動きのポイントとなる絵をパソコン上で描くだけでよく、その間のコマはソフトが自動計算によって作ってくれる。

日本のアニメは主に2Dという技術を採用しており、これは動きを構成する絵（動画）を一枚一枚手で描くものである。ペンタブレットを使ってパソコンの画面上に絵を直接描く場合と、まず絵を手書きし、それをスキャンしてパソコンに取り込んで色彩をつける場合とがあるが、動画を一枚一枚手を動かして描かなければならないという点では同じである。一方、アメリカの近年のアニメ（例えばディズニーの「アナと雪の女王」）で用いられているのが3Dという技術で、これはコンピュータの中でキャラクターのモデルを制作し、そのキャラクターの動作はコンピュータの計算によって合成されるので2Dのように動画を一枚一枚書く必要はない。その代わりに最初にモデルを作る時に大きな労力を要する。

アドビ・フラッシュも動作を自動計算する点では3Dと共通するが、3Dのような立体感はなく、動作は2Dよりもいっそう平面的でぎごちない。ソフトを開発したアドビ社も、よもやこのソフトがテレビで放映されるアニメに使われるとは思っていなかったという。

ところが、この技術は中国の少ない放映料のもとでアニメ制作をビジネスとして成り立たせる上で都合がよかった。日本ではアニメの制作コストは一話あたり一一〇〇万円前後だとされている（増田二〇〇七）が、アドビ・フラッシュを使うと一つの場面をまるごと一人のアニメーターに任せることができるので、「喜羊羊与灰太狼」の一話あたりの制作コストはわずか五万元（七〇万円）だったという。これであれば中国のテレビ局が払う放映料でも、関連商品などの売り上げが若干加われば制作コストを回収できる。「喜羊羊与灰太狼」が成功して以来、他の中国のアニメ制作会社もアドビ・フラッシュを使ったアニメを制作するようになり、中国国産アニメを制作技術で分類すると、2D、3D、フラッシュによってほぼ三分される状況となっている。

もちろん「喜羊羊与灰太狼」が成功した理由をアドビ・フラッシュの採用だけに帰することはできない。動きがぎごちなくても受け入れられるような題材（幼い子供向けのユーモラスな動物の話）を選んだこと、多様な経歴を持つシナリオライターを社内に二〇人以上抱え、面白い話を作る努力を欠かさないことなども成功の要因として挙げられる。動画制作に割くコストや人員を削り、代わりにシナリオ書きに力を入れることで、「喜羊羊与灰太狼」は何年もヒットを続けている。

アニメ先進国の日本やアメリカのアニメ関係者、さらには中国で2Dや3Dなど従来の技術でアニメを制作している人々からは、アドビ・フラッシュを使ってテレビアニメを作る行為は技術的にはむしろ退歩だと見なされている。しかし、アニメの視聴者にとっては、それがどのような技術を使っているかはどうでもいいことであり、ストーリー、動画、音声などを総合した時の印象が重要である。日本で「鉄腕アトム」が最初に作られたときも日本での技術的な評価は低く、「動く紙芝居」などと酷評された。それはテレビアニメの予算と時間の制約に適応するために動画のコマ数を減らしたり、効率よく作品を作るためのいろいろな工夫をせざるを得なかったからだが（増田二〇〇七、第四章）、今日では、「鉄腕アトム」こそ日本のアニメがアメリカへのキャッチアップから脱し、独自の進化を始める画期となる作品だったと評価されている。「鉄腕アトム」は日本のテレビ放送の制約に適応するためにアニメ制作技術を新たな方向に進化させたという意味でキャッチダウン型技術発展の典型例であるが、「喜羊羊与灰太狼」も明らかに同じ意義を持つ作品である。

以上、電動自転車とアニメという二つの事例から中国のキャッチダウン型技術発展について論じてきたが、こうしたタイプのイノベーションの存在は中国の技術発展の多様性を示している。中国では移動通信やスーパーコンピュータのように先進国の技術と競争するような技術も生み出される一方で、家庭用豆乳機、電動自転車、アドビ・フラッシュを利用したアニメなど先進国の市場にはまず入ってきそうにないような独自の技術も生み出されている。後者のタイプの技術進歩は中国と所得水準や社会環境が似た他の発展途上国の市場に広がる可能性もある。中国で研究開発を振興する意義は、後者のように先進国では決して生み出されることがないが、途上国にとって役に立つようなイノベーションを生み出すことにあるように思われる。

第四節　テクノナショナリズムの衝突

1　技術と安全保障

中国で研究開発が活発化することによって、中国のみならず他の途上国や時には先進国の国民にも役に立つような技術が生み出されることが期待できる。実際、ＴＤ－ＬＴＥのようにすでに先進国でも使われている技術もある。ただ、中国の技術大国化に対して他国は歓迎一色というわけではない。むしろ、技術から生まれる利益をこれまでは先進国がほぼ独占していたのを中国が奪いに来たとして警戒する向きも強い。また技術力の強化は軍事力の強化にもつながりかねないので、安全保障の側面から中国の技術大国化を警戒する声も先進国の側で高まっている。

一方、そうした先進国側での警戒の声が中国に伝わると、中国のなかで「先進国は自分たちの技術独占を守るために、安全保障を口実として中国に技術を渡さない包囲網を築いている。だから自主イノベーションが必要だ」といった被害妄想めいた議論が高まる。そうした動きは先進国側での警戒心をさらに高めることになり、冷戦時代の軍拡競争にも似た相互不信のエスカレーションが起きる。特に日本と中国の関係が悪化しているなか、中国の技術大国化は日本にとっての脅威を高める要素と見なされがちである。

日本はもともと西側諸国のなかでは中国に対する技術移転にもっとも積極的な国であった。一九七二年の国交回復直後から石油化学や鉄鋼などの大型プラントを中国に移転したし、中国が改革開放政策に踏み出した一九七八年以降は西側で真っ先に中国に対する政府開発援助（ＯＤＡ）も始めた。一九九四年まで西側諸国は中国を含む共産圏への技術移転を制限する対共産圏輸出統制委員会（ＣＯＣＯＭ、ココム）という枠組みを持っていたが、日本では一九八三年に日立の中国への電話交換機輸出が差し止められたり、八五年には松下電器と日立の中国でのＶＴＲ工場建設計画が差し止められたりするなかで、ココムは日本企業の中国ビジネスに対する足かせだという見方が広まった（西井一九九〇）。一九八七年には東芝機械の工作機械がココム規制をかいくぐってソ連に輸出されたことがアメリカの議会で大きな問題となり、親会社の東芝に対する制裁にまで発展したが、それに対して日本では日本企業の台頭を抑えたいアメリカがココムを日本叩きの道具として使っているという反発も起きた（チンワース二〇〇四）。日本政府はもちろんココムの枠組みを守る立場だったが、それはソ連や中国の脅威を本気で心配したからというよりもむしろアメリカとの関係を良好に保ちたかったからであろう。

東芝機械事件を受けて、日本政府は外国為替及び外国貿易法を改正し、貿易を安全保障の観点から規制する条項を盛りこんだ（鈴木ほか二〇〇四）。ココム解散後もこの枠組みが現在まで続いている。この法律では輸出や技術移転に二重の網がかけられている。第一の網はリスト規制と呼ばれるもので、大量破壊兵器の製造などに転用される可能性があるものとして日本政府が作成したリストに掲載されている財や技術の輸出を政府が審査する制度である。第二の網はキャッチオール規制と呼ばれるもので、リストに載っていない財や技術の輸出であっても、それが兵器の生産に用いられる可能性があることが輸出先などの調査から判明した場合に政府が審査する制度である。この枠組みができて以降も、数年に一回ぐらい日本企業が本来輸出許可を得るべき財を無許可で輸出したことが発覚するが、問題となるのは無人ヘリコプターなどかなり特殊な財であって、電話交換機やVTRなど一般的な財や技術をめぐる違反事件は起こらなくなった。法律で規制内容を明確にしたことは、大きな違反事件を防止する効果を持ったといえよう。

ただ、近年大きな話題となっているのは、日本政府の現在の貿易管理の枠組みではうまく対処できない事象である。次にふれるレアアースの問題はその典型である。

2　レアアースの問題

中国は二〇〇二―一一年には世界のレアアース生産の九四～九七%を占めていたが、二〇一〇年以降、レアアースの輸出に対する規制を強化した。そのため、ハイブリッド自動車や液晶パネルの製造などにレアアースを多く使っている日本は中国からのレアアース供給が途絶するリスクにさらされている。中国政府は、レアアースの輸出を制限するのは貴重な天然資源の枯渇を防ぎ、レアアース採掘に伴う環境悪化を食い止めるためだと公式には説明している（国務院新聞弁公室二〇一二）。しかし、中国国内での議論を見る限り、輸出を制限する本当の狙いは電気自動車や液晶パネルなど国内のレアアースを利用する工業を発展させることにあるようである（王二〇一一）。二〇一二年に中国政府は「省エネ・新エネルギー自動車産業発展計画（二〇一二―二〇二〇年）」を公布し、そのなかでモーターや蓄電池などレアアースを用いる基幹部品の開発を進める方針を明らかにしているが、レアアースの輸出制限には、電気自動車生産などを振興しようという戦略が見え隠れしていた。

二〇一〇年に中国はレアアースの輸出数量枠を前年の約五万トンから約三万トンに絞るなどにわかに統制を強め、日本での中国産レアアースの輸入価格ももっとも安かった二〇〇四年に比べて八倍にも上昇した。日本の政府と財界はこの事態を憂慮し、二〇一〇年夏に訪中した外務大臣と経団連会長が中国の首脳に対してレアアース輸出規制の緩和を要請した。中国の輸出制限強化の動きに対して日本が鋭く反応したのは、規制強化の背後に中国の産業発展の意図を察知したからだろう。ところが、これらの会談の直後に尖閣諸島沖で日本の海上保安庁の巡視船に中国の漁船が衝突する事件が起きた。その船長の勾留期間が延長されたとき、中国の温家宝首相は船長を即座に釈放しないならば中国はさらなる措置をとる、と警告したが、その直後にレアアースの対日輸出が止まった。レアアースの輸出は数カ月後には正常に戻ったが、この事件は中国にレアアースの供給を依存しているリスクを顕在化させた。

こうした中国の動きに対して日本政府が採った方策は、一つには世界貿易機関（WTO）に中国の輸出規制の不当性を訴えること、もう一つはレアアースの主要な用途である高性能磁石の中国に対する技術移転の動きに待ったをかけることであった。まず、日本政府はアメリカ、欧州連合（EU）とともに二〇一二年六月に中国のレアアース輸出制限はWTO協定に違反するとしてパネル設置を要求した。また、同年八月には日本政府は輸出貿易管理令を改め、外国為替及び外国貿易法に基づいて、財や技術の輸出に際して政府の許可が必要な品目のなかに高性能磁石とその製造装置、関連部品を加えた。経済産業省によれば、高性能磁石などを規制品目に加えたのは、それがミサイルの生産に転用される可能性があるからだという。しかし、おそらく日本政府が輸出規制をした本当の動機は、高性能磁石の製造技術が中国に流出することを食い止めることにあった(『日本経済新聞』二〇一二年七月二八日)。高性能磁石はネオジムとジスプロシウムというレアアース元素を原料とする。このうち特にジスプロシウムは中国が世界の供給をほぼ独占している。二〇一〇年以降、中国からのレアアース供給が不安定化するなかで、高性能磁石の生産で世界をリードする日立金属、信越化学工業、TDKの三社は、中国に合弁企業を設立して磁石の現地生産を行うことでレアアースの供給を確保しようと計画した。ところが、日本政府からみれば、これではレアアースの輸出を制限することで外国からのレアアース応用技術の移転を促進し、国内のレアアース関連産業を発展させようとする中国政府の戦略にまんまとはまることになる。しかし、輸出や技術移転が他国の産業発展を利するからといって、それを政府が制限するようなことは今の日本の法制度のもとではできない。輸出や技術移転を制限できるのは安全保障上の理由など、WTO協定と国内法で定めがある場合のみである。そこで輸出貿易管理令で定める規制リストに高性能磁石を加えたのである。

だが、高性能磁石を生産する日本企業としては、もし中国での現地生産ができなくなると、ハードディスクドライブ（HDD）や小型モーターのメーカーなど、中国に工場を持つ高性能磁石のユーザー企業に対する販売の上で不利となってしまう。日立金属の会長は日本政府に対して規制を改め、現地生産を認めるように働きかけた。しかし、その申し出は通らず、現地生産ができなくなったため、日本企業の高性能磁石は中国企業の製品によって市場を奪われつつある。もし日本政府の規制が、本当に高性能磁石のミサイルへの転用を防ぐためのものであれば、こうした事態が起きたとしてもそれは致し方のないところである。しかし、日本の技術的優位を保持することが本当の動機だったのだとすれば、規制はその意図とは逆の効果をもたらしつつある。

以上のように、レアアースをめぐっては、中国は資源枯渇や環境破壊を理由として輸出を制限し、日本は軍事転用の可能性を理由として高性能磁石技術の中国への移転を食い止めた。しかし、中国の本音はレアアースを利用する工業を発展させることだったし、日本の本音は高性能磁石やそれを利用した製品（小型モーター、ハイブリッド自動車、電気自動車など）における日本の優位を保つことであり、対立の内実はテクノナショナリズムの衝突であった。

皮肉なことに日本政府と中国政府の規制はそれぞれの意図とはむしろ逆の結果をもたらしている。日本政府による技術移転に対する規制強化は、かえって高性能磁石分野における中国企業の競争力を高める効果をもたらした。中国のレアアース輸出制限による価格上昇はアメリカ、カナダ、オーストラリア、カザフスタンなどレアアースの資源を持つ他の国々での鉱山開発を活発化させたほか、日本などにおける工業製品からのレアアースのリサイクルやレアアースの使用量を減らすための技術開発を促進し、中国によるレアアース供給の独占を掘り崩す結果となった。また、中国政府が輸出を厳しく制限しようとしても、かえって規制をかいくぐった半密輸出（中国の税関を通過するときは別の物質と偽っているが、輸出相手国の税関を通るときは正直にレアアースと申告する）が急増し、二〇一一年には正規の輸出の一・二倍もの規模となった。

もともと中国が世界のレアアース供給の大半を握るようになったのは、中国にレアアース資源が集中しているからではなく、むしろ国内で民間企業によるレアアースの乱開発に歯止めがかからなかった結果、中国産レアアースがきわめて安価になって他国での採掘や開発が止まってしまったからであった。世界の供給をほぼ独占したところで輸出制限を強化するのは、まるで他国の産業を兵糧攻めに遭わせるかのような仕打ちであり、他国の憤激を買うのは当然であるが、もともと中国のレアアース埋蔵量は世界の三分の一程度にすぎない以上、独占が長続きするはずもない。資源を囲い込むことで他国の産業を不利にして自国の技術進歩を図ろうとすることも、安全保障の大義名分のもとに技術移転を阻害することも、真に自国の産業発展に資する政策とはいえないだろう。

3　高速鉄道をめぐる角逐

次に取り上げる高速鉄道（新幹線）は安全保障とは余り関係がなく、煎じ詰めれば海外市場をめぐって日本と中国の企業が競争しているにすぎない。だが、中国が急速な技術進歩を遂げたことが日本側に強い焦燥感を引き起こして激しい言葉の応酬となり、一般の日本人の対中感情にも影響を及ぼしたので、ここで取り上げて論じたい。

もともと鉄道技術における日本と中国の差は非常に大きかったので、一九九〇年代に中国政府が北京と上海を結ぶ高速鉄道を建設する計画を明らかにしたとき、日本の財界や大物政治家たちは中国が将来日本の競争相手になるとは夢にも思わず、中国に対して日本の新幹線を採用するよう盛んに売り込みをかけた（読売新聞中部社会部 二〇〇二）。

一方中国側では、最初は高速鉄道の車両を独自に開発しようと試みたが結局うまくいかず、最終的には日本、ドイツ、フランスから車両を輸入するとともに技術を導入し、それを中国の国有企業の手で改良することにした。日本の川崎重工業はＪＲ東日本に供給しているＥ五系と同一の鉄道車両を中国に輸出するとともに、中国の国有車両メーカー中国南車と合弁企業を設立し、車両の国産化を手伝った。中国南車はＥ五系を改良し、最高時速三八〇キロメートルで走行できることが売りのＣＲＨ三八〇Ａを開発した。

中国の高速鉄道は二〇〇八年に運行を開始したが、その後急ピッチで鉄道路線の敷設が進み、二〇一〇年末には営業距離が日本の二倍を優に超える六〇〇〇キロメートルに達した。こうした急速な発展は、アメリカやブラジルなど高速鉄道の建設を計画している他の国からも注目された。中国は高速鉄道の海外輸出に色気を見せるようになり、二〇一一年には中国南車がＣＲＨ三八〇Ａに関わる特許をアメリカで出願した。この動きは、アメリカへの新幹線輸出を狙っていたＪＲ東海を大いに苛立たせることになった。

もともと中国への技術移転に関わっていないはずのＪＲ東海が、中国南車による特許申請や輸出の動きにいきり立ったのは、新幹線の技術は本来は自分たちのものだという意識があったからであろう。日本の鉄道会社は国鉄時代から鉄道車両に関してかなりの技術開発能力を持っており、鉄道車両は車両メーカーと鉄道会社との共同で開発されているので、ＪＲ東海からみれば、ＪＲグループが車両開発に貢献した技術が、川崎重工業による輸出や技術移転を通じて自らの意図に反してライバルの中国の手に渡ったように見えた。日本に起源をもつ技術を使ってアメリカ進出の機会をうかがう中国に対して、ＪＲ東海の葛西敬之会長は『フィナンシャル・タイムズ』のインタビューのなかで「中国の高速鉄道は安全性を軽視することで限界まで速度を出している。技術も外国企業からの盗用だ」と罵った（*Financial Times*, April 6, 2010）。国土交通省も日本の新幹線技術の中国への流出に対する対策を検討しはじめた。

中国の積極的な高速鉄道輸出戦略は二〇一一年二月にその推進役だった劉志軍鉄道部長が汚職で摘発され、同年七月には中国浙江省で高速鉄道の衝突で四〇人が死亡する事故が起きたことでいったん中断を余儀なくされた。しかし、二〇一三年になると中国からタイへの高速鉄道輸出計画が持ち上がったり、ハンガリーのブダペストとセルビアのベオグラードを結ぶ高速鉄道建設に中国が協力する計画が持ち上がるなど、再び高速鉄道輸出の動きが活発化している。

本質的には輸出市場をめぐって日本企業と中国企業とが競争しているに過ぎないことなのに、日本では中国の不正な技術獲得の証拠だと喧伝され、日本国民の対中感情をさらに悪化させる要因となっている。なぜそうなるのか考えてみると、そこには高速鉄道という「商品」の特殊性が関係しているように思われる。鉄道輸出は一群の車両を丸ごと受注したり、場合によってはレールや信号システムまで含めたシステム全体を丸ごと受注することもあるので、一般の工業製品のようにライバル企業どうしが市場を分け合うことは少なく、競争の勝敗の落差が大きい。しかも、鉄道への投資は政府ないしそれと近いところで意思決定がなされるから、輸出を狙う企業は自国の政府首脳を巻き込んで相手国に働きかけようとしがちである。意思決定に政治権力が絡んでくるので時には贈賄などの不正な手段が使われる。二〇一四年三月にはＪＲ東海とＪＲ東日本の孫会社「日本交通技術株式会社」がベトナム、インドネシア、ウズベキスタンでの鉄道建設に関するＯＤＡ事業をめぐって現地の役人に贈賄していたことが発覚した。

勝敗の落差が大きく、競争が必ずしも公正な土俵で展開されないという鉄道輸出の特殊事情が、競争相手に対する激しい敵愾心を引き起こすのだろう。だが、鉄道の輸出もやはり一般の商品の輸出と同じように買い手のニーズに合ったものを受容可能な価格や条件で提供することが競争に勝つための本道であり、悪罵や贈賄に頼るのは邪道である。中国の高速鉄道技術がドイツ、フランス、日本などから移転されたものをベースとしていることは明らかだが、それを「盗用」だといってしまえばおよそ後発工業国の産業技術のほとんどは盗用ということになってしまうだろう。中国の高速鉄道において、他者の技術をライセンシングなど正規の契約を経ずに利用しているという本来の意味での技術の盗用が行われているのかどうか筆者（丸川）にはわからないが、当のＪＲ東海を含めて外国の企業が中国の鉄道車両メーカー等を知的財産権侵害で訴えていない以上、「盗用」を立証することは難しい。

ただ、中国の高速鉄道が果たして輸出商品として競争力があるかというと筆者自身は否定的な印象を持っている。たしかに川崎重工業からの技術移転によって製造された車両はボディーの形だけでなく、座席の様子まで日本の新幹線と似ており、乗車した感覚は日本の新幹線と遜色がない。しかし、乗車する前と下車した後は日本とはまるで違う。中国の鉄道駅は巨大だが機能に乏しく、切符販売は非効率で時間がかかり、在来線や地下鉄などとの接続も悪い。たとえ車両のスピード競争では日本の新幹線に勝てたとしても、乗車前後の時間のロスがあるため、移動全体にかかる時間は日本の新幹線よりもかなり長い。

もっとも、そのことを理由に日本の新幹線の方が競争力があると考えるのは、通勤電車に乗るのとほとんど変わらない感覚で東京・大阪間を頻繁に行き来する日本人だからであって、長距離鉄道に乗ることが晴れがましい大イベントであるような国の人は日本の新幹線はかえって実用的過ぎると思うかもしれない。

鉄道は重要なインフラであるだけに、輸出する企業は相手国の社会や人々の嗜好に沿った技術を提案する必要がある。日本からベトナムへの新幹線輸出計画がベトナムの国会で事業費が大きすぎると批判されて二〇一三年三月に凍結されるなど、日本の新幹線輸出はこれまではかばかしい成果を生んでいないが、それは定時運行や安全性など自分たちが大事に思う特徴をアピールするばかりで、相手国の人々のニーズに寄り添う姿勢が十分ではなかったからではないだろうか。

おわりに

中国経済が世界第二位の規模に躍進するなかで、中国が研究開発においても先進国に伍していくのは必然的な流れである。中国は国内の特許出願数だけをとればすでに世界でもっとも研究開発活動が盛んな国だということになるが、中国の研究開発の現状をより客観的に示しているのは特許の国際出願におけるポジション（世界第三位で出願件数は日本の半分程度）のほうであろう。それでも中国で研究開発が活発化していることは間違いなく、研究開発の成果が中国から世界へ盛んに送り出される時代が早晩到来する。

移動通信に関していえば、中国はすでに世界の最先端に到達しており、最新の第四世代の技術は日本など海外にも輸出されている。しかし、それは先進国側で開発された技術にもう一つの選択肢を加えたという程度の意義にとどまっており、人類の技術的フロンティアを切り開いたと評価できるかは微妙なところである。中国政府は技術標準を操作することで巨利を得ることを狙ったが、技術進歩のなかで技術標準の持つ意味が急速に希薄化したため、そうした戦略は空振りに終わりつつある。

中国の独創性が発揮されつつあるのは、むしろ中国や発展途上国の所得水準、社会環境や途上国に固有の需要に対応した技術の分野である。すでにいくつもの実例を挙げることができるが、中国企業の海外進出が加速していく中で途上国の人々に向けた独創的な技術がさらに生み出されていくことであろう。

技術大国としての中国の台頭は、貿易大国としての台頭よりもいっそう日本にとっての脅威とみなされがちである。日本が「技術立国」として獲得してきた利益を中国が掘り崩す可能性があるし、科学技術が軍事力増強に使われる可能性もあるからだ。その意味で、日本として中国の科学技術の動向に注意を払っていく必要があるし、科学技術の進歩が軍事的脅威の増大につながらないよう、平和的な国際環境を作る努力が必要だろう。ただ一般論として言えば、中国から研究開発の成果が多く生み出されることで、日本国民もより低コストで科学技術の成果が利用できるようになる可能性がある。もともと科学技術というものは各国の研究者が互いに接ぎ穂するように発展させていくものであるから、中国での科学技術の活発化は日本の科学技術にもプラスになるはずである。「技術流出」を恐れて正当な貿易や技術移転を阻害することは、外国の技術の導入を阻害して自国の技術発展を図ろうとする「技術の輸入代替戦略」と同様に、かえって自国企業の競争力を失わせる結果を招くだろう。本来、人類全体で成果を共有すべき科学技術の世界にナショナリズムを持ち込むことは有害無益なのである。

第四章　土地制度改革と都市化政策の展開

はじめに

現代中国の経済社会にとって「土地」は、農民の生活を保障する手段として、また都市開発に関わる地方政府の資金獲得の手段として、あるいは投機の対象となる「資産」として、ますます重要な意味を持つようになっている。特に近年では都市における不動産価格の高騰が顕著になる中で、その背景にある土地制度のゆがみに何らかのメスを入れる必要があることが広く指摘されている。

また、近年になり「都市農村一体化」あるいは「新型城鎮化（都市化）」政策が打ち出される中で、中華人民共和国の建国以来、長きにわたって続いてきた「都市－農村」の二元構造の見直しとしての土地制度改革の行方に改めて注目が集まっている。その中で、各地方政府が農地の流動化、都市開発、そして農民への開発利益の分配、といった問題に取り組む独自の「モデル」を打ち出す、という現象も広く見られるようになっている。

本章では、中国がこれまで堅持してきた都市－農村の二元構造の下での土地公有制が揺らぎつつあるなかで、中央政府がどのように土地関連の法律や制度を整備してきたのか、そして地方政府がそれに対応する形でいかに独自の土地政策を行ってきたのか、という点に焦点を当てて整理と評価を試みる。と同時に、そういった土地制度・政策の下で、個々の農家が具体的にどのような行動をとってきたのか、という点についても考察を行うことにしたい。

第一節　市場経済化の中の土地制度改革

1　政府主導による土地制度改革

まず、改革開放期における、政府による土地の収用と有償譲渡を通じた都市開発に関する法律や政策の整備、さらには政府による不動産価格抑制政策の変遷などを整理しておくことにしたい。

計画経済時代より都市－農村の二元構造のもとでの土地公有制を堅持してきた中国において、政府による「土地政策」の名に値するものは一九八〇年代後半になるまで行われなかった。農村では一九七〇年代後半に人民公社主体の集団農業体制から生産責任制に代表される家族営農制に移行するが、耕地の請負権の分配は依然として集体（村）が厳格に管理しており、農地の流動化や農業以外の目的への転用が政府の政策課題となることはなかった。企業が教育・医療も含めた従業員の福利厚生を丸抱えする、いわゆる「単位社会」の下で住民への住宅供給が保障されていた都市においても事情は同じである。

中央・地方政府が主体となった本格的な都市開発およびそれに伴う土地政策が行われるためには、中央政府の主導により土地取引に関する法律の整備などの一連の制度構築が行われる必要があった。まず、一九八六年に「中華人民共和国土地管理法」（以下「土地管理法」）が施行され、公有制を前提とした土地管理の法体系が整えられた。

翌一九八七年には、深圳市で初めて都市における国有地使用権の有償譲渡、すなわち（地方）政府が土地の使用権を民間の開発業者に払い下げ、その資金をインフラなどの都市建設に投じる、という形をとった都市開発の手法が開始された。一九八八年には海南省でも「海南土地管理弁法」が施行され、同様の都市開発の手法が導入された。これらの政策のモデルとなったのは、イギリス植民地時代の香港政庁による都市開発の手法であったといわれる（小野寺 一九九七）。さらに一九八八年におこなわれた中華人民共和国憲法の修正において、法律に則って土地使用権をレンタルしたり譲渡したりすることが正式に認められた。また同年における土地管理法の修正によって、このような制度に対する法的な裏づけが行われ、さらに一九九〇年の国務院による「都市における国有地使用権の譲渡・売買に関する暫行条例」によって、具体的な行政執行の手続きならびに、都市における国有地の使用権の期限についても具体的に定められた(1)。

このような制度的な整備を背景に、一九九一年には全国一七の省・自治区・直轄市で、国有地使用権の有償譲渡が試験的に行われる。そして、一九九二年に鄧小平による南巡講話をきっかけにして、第一次不動産開発ブーム（「土地囲い込み（圏地）ブーム」）が生じることになる。沿海部の都市を中心に、土地使用権の有償譲渡制度を利用した都市開発の手法が広がっていったのである。例えば、全国の固定資産投資に占める不動産投資の比率は、一九九一年には六・一%ほどであったのが九二年には九・三%、九三年には一五・六%と急速に上昇した。このような九〇年代初頭の不動産ブームは朱鎔基首相による「バブルつぶし」と称された一連の金融引き締め、さらには九七年のアジア通貨危機の影響による投資の冷え込みによりいったん沈静化する。

しかしその間にも、土地・不動産取引に関する制度的な整備は着々と進められた。中でも重要なのが、それまで国有企業を中心とした「単位」により支給されていた都市住宅の「持ち家化」と「商品化」に関する改革である。その背景には、外資との競争で苦しい立場に立たされてきた国有企業の経営を改善するため、余剰人員のリストラと共に、住宅などの社会福利を企業経営と切り離す改革が行われてきたことがある。都市における不動産市場の創設と育成に関しては、すでに一九九三年の中国共産党中央による「社会主義市場経済体制の建設に関する若干の問題に関する決定」においてその方針が示されていたが、一九九四年の「都市不動産管理法」において具体的に規定された。続いて一九九四年の国務院「都市住宅制度改革の深化に関する決定」、および一九九八年の同「都市住宅制度改革の一層の深化と住宅建設の加速に関する通達」により、都市住宅の商品化を進め、計画経済時代より続いてきた住宅の現物支給制度を廃止し、住宅建設を促進するという方針が明確化された。住宅商品化への一連の動きは、都市住民層の住宅需要を刺激し、二〇〇二年以降の第二次不動産開発ブーム発生の大きな原因の一つとなっていく。

土地取引に関しても、農地などの集団所有地を地方政府が収用し開発がスムーズに行われるための制度づくりが進められた。まず一九九六年には深圳市と上海市で国立の土地投資会社が設立され、これらの機関（土地備蓄センター）が、地方政府から委嘱される形で開発用地を収用すると共に整地やインフラ整備などその管理も一括して行うという「土地備蓄制度」が導入された。この「土地備蓄制度」は、次項で詳述するように、一九九八年に改訂された「土地管理法」によって制度的な根拠が与えられることになり、地方政府にとって地域振興と財政収入の増加をもたらす一石二鳥の手法として、次第に全国に広がっていった。

2　土地備蓄制度による農地開発

一九九〇年代後半に中国の土地制度は大きな転機を迎える。特に、一九九八年における土地管理法改訂（施行は一九九九年）は、地方政府による独占的な農地収用、都市開発の手法に道を開いたという意味で、まさに一つの画期をなす法律の改正であった。(2) 一九九八年版の土地管理法では、農村における集団所有地の非農業用地への転用にあたっては一旦政府が収用し「国有化」することを義務付けたほか、土地の全体的な利用計画（「土地利用総体規画」）の作成にあたっては国務院あるいは省級政府の認可が必要であることを明記するなど（第二一条）、土地開発に対する政府の管理はむしろ強化された。(3) また国有地使用権の期限が、居住用地は七〇年、工業用地五〇年、教育・科学技術・文化・衛生目的の使用は五〇年、商業・娯楽用地は四〇年など土地の使用目的別に詳しく定められたほか、農地収用の際の農民への補償基準についても、収用が行われる時期から過去三年間の平均収穫量の六〜一〇倍を支払うことが規定される（第四七条）など、土地使用権の有償使用のための制度的な整備が図られた。

さらに二〇〇一年に出された「国有地資産管理の強化に関する通達」では、上記の「土地備蓄制度」に基づき、土地使用権取引における公開・公平・公正性を実現することがうたわれた。それまで国有地の有償譲渡においては協議方式（本章第三節参照）が圧倒的なシェアを占めており、価格や過程が不透明だとして批判を浴びていたが、それ以降、入札制など市場を通じた使用権譲渡の動きが本格化した。

このような「土地備蓄制度」を中心とした一連の土地開発への管理強化の動きには、本来、破産したりリストラの対象となったりした国有企業の資産が不正に流出するのを防いだり、減少が懸念されつつあった耕地を乱脈開発から保護したりするという目的があったとされる（「土地解密」『財経』二〇〇六年第四期）。しかしながら、このように土地開発の権限が地方政府による収用と認可を通じて一元化されることによって、以下のように必ずしも中央政府が意図していなかったような結果も同時にもたらされた。

第一に、政府から民間への土地の払い下げの市場（土地の「一次市場」、後述）が、中央・省政府の認可を通じて一元化されたために、一種の独占による供給不足の状態が生じ、地価の上昇を招くようになった。第二に、それまで都市の国有地を主な対象としていた土地の「有償使用制度」が、農地などの集団所有地に対して本格的に適用されるようになった。第三に、地方に備蓄された土地のうち市場価格で譲渡されるものの比率が増えた一方、農地などの収用に際して支払われる補償費は低く抑えられたため、その差額である地方政府の収入は大きく増加した。

このような背景のもとに、二〇〇二年ごろから第二次不動産開発ブームが本格化していく。この時は第一次のブームと異なり、上述のように集団所有の農地などを地方政府が収用し、いったん国有化した上で有償譲渡を行うという手法が主流になった。このため、十分な補償もないままに土地を失ういわゆる「失地農民」の存在が社会問題として注目をあびるようになる。そのような状況の中、二〇〇三年三月より施行された「農村土地請負法」では、個別農家の農地経営権(=請負権)を土地に対する用益物権の一種であることを明文化し、農家の土地に関する「財産権」保護に道を開いた。具体的には、土地請負権の当事者の希望に基づく相続・売買を認めた(第三二、三三条)ほか、請負期間についても第二〇条で具体的に定め(耕地三〇年、牧草地三〇—五〇年、森林三〇—七〇年など)、この期限内は農地の使用権は政府などにより回収・調整されないことなどを定めた(第二六、二七条)。

また、地方政府が主体となった都市開発の手法が全国に広がっていくとともに、不動産市場において過熱傾向があらわになると、中央政府は金融機関の不動産融資に対する直接規制を中心とした抑制策を採用するようになった。特に二〇〇三年から二〇〇四年にかけて上海およびその周辺地域で生じた不動産投資の過熱に対しては、国家の産業政策の目的に合致しない開発項目などに対する総量規制など、不動産業者・市場への厳しい引き締め措置がとられた(「両難任務」『財経』二〇〇七年第四期)。たとえば二〇〇四年六月には、江蘇省常州市の江蘇鉄本鋼鉄有限公司が開発のための用地を不法な手段で取得したとして、プロジェクトの停止を命じられ、関係者の処罰が行われた(田中二〇〇七)。また同年一〇月の

「改革を深め土地の厳格な管理を行うことに関する国務院決定」では、建設用地の総量規制を行うこと、農地の転用に対する管理を厳格に行うこと、土地開発に伴う農民への生活補償を十分に行うことなどが定められた。さらに、本格的な価格抑制の政策パッケージである二〇〇五年四月の「住宅価格の適切な安定に関する国務院通知（国八条）」では、住宅購入後二年以内の転売について販売収入に対し営業税が課され、これにより当時過熱気味であった上海を初めとする華東地域の不動産ブームは収まりをみせた（吉冨二〇一〇）。

しかし、これらの一連の需要管理政策は、不動産市場の価格高騰を抑制するという目的から見れば、これまで必ずしも成果を挙げてこなかった。それは、不動産価格の高騰の主な要因が、後述するように地方政府による土地使用権の「売り惜しみ」という、供給面での制約にあったと考えられるからである（梶谷二〇一一）。

3　都市農村一体化政策と地域間競争

上述のような「土地備蓄制度」による都市開発の手法は、後述するように開発レントの分配を巡って農民－集体－地方政府間の矛盾が先鋭化したり、住宅地の供給が過少になり、価格が高騰したりするなど、次第にその問題点が露わになっていった。このため中央政府はたびたび住宅価格の高騰を抑制する政策を採ると同時に、「土地備蓄制度」およびその背景にある地方政府による土地の「開発権」の独占化を改善するような制度的な改革を試みるようになった。

まず、二〇〇七年一〇月には、社会主義公有制を主体とした上で、多様な所有制による経済の共同発展という原則を確認し、国や集団の所有権だけではなく個人の所有権も平等に保護していくことを明記した「物権法」が施行された。本書との関連では、農村の集団所有地について、請負期間満了後にも請負権者が継続して請け負うことを明記したこと(第一二六条)、村の集団経済組織又は村民委員会の代表が所有権を行使することを明記し(第六〇条)、さらには地方政府が収用する際の住民への補償に関する規定(第四二条)なども盛り込まれた点が注目される。

さらに、中国共産党は二〇〇八年一〇月に開かれた第一七期中央委員会第三回全体会議(三中全会)で「農村改革の発展を推進するにあたっての若干の重大問題に関する決定」を採択し、経営効率化のための農地の流動化が積極的に進められることになった。また、二〇一〇年七月に出された国務院の「土地収用の管理業務を良好に進めるための通知」では、農村において地方政府によって農地の収用が行われる際に、土地を手放す農民の利益と要求を保護し、合理的な補償金を支払うよう強調している。

一方、二〇〇五年ごろから本格化し始めた中央政府による不動産価格抑制策では、住宅などの不動産の供給を一方的に抑えるというよりも、むしろ廉価なエコノミー住宅(日本の公団住宅に相当)の供給を増やすことによって需給のバランスを改善し、不動産価格の高騰を抑えようという重要な方針転換がみられるようになった。たとえば、リーマンショック後の不動産価格高騰に対しては、二〇一〇年に「不動産市場の安定的かつ健全な発展を促進することに関する通知(国一一条)」「一部都市の不動産価格急騰の断固たる抑制に関する通知(新国一〇条)」など、エコノミー住宅や低所得者向けの保障性住宅の建設の促進を中心に、住宅市場における需給バランスにも考慮した不動産価格抑制策が打ち出された。

注目すべきは、このような土地開発をめぐって生じてきた社会矛盾を解決するにあたって、中央政府がその具体的なグランドデザインを自ら描くというよりも、地域ごとに試験的な「モデル」の導入を認め、相互に競争を行わせるというやり方を採用しているという点である。その一つのメルクマールが、二〇〇七年に成都市と重慶市で「全国都市農村一体化総合改革試験区」が設立され、都市農村一体化政策の実験がスタートしたことである。この点に関しては、第三節において詳述する。

4 財政制度改革と「土地財政」——中央‐地方間の綱引き

ここで、地方政府の土地を通じた税収や、土地市場への介入を通じた財源獲得の方法について論じておこう。まず、土地関係の地方政府の予算内の税収入について、課税対象とその根拠、税率、および地方への留保比率などについて、簡単に整理しておこう（表4‐1）。

表4‐1にみられるような中国の土地に関する税制について、まず特徴的なのは、土地に対する課税と建物に対する課税がそれぞれ別の体系になっているということである。たとえば、「不動産税」および外資企業の保有する不動産を対象とした「都市不動産税」は、あくまでも土地ではなく建物の原価に対して課税される。それに対し「都市土地使用税」は、公有部門以外の企業が土地を使用する際に政府に支払う「使用費」の一部を税として制度化したもので、企業の政府に対する地代の支払い、という意

表 4-1　不動産関連税収（2014 年現在）

	税の種類	課税の根拠	税率	地方留保率
不動産占用者に対する課税	不動産税	不動産原価	1.2%	100%
	都市不動産税	不動産原価	1.2%	100%
	耕地占用税	耕地面積	1-10 元／平方米	100%
	都市土地使用税	土地面積	1.5-30 元／平方米	100%
不動産売買・譲渡利益に対する課税	契約税	契約額	2 または 4%	100%
	営業税	売上収入	5%	100%
	印紙税	契約額	0.03-0.05%	50%
	都市維持建設税	納税額	5-7%	100%
	企業所得税	企業収入	33%	40%
	個人所得税	個人収入	20%	40%
	土地付加価値税	付加価値	30-60%	100%
不動産レンタル収入に対する課税	不動産税	レンタル収入	12%	100%
	都市不動産税	レンタル収入	18%	100%
	営業税	レンタル収入	5%	100%
	企業所得税	企業収入	33%	40%
	個人所得税	個人収入	20%	40%

出所：「物業税起歩」（『財経』2004 年第 1 期），劉（2006）などより作成

味合いを持つものである。(4)

さらに、すでに述べたとおり、都市においては土地の所有権は国家に帰属するのに対し、農村の土地は基本的に集団所有であり、これを反映して税制面でも、土地に関する課税も不動産に関する課税も、農村と都市ではそれぞれ異なる制度が適用されている。このほか、「都市維持建設税」のように納税額に対して課せられる付加税のような性格のものもあり、その体系は非常に複雑なものとなっている。

これらの土地取引・保有にかかわる税収入については、表 4-1 に示されているようにその多くが地方政府の収入となる。また、任（二〇一二）が指摘するように、その収入のほとんどの部分は、地級政府以下に分配されるようになっている。

一方で、各地方政府は以上のような土地取

引・保有にかかわる税収のほかに、以下のようなさまざまな費用を開発業者などから徴収している（「土地解密」『財経』二〇〇六年第四期）。

① 土地開墾費、土地使用権譲渡金、新増建設用地土地有償使用費[5]、土地徴収管理費、土地登記費、安置補助費（移転交付金）など、土地関連部門が管理する収入。

② 土地使用費、土地レンタル費など、地方政府の財政部門が管理する収入。

③ 農業、不動産、水利、交通、郵便・電信、文物、防空、林業などの各種部署による雑多な費用収入。

中でも、国土資源部などの土地関連部門が管理する収入のうち、土地使用権譲渡金などの資産収益にあたる部分（以下では「土地使用権譲渡収入」と表現）は、地方政府が農地などに対する事実上の「所有権」を利用して、市場において自らその「使用権」を売却することによって得られる収入であり、政府の市場介入による「レント」の一種として解釈できる点で注目に値する。

このような「土地有償使用」の制度は、すでに述べたように深圳市で一九八〇年代末に導入されたのが嚆矢であるが、全国レベルでは、一九八八年七月の国務院による「国有地使用権の譲渡批准権限に関する通知」、および土地の使用権について譲渡や賃貸を認めた同年の憲法改正、さらに「土地管理法」の修正などの一連の法整備によって明文化されたと考えられる。この制度は、一九九二年の南巡講話以降における外資の積極的導入に伴い、外資による土地開発・経営を促進するという目的のもとに、沿海部の都市を中心に本格化していった。

当初、土地使用権譲渡収入は、中央と地方が四対六で分割することになっていた。その後、中央の取

図 4-1　国有地使用権有償譲渡額の推移

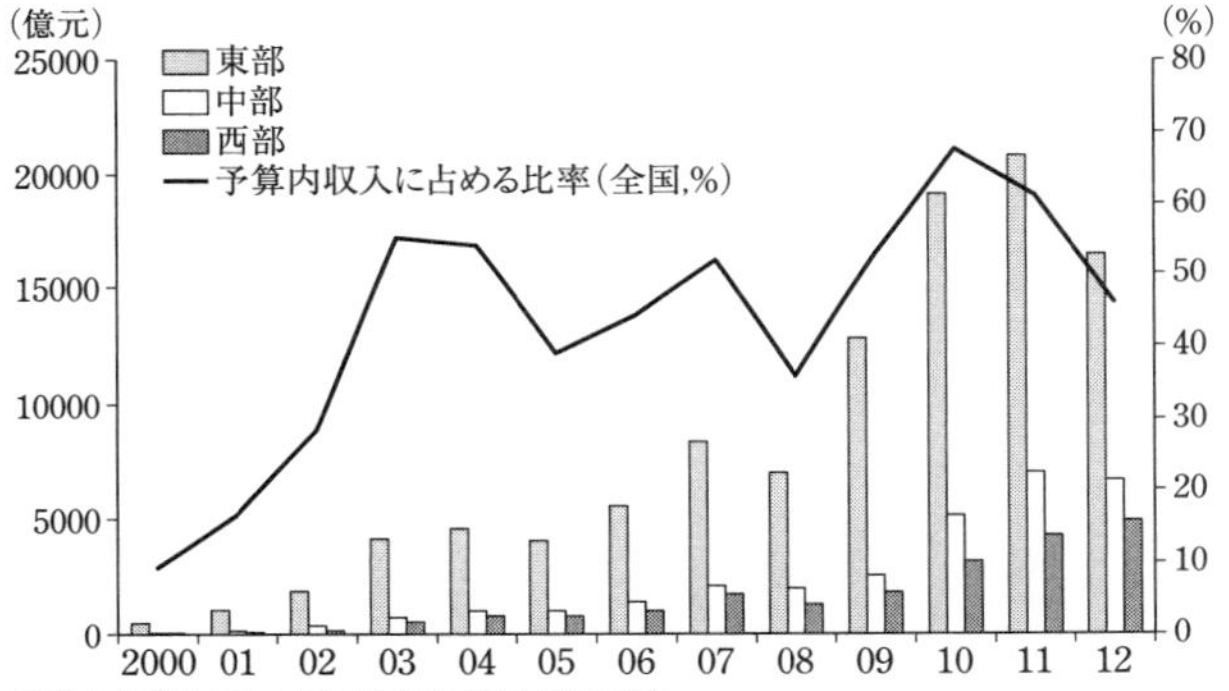

出所：中華人民共和国国土資源部編（各年版）
注 1：数値は，国有建設用地使用権の有償譲渡契約のうち，実際に売買が成立した分の総計．
注 2：「予算内収入に占める比率」は，全国の国有建設用地有償譲渡額が地方レベルの予算内財政収入の総額に占める割合として推計した．

り分は三二%になり、一九九二年の「国有地使用権の有償譲渡収入の徴収管理に関する暫定弁法」では、地方は譲渡収入の五%を中央に収めればよいとされた。さらに分税制が実施された一九九四年以降には地方政府の税収減少分を補う意味もあってそれらはすべて地方に留保されることになり、地方政府の土地使用権払い下げを通じた収入拡大に大きな道が開かれることになった（図4−1）(6)。

二〇〇二年以降の不動産ブームの中で、沿海部の省では地方政府の手にする譲渡収入が数十億元に達するところも珍しくなくなり、それらの多くは乱脈な都市建設に用いられていることが指摘されるようになった。このような事態を受けて二〇〇四年に国務院は、地方政府は譲渡収入の一五%を農業開発に振り向けるよう要求した（「重分〝土地出譲金〟」『財経』二〇〇六年第六期）。また、二〇〇六年一二月国務院弁公室公布の「国有地使用権譲渡の収支管理の規範化に関する通知」

では、土地使用権譲渡収入についてその範囲を明確にし、徴収に対する管理強化を要求している。

このような、地方政府が土地の供給をコントロールすることによって莫大な土地使用権譲渡収入を手に入れ、その資金を開発資金として再投資するという農村都市化のプロセスのことを、ここでは「土地備蓄モデル」と呼んでおくことにしたい。

このような「土地備蓄モデル」のメリットとしては、①都市開発資金がスムーズに入手できる、②工業用地については地域間で競争が働くため、払い下げ価格を低く抑えることができる、③農家間および村ごとの利害調整を行う必要がなく、トップダウンで開発事業を進められる、などの点が挙げられるだろう。曹・史（二〇〇九）は、地方政府が地域の経済発展において主導的な役割を発揮するにあたって、一九八〇年代においては、末端の政府が郷鎮企業などの経営に深くコミットした「企業経営型」であったが、九〇年代後半以降は土地開発とインフラ整備を中心とした「都市経営型」に変化しているとして、その役割を改めて評価している。そこには、上述のような、「土地備蓄モデル」を通じたトップダウン型の土地収用および都市開発のメリットを肯定的に見る視点が示されているといってよいだろう。

一方、政府から民間への土地の払い下げ市場（土地の「一次市場」）が、中央・省政府の認可を通じて一元化されたために、以下のようなデメリットが生じたことも指摘しなければならない。すなわち、①土地払い下げ市場が独占的であるため、特に住宅地や商業地の供給が過小になる、②市場が競争的である場合に比べてより高い価格で少ない量の土地しか取引されないため、厚生の損失が生じる、③供給不足になりがちな住宅や商業地において投機的な取引による価格の高騰（バブル）が生じやすい、

④土地の譲渡収益の分配に関するルールが形成されていないため、地域内外での不満や争議が生じやすい、といった点である。また、その過程で住民に対して規定の補償金が支払われなかったり、暴力的な手段を使って立ち退かせたりするなど、不法な土地収用が地方政府によって行われるケースが多いことも指摘されている。

このような問題点に対処するため、中央政府は近年、地方政府の土地使用権譲渡収入を中央のコントロール下に置くことを目指してきた。たとえば二〇〇七年一月より、土地使用権の有償譲渡に関する収支は、予算内の財政収支に組み入れられることが定められた。同時に土地使用権譲渡収入の使用範囲についても、土地収用、立ち退き補償、土地開発、農民支援、都市建設支出などの用途に限られるなどの明確な規定が設けられている（「真実的物業税」『財経』二〇〇七年第四期）。ただ、その実態は必ずしも明らかにされているわけではなく、実際には「第二財政」「小金庫」として地方政府に留保されている部分も多いと思われる。

また、二〇一一年一月には個人の住宅保有に対する不動産税の課税が、全国に先駆けて重慶市と上海市で導入された。不動産税自体はこれまでも中国の税制の中に存在していたが、その課税対象は営業目的の物件に限定されていた。それに対して、個人の住宅資産が主な課税の対象とされる重慶・上海の制度導入は、政府にとって喫緊の課題とされている都市住宅価格の高騰を抑えるための手段という側面がある。ただし、現時点では全面的な不動産課税導入を通じた、不動産開発に関わるレントの税収への一元化は、いまだ議論の段階にとどまっている。むしろ第三節で見るように、農村における土地開発を背景としたレントの発生を前提として、その分配の方法をめぐっていくつかの独自の「モデル」が各地方で試みられている、というのが現状だといえよう。

第二節　農地の市場流動化と農村余剰労働力

1　農地流動化の展開

前節でみたように、中国農村においては土地に対する農民個人の権利は強く制限されてきた。本節では、農地の流動化に関する制度的な制約が、農民の就労選択にどのような影響を与えているのか、ハウスホールド・モデルの枠組みを用いて検証する。

まず、農地の市場流動化に関する制度とその変化について簡単に整理しておこう。中華人民共和国憲法に明確な規定があるように、中国における現行の土地制度のもとで農村の土地は「集団所有」とされ、農民は農地に対する経営権（請負権）のみを持つ。したがって長い間、農民による農地の自由な売買は原則的に許されていなかった。しかし前節で述べたように、二〇〇三年に施行された農村土地請負法で、個別農家の農地経営権が土地に対する用益物権の一種であることが明文化されると、農地の市場取引（流動化）も次第に認められるようになっていった。

このような農地の市場取引に関しては、①農家間でやり取りする場合、および②行政組織（村民委員会や郷鎮政府）が介在する場合の二つのケースがある。①の農家間での農地のやり取りには農家間で一定期間、土地の請負権の貸借を行う「転包」、土地の請負権の永久的な移転を前提として金銭の受け渡しを行う「転譲」が、②の行政組織（村民委員会や郷鎮政府）が介在するケースには、村レベルで土地を集約し、大規模経営農家や農産物加工企業などにレンタル、あるいは払い下げる「反租倒包」、村レベルで土地を集約し、集団で土地の管理・経営を行う株式化などの方法がある（寳劔二〇一二）。最後の株式化のケースでは、個別農家は土地提供分を出資、運営実績により配当を受け取る。

一方、農地が収用されて非農業転用される場合は、いったん地方政府がそれらの土地を収用した後に、国有地として払い下げが行われることになる。特に住宅用地あるいは商業用地として払い下げられる場合には、農地として「転包」される際の地代に基づいた資産価値よりも、はるかに高い価格で払い下げられることになる（梶谷二〇一二）。

たとえば、筆者（梶谷）が調査対象とした沿海部農村における平均的な農業地代は、二〇〇九年当時で一ムーあたり年間約五〇〇元であった。もしこのような水準の農業地代を将来にわたってもたらす一ムーの土地があったとして、名目預金金利を二%として計算すると、その農地（使用権）の資産としての現在価値は約二万五〇〇〇元となる。(7) 一ムーは約六六七㎡であるので、上記の農地の資産価格を一平米あたりに直すと、二五〇〇〇÷六六七≒三七・四八元となる。これは、二〇一二年末における商業用地、住宅用地、工業用地の一㎡あたり平均払い下げ価格の全国平均が、それぞれ五八四三元、四六二〇元、六七〇元であることを考えると（中華人民共和国国土資源部二〇一三）、一般的な工業用地の払い下げ価格の一〇分の一以下、商業用地や住宅用地の払い下げ価格と比較すると一〇〇分の一以下の水準となる。[8]

次に、中国農村における土地経営権の賃貸市場の発展の経緯を整理しておこう。[9]中国の農村では一九七〇年代後半に人民公社主体の集団農業体制から農業生産責任制に代表される家族営農制に移行するが、土地経営権の貸借行動もこの頃から始まり、一九九〇年代から土地経営権の賃貸市場が本格的に動き出していく。ただし、市場を通じて流動化した農地の比率は一九八〇年代から一九九〇年代を通して耕地面積の一〜三%程度で、必ずしも広くは浸透していなかった。一九九三年に農業部が行ったサンプル調査によると、当時は全農家数の二・三%にあたる四七三・三万の農家が土地経営権を貸借しており、その面積は全土地面積の二・九%にあたる一一六万ムーだった。また一九九八年に農業部が八つの省で実施したサンプル調査では、土地経営権の貸借比率は三〜四%程度であった（陳・韓二〇〇二）。

二〇〇〇年以降、土地経営権賃貸市場は一部の地域で普及し始める。例えば二〇〇一年の調査では、浙江省では賃貸市場への参加世帯は二〇・八%、貸借された土地面積は全体の一三・一%にのぼる（浙江大学農業現代化与農村発展研究中心・浙江省農業庁聯合調査組二〇〇一）。また二〇〇八年に実施された農業部の調査によると、全国の請負耕地面積のうち八・九%が貸借されていることから（「土地流転要充分尊重農民意愿」『人民日報』二〇〇九年八月二日）、土地経営権賃貸市場は二〇〇〇年代初期以降緩やかに広まっていったと考えられる。

ただし、一九九八年の調査結果によると、農家が土地経営権賃貸市場に参加している割合は、湖北二・二六％、山西五〇・七九％、安徽一二・四一％、湖南二六・三九％、四川二五・三六％、浙江三三・三三％と、地域によりバラツキがみられる（Kung 2002）。こうしたバラツキは、農村幹部の農村内における生産余剰最大化に対する関心の高さ、出稼ぎ労働の多寡、農村内における非農業部門の経済活動の規模、土地の割り替えの頻度などによって生じるものと考えられる（張二〇〇二、Deininger, Jin, and Rozelle 2005, 賀二〇〇六、Shi, Heerink, and Qu 2007）。

そういった中で、農地の流動化にとってひとつの画期をなすような方針が中国共産党によって打ち出される。二〇〇八年一一月の中国共産党第一七期三中全会で採択された「農村改革の発展を推進するにあたっての若干の重大問題に関する決定」では、土地請負法に定められた土地請負権の期限に関して、従来の「長期不変」から「長久不変」に変更が行われ、農民の土地に対する権利が安定的なものであることがより一層強調された。また、自由意志かつ有償でおこなわれること、農地は集団所有であること、土地用途は変更しないこと、など一定の条件の下で農地使用権の売買を認めること、などの方針が明らかにされた。

この決定を受ける形で、農地の市場取引を行うための制度的仕組みである「農村土地流転サービスセンター」が四川省、浙江省などで設立された。これは、農地の集約を促し、大規模な農場経営を可能にすることで、農業の効率化と所得水準の底上げを狙ったものである。上記の決定からは、農地としての転売に関しては「集体」の介入に対し個人の権利を強化するという意味合いを持つものの、非農地への転用に関してはむしろ地方政府の介入に対し集体（＝村）の自主性を尊重する、という二段構えの姿勢をうかがうことができる。

この決定以降、経営効率化のための農地の流動化が積極的に進められることになったが、建設用地開発にあたってはいったん政府が収用し「国有化」するやり方、すなわち「土地備蓄モデル」が継続し、農地の非農業転用に伴う地方政府の土地収用に伴う様々な矛盾はその後も続いていくことになる（次節参照）。

2　農地流動化と農村余剰労働力

近年、中国の大都市では単純労働賃金の急上昇とともに、「民工荒」、すなわち農村出身の非熟練労働者が不足するという現象が生じている。これを説明するものとして、中国の農村ではすでに余剰労働力が枯渇した状態、いわゆる「ルイスの転換点」を迎えており、これまでのような、農村から低賃金労働力が無制限に供給される状況は終焉した、という議論が盛んになされるようになった。また、この論点をめぐって中国の国内外を問わず活発な議論が行われてきた（南・牧野・郝編二〇一三）。

まず、これらの議論の背景になっている「ルイス・モデル」について簡単に説明しておこう。開発経済学の草分け的存在であるアーサー・ルイスは、発展途上国の経済を、(a)限界労働生産性（労働力投入を一単位増やしたときの生産の増加分。通常は生産量に応じて低下していく）が非常に低く、「生存水準」ぎりぎりで生活している伝統的な農業部門と、(b)賃金水準が限界労働生産性に等しい水準に決まる近代的な工業部門、という二重構造を持つものとして理解することを主張した（Lewis 1954）。このような「二重経済」の下で、近代／工業部門における賃金が伝統／農業部門の「生存水準」を少しでも上回っていれば、後者から前者へのほぼ無制限の労働力移動が生じることになる。ルイスは、このような生産性の低い伝統／農業部門から近代／工業部門への労働力の移動がスムーズに行われることが、農村部に人口を多く抱えた途上国が経済発展を行うために不可欠だと主張した。しかし、このような労働力移動が持続的に生じ、やがて伝統／農業部門での労働に従事する労働力が不足してくると、その収入は「生存水準」を次第に上回っていき、工業部門もそれまでのような低賃金で労働者を雇うことができなくなる。このような変化が生じるのが、いわゆる「ルイスの転換点」である。

上述のように中国が「ルイスの転換点」を迎えたかどうかについては現在も活発な論争が続けられている。この問題に関して丸川（二〇一〇）は、四川省農村における土地流動化と余剰労働力の存在との関係に注目し、次のような議論を展開した。すなわち、四川省のいくつかの農村における農業の限界労働生産性が、彼（女）らが都市の工業部門などに出稼ぎを行った時に受け取ることができる賃金を大幅に下回っており、いわゆる「余剰労働力」が存在する、といってもおかしくない状況にある。それにもかかわらず、出稼ぎなどを行わず、農業を続ける農家が一定数存在するのは、各農家が農業労働従事者だけではなく、土地（経営権）の保有者としての側面もあわせ持つからである。

この問題を考えるにあたっては、途上国において家族経営農業を行う農家の行動を分析するための標準的な手法であるハウスホールド・モデルが有用である[10]。農家は、固定資本（土地）と流動資本を投入して利益最大化を図る土地経営者あるいは企業家としての側面を持ちながら、同時に労働者／消費者として、余暇と労働時間の間でバランスをとりながら、効用最大化を図る存在でもある。この二つの側面を合わせて考えることにより、農家の経済行動を合理的に説明しよう、というのがハウスホールド・モデルの基本的な考え方である。

このようなハウスホールド・モデルが示唆するように、中国における家族経営農家の収入には、労働に対する報酬のほかに、地代すなわち「土地経営者」としての収入も含まれている。そして、この地代収入分は、農家が一定の土地資産を保有していることによって生じるものであり、もし土地市場が発達していれば、その土地を他人に貸し出すことを通じても、同様の収入が得られるはずである。

しかし、よく知られているように、中国において土地は原則として公有制であり、農民は人数に応じて一定面積の農地の「請負権（＝経営権）」を地方政府から割り当てられるものの、その請負権を自由に売ったり貸し出したり、あるいは農業以外の目的に使用することが、最近まで制度的に認められていなかった。近年になって、政府および共産党は、農地の流動化を容認するだけではなく、むしろ積極的に推進するための方針を相次いで打ち出してはいるが、現在のところそのような市場を通じた土地経営権の市場流通は完全に自由に行われているわけではない。

このように、土地経営権の市場を通じた取引が未発達な状態にあるなら、農家が出稼ぎなどで離村しようとする場合には、それまで自分で耕作することで得ていた地代収入のほとんどを放棄せざるを得ない。実際、筆者（梶谷）自身が訪問調査を行った四川省のいくつかの農村においても、農民が出稼ぎなどで村を離れる際には、ほとんどが親戚などに対し無料で土地を提供しており、「市場を通じた流通」が行われているとは、とても言えない状況にあった。このような状況の下では、たとえ都市部の賃金が農業の限界労働生産性（農業労働に対する「報酬」）を大きく上回っていたとしても、それが地代収入を十分にカバーすることができなければ、農家はそれまで耕作していた土地を手放してまで出稼ぎに行くことはない、と考えられる。

以上のような分析から、近年指摘されている内陸部農村から沿海部都市への出稼ぎ労働の急減という現象は、現行の中国の土地・戸籍制度が農家の行動に強い制約を与えている状況の下で生じた、いわば「擬似的な転換点」にしかすぎない、という結論が得られるだろう（丸川二〇一〇）。現在の内陸部の農民を取り巻く状況は、農業でも十分豊かな生活ができるため喜んで農村に残っている、というよりは、本来は土地資源をしかるべき対価で処分して都市に働きに行ったほうが多くの収入が得られるのに、それができないため、いわば次善の策として農業を続けている人々が多いと考えられるからだ。

また、離村したり非農業就労を行ったりする際に、農地を外部の市場で処分するのではなく、家族内で残ったメンバーがそれを耕作することが可能かどうか、という視点も重要である。まず、家族内の誰かが出稼ぎに行くために離村するとしても、残った家族が出稼ぎに行った者に割り当てられた請負権の分まで耕作を行うケースを考えよう。この場合、仮に外部の土地取引市場が存在しなかったとしても、土地を手放すことの「損失」が存在しないので、保有している土地資源の多寡が就業行動に影響を与えることはないはずである。

しかし、世帯内で土地を請け負い、農業を続けるか否かの決定権を握った個人（多くの場合は世帯主）の場合は話が違ってくる。彼（女）らが現在耕作している土地はその広さや生産性に応じて、その就労選択行動に強い影響を及ぼすかもしれない。すなわち、出稼ぎを行おうとする際には外部の土地市場を利用しなければならない世帯主の場合、土地市場が不完全なものであるときには、その農家が保有している土地資源が出稼ぎへの制約条件として働くと予想される。

3　土地制度と「擬似的なルイスの転換点」

前項のような考察を踏まえ、筆者（梶谷）と小原江里香は、二〇〇五―〇七年に四川省の二つの県（小金県、江油市）、および二〇〇九年に浙江省奉化市で行われた農家調査のデータを用いて実証研究を行った（梶谷・小原二〇一一）。このうち、江油市は四川盆地に位置し、農村部には畑や水田が多い。稲作が可能で幹線道路が通っている、内陸部では比較的発展した農村である。一方チベット高地の山間地に位置する小金県は、人口の約五割が少数民族（チベット族）である。周辺の山間部の開発余地が大きいために一世帯当たりの耕地面積は江油市よりも広いものの、その一人当たり収入は圧倒的に少ない貧困地域である。最後に浙江省寧波市に属する奉化市は、耕地以外に山林資源が豊富なほか、海にも面しているため牡蠣などの養殖も盛んで、農村の一人当たり収入は四川省の二地域を大きく上回っている。

これらの調査対象農村において、農民の就業決定に関する推計式を以下のように定式化し、ロジットモデルを用いた推計を行った。

$$M_{it} = \alpha + \beta_1(1 + \gamma d_{it})\,land_{jt} + \beta_2\,land_{jt}^2 + \beta_3 X_{it} + \beta_4 H_{jt} + \beta_5 V_t + \mu_i + \varepsilon_{it}$$

推計式における各変数の定義は以下の通りである。

M_{it}：農民 i の t 期における就業行動決定を表すダミー変数（非農業就労あるいは長期離村行動を選択している場合は一とする）

α：定数項

$land_{jt}$：家計 j の t 期における一人当たり耕地面積

d_{it}：世帯主夫妻ダミー（世帯主およびその配偶者を一とするダミー変数）

X_{it}：農民個人の属性を表す変数（年齢、教育年数、性別、民族、標準語能力の有無）

H_{jt}：家計 j の属性を表す変数（世帯人口）

V_t：村レベルの条件の違いを表す変数（村全体の平均所得）

μ_i：農民個人の個別効果

ε_{it}：誤差項

推計結果のうち、一人当たり耕地面積および「世帯主夫妻ダミー」と一人当たり耕地面積との交差項の係数の推定値のみを表4-2に示す。[(11)]

表4-2から明らかなように、いずれの地域においても一人あたり耕地面積は単独で説明変数に加え

表 4-2　農家の非農業就労と土地保有の関係

地域	主な説明変数	モデル 1	モデル 2
四川省小金県	一人当たり耕地面積	−0.424*** (0.14)	−0.383** (0.19)
	一人当たり耕地面積＊世帯主夫妻		−0.081 (0.25)
四川省江油市	一人当たり耕地面積	−0.293** (0.14)	0.138 (0.25)
	一人当たり耕地面積＊世帯主夫妻		−0.683** (0.31)
浙江省奉化市	一人当たり耕地面積	−0.272*** (0.10)	0.089 (0.18)
	一人当たり耕地面積＊世帯主夫妻		−0.506** (0.22)

出所：梶谷・小原（2011）
注：（　）内の数字は標準誤差．*** は 1% 水準で，** は 5% 水準で，それぞれの推定値が有意であることを示す．

られた場合（モデル1）には非農業就労の選択に負の影響を与えている。ただし、世帯主ダミーと一人当たり耕地面積の交差項を加えた場合（モデル2）、交差項は江油と奉化では有意でかつ十分に大きな負の値を示しているが、小金では有意に働いていない。また江油と奉化では、モデル2では交差項ではない一人当たり耕地面積は逆に有意ではなくなっている。このことは、江油および奉化においては世帯ごとの一人当たり耕地面積は世帯主の非農業就労の選択に負の影響を与えているが、それ以外の家族成員の就労行動には影響を与えていない、ということを示している。

地域によってこのような結果の違いが生じたのはなぜだろうか。一つの解釈として、チベット高原に位置する貧困地域である小金県は他地域に比べ自然条件や教育水準を含め非農業就労を行うにあたっての条件が圧倒的に厳しく、世帯主かそうでないかにかかわらず僅かな耕作地であっても非農業就労を決断する際の

「障壁」として働く、ということが考えられる。それに対して江油・奉化は、世帯主以外については就労行動に制約を与えるような制度的要因は働いていないものの、農地の市場を通じた流動化が不十分なことがネックとなり、世帯主夫妻の非農業就労が妨げられている状況にあるといってよいだろう。

さて、以上のような分析結果は、近年都市において顕著になってきた「民工荒」現象、すなわち農村出身の非熟練労働者が不足するという現象が、現行の中国の土地・戸籍制度が農家の行動に強い制約を与えている状況の下で生じた、いわば「擬似的なルイスの転換点」である、という見解と整合的である。このことは、現在の中国において農村の余剰労働力が完全に枯渇した訳ではなく、土地制度や戸籍制度などの改革を通じて農村から都市へ、農業部門から工業あるいはサービス部門への人口移動が今後も進んでいく可能性を示唆するものである。

ただし、そのような制度改革は中国において永らく続いてきた都市－農村の二元制自体に根本的な見直しを迫るものであり、その実現には様々な困難が伴うことは言うまでもない。次節では、その中でも土地制度改革、特に農地の非農業転用にあたって、政府と農民との権利および利益の配分をどのように行うか、という問題について考察する。

第三節　農村における都市化の進展と土地制度改革

1　農地の非農業転用と開発利益の分配問題

農村における土地が前節でみたように農地として転売される場合と、住宅・工業用地などに「非農業転用」される場合とでは、払い下げ価格の大きな格差が存在する。本節では、その価格差に注目し、それがどのようなメカニズムによって生じるのか、また非農業転用による土地使用権の払い下げ利益の分配はどのようにして決定されるのか、といった点を中心に考察していく。

すでに述べたように、農地が収用されて非農業転用される場合は、いったん地方政府がそれらの土地を収用した後に、国有地として払い下げが行われることになる。特に住宅用地あるいは商業用地として払い下げられる場合には、農地として「転包」される際の地代に基づいた資産価値よりも、はるかに高い価格で払い下げられることになる（梶谷二〇一二）。では、そのような農地の非農業転用が行われる際、土地売却の収益はどの程度、もともと土地請負権を保有していた農家に分配されるのだろうか。

一九九八年に改訂された土地管理法第四七条によって、農地収用の際の補償費は、土地補償費、生活安定補助金、作物・青苗補償費という三つの項目に分けて定められている（韓編二〇〇九）。このうち、土地補償費の基準は、過去三年間の平均産出額の六～一〇倍、生活安定補助金は、収用される農地の過去三年間における一人当たり平均産出額の四～六倍と定められている。[12] ただし、一ヘクタール当たりの生活安定補助金は過去三年間の平均産出額の一五倍を超えないこととされている。このことからわかるように、あくまでも「農地」としての生産性が補償の基準となっており、土地使用権の売却による「レント」の分配が農民に行われるというシステムにはなっていないことがうかがえる。[13]

韓編（二〇〇九）は、北京市、江蘇省蘇州市、山東省滕州市、四川省成都市の四つの地域で大規模な調査を行い、政府による農地の収用がどのような条件で行われ、また土地を手放した「失地農民」の生活水準がどのように変化し、また土地収用に対してどのような考えを抱いているかをまとめた貴重な調査記録である。それによると、江蘇省蘇州市のケースでは、二〇〇五年の一ムーあたりに支払われる補償費の平均が四・七五万元（二〇〇四年は五・一九万元）、また、山東省滕州市においては三万元から六万元ということであった。

この数字は、前節で示した沿海部農村の平均的な地代（一ムーあたり約五〇〇元）から算出される農地の資産価格（同二・五万元前後）と比較しても、それほど大きな開きはないと言ってよい。このことは、非農業転用によって業者に払い下げられた土地使用権の譲渡収入のうち、農民にはあくまで収用される前の農地の資産価格に近い金額しか分配されない、ということを示していよう。

このことを計量的に示した実証研究を紹介しよう。曲・譚（二〇一〇）は、江西省における農家調査によって得られたデータを基にして、農地収用価格の決定要因を分析し、表4-3のような興味深い結果が得られている。すなわち、収用される前の農地がどのような作物を栽培していたかなど、収益性に

表 4-3　農地収用費用の決定要因に関する回帰分析

変数	係数	t 値	変数	係数	t 値
収用面積	−0.077	−2.637	商業中心地からの距離	0.122	0.489
水田	0.371***	4.49	鉄道駅からの距離	−0.715	−0.678
畑	−0.096	−0.995	バスターミナルからの距離	0.587	0.521
野菜	0.397***	4.834	幹線道路からの距離	−0.017	−0.456
園地	−0.043	−0.252	鉄道線路からの距離	0.007	0.126
養魚池	0.180**	2.249	緑地からの距離	0.008	0.566
林地	−0.116	−1.204			
採石場	−0.359***	−3.821	自由度修正済み決定係数	0.586	
荒れ地	−0.142*	−1.66	F 値	9.495	
宅地	−0.01	−0.09	標本数	240	
土地等級	−0.149**	−2.522			

出所：曲・譚（2010）
注 1：*** は，係数が 0 であるという帰無仮説が 1% 水準で，** は 5% 水準で，* は 10% 水準でそれぞれ棄却されることを示す．
注 2：データは江西省 Y 市において 1999 年から 2003 年までに行われた調査に基づく．回帰分析は村ダミーを含めて行われたが，表では省略されている．

影響を与えると考えられる要因は多くの場合有意であるのに対し、商業中心地や鉄道駅からの距離など農地収用後の収益性を大きく左右すると考えられる要因は、全くといってよいほど有意に働いていない。このことは、実際の農地収用の際にも使用権売却によるレントの分配は農民に対してはほとんど行われておらず、農民が請求できるのはあくまでも農地の請負権の所有者としての権利だけである、ということを示したものだといえるだろう。

また、筆者（梶谷）も参加したフィールドワークの結果においても、商品作物の栽培や住宅建設を行った際の平均収益性は農地としての地代を大きく上回っている（梶谷二〇一二）。一方上述のように、政府による土地収用の補償費は、非農業転用のケースであっても農地としての地代から計算された資産価値に対応したものでしかない。この二つの事実を照らし合わせると、農家としてはすでに離農しており、主要な生活の手段が農業生産ではない、という場合を除き、自発的に土地収用に応じるインセンティブはほとんど働かないのではないかと推測される。(14)

もともと離農がかなり進んでいた沿海部浙江省の調査対象農村は、近年政府によっても奨励されている「農地の集約化」「規模経済化」に関する先進地域である。このような地域では、多くの農家が零細な農地を自分で耕作するより、地元で非農業の就労を行うか大都市で就労するか、という選択を行っている。このような状況では、当然のことながら農地の流動化を促進していくことが、土地の効率的利用およびそれを通じた農民の所得向上につながるはずである。

問題は、そういった農地の流動化が市場メカニズムに基づいて行われているとは言い難い点にある。例えば、筆者（梶谷）が調査を行った沿海部の農村において、穀物を生産する大規模農家（「糧食大戸」）あるいは穀物の生産に特化した協同組合（「糧食合作社」）が、離農した農家の零細な土地を、政府の仲介を通じて請け負うというケースがみられた。ただし、このような穀物生産を行う大規模経営農家の経営状況は、収穫した穀物の販売額と生産にかかるコストがほぼ釣り合った状態にあり、政府からの補助金がなければそれ以上経営規模を拡大するインセンティブが働かないと思われる。すなわち、商品作物のブランド化に成功した一部の農村を除き、多くの農村では、穀物生産量の確保という「政策義務」を果たそうと考える地方政府にとっての利益が優先された結果、補助金に依存する形で農地の集約化が行われているというのが実態ではないかと考えられる。(15)

これらのことは、「効率化」のかけ声のもとで行われている土地の集約化が、必ずしも市場原理に基づいても行われておらず、また集約化によって農民の金銭的利益が必ずしも増加するわけでもない、ということを示している。例えば、行政区画上は農村のまま「小産権」と呼ばれる集合住宅の建設が進み、農民が一定程度の家賃収入を得られることが既成事実化している地域などでは、より上級の地方政府が土地利用の「集約化」を図ろうとしても、地元の農民あるいは村レベルの支持はまず得られないだろう。そのような「集約化」によって実現する土地の収益性は、農民がもともと得ていた家賃収入を大きく下回るからである(16)。

このような「集約化」が必ずしも農民に直接の利益をもたらさないということは、農地集約化あるいは農村都市化の問題を考えるとき、それが多くの場合「政治的」「強制的」に進められざるをえない、ということを示している。現在、さまざまな地域で土地収用をめぐるトラブルが生じている根本的な原因も、結局のところこの点に求めることができよう。

2　不動産市場の構造と「資産バブル」の発生

中国の不動産市場は、土地・住宅とも何度か大きな価格上昇を経験している。これについては、過剰な資金供給に起因する「バブル」であるという見方と、価格の高騰は土地の供給が制限されていることによる制度的なものであり、今後の都市化の進展に伴うマンション需要の高まりを考慮すれば「バブル」とは言えないという見方の、大きく分けて二つの見方がある(17)。本項では、この点を、中国の不動産市場のよりミクロな制度的側面に注目しつつ検討することにしたい。

図 4-2　全国レベルでの用途別土地払い下げ価格の変動

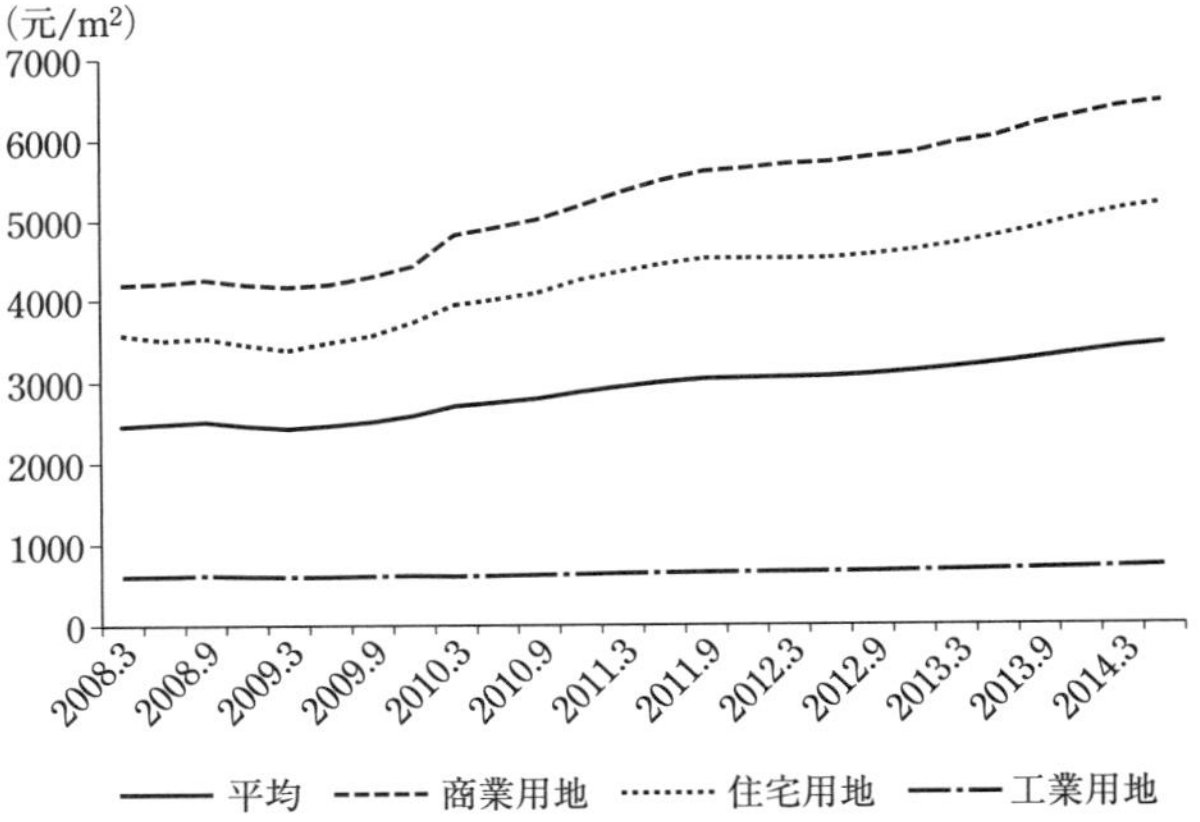

出所：CEIC Data
注：数値は全国主要 105 都市における土地使用権払い下げ価格の平均値である．

図4－2は、全国主要一〇五都市における、地方政府による土地使用権の払い下げ用途別平均単価の推移を示したものである。いずれの都市においても住宅用地および商業用地の払い下げ単価は工業用地のそれを大幅に上回っていることがわかる。

図4－2に示された用途別の払い下げ単価、特に商業用地・住宅用地と工業用地の払い下げ単価の間の大きな格差は、土地の使用権払い下げの権利を独占的に所有する地方政府が、一種の価格差別化を行ったものとして理解できよう。このような現象が生じる背景には、以下のような、地方政府がレント収入である土地有償譲渡収入を最大化するために独占的に土地を供給しているという中国の土地市場の特殊性があると考えられる。

通常、経済学で不動産価格や地価を考える際には、まず賃貸市場により地代が決定され、その地代を所与として、資産市場において他の投資資産との裁定を通じて地価が決まるとされる。[18] しかし、以下に見るように、中国の不動産市場を取り巻く状況は、そういった標準的な経済理論で想定されているものと大きく異なっている。

中国の不動産市場の最大の特徴は、土地が公有であり、取引が許されるのはその使用権のみであるのに対し、その上に建設される住宅などの不動産には個人・法人の所有権が認められている点にある。このことが、中国の不動産市場をそれぞれ性格の異なるいくつかの層からなる、複雑な構造を持つものにしている。

まず地方政府が、農地や都市の旧市街などの土地を収用し、その使用権について開発業者などに対して有償で譲渡を行う市場が存在する。これが不動産の一次市場（中国語では「一級市場」）である。次に、開発業者などが地方政府より取得した土地を開発し、マンションなど不動産を建設して、土地の使用権と不動産の所有権をセットにして個人や企業に売り出すのが二次市場である。さらに、そのように二次市場で売買された物件についての中古市場や賃貸契約は、三次市場における取引として理解できる。

このうち、二次・三次市場については、経済主体間でかなり自由で競争的な取引が行われていると考えられる。しかし、例えば二次市場における不動産価格は、一次市場において地方政府により独占的に供給される土地の希少性によっても大きく左右される。したがって、以下ではこの土地の一次市場をめぐる状況について詳しく検討しよう。

土地の一次市場とは、前述のように都市・農村の国有地の使用権を、政府が民間へ払い下げる市場にほかならない。土地使用権の払い下げには大きく分けて無償譲渡、協議方式、競売・入札の三つの方法

図 4-3　国有地の払い下げ面積（無償・有償）

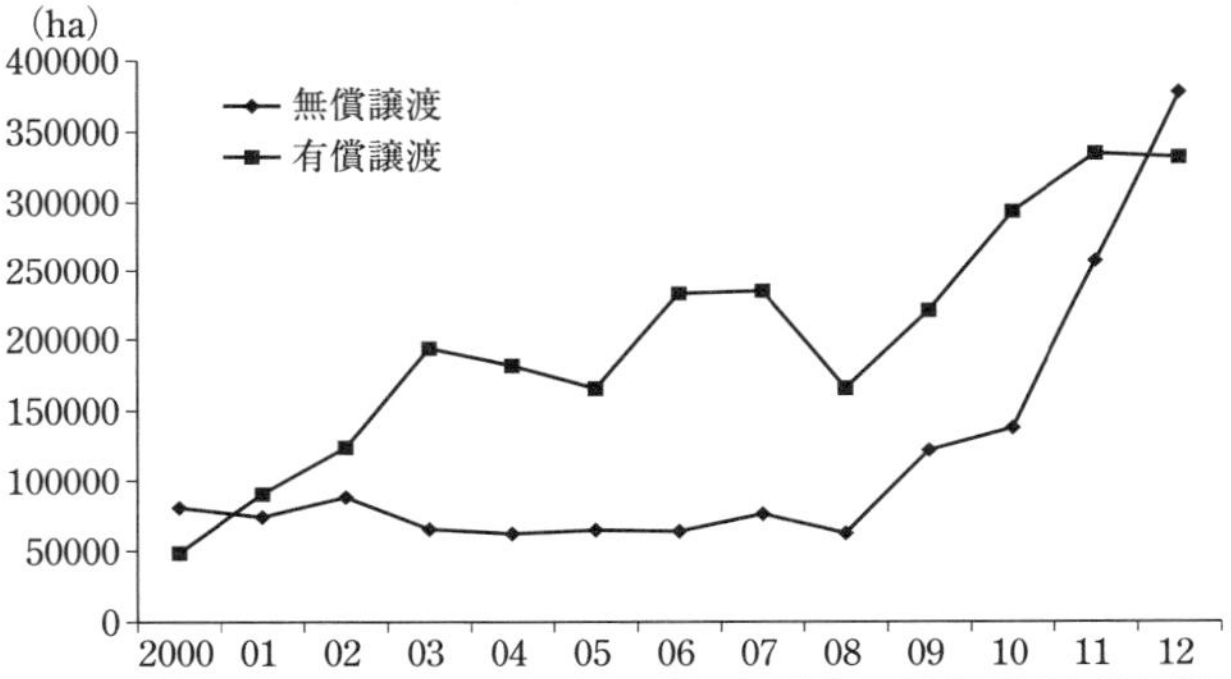

出所：中国国土資源年鑑編輯部編（各年版），中華人民共和国国土資源部編（各年版）

が存在する。図4－3を見ると、二〇〇〇年代に入って以降は有償による払い下げ面積が無償譲渡を大きく上回る状況が続いてきたが、二〇〇八年のリーマンショック後の景気刺激策によって公共投資が大きく増加する中で、無償譲渡も急激な伸びを見せている。ただし、このような国有地の無償譲渡は、基本的に中央・地方政府によって道路などのインフラ建設、さらには公園・緑地・文教施設などの公共財の供給のために払い下げられるものであり、ここで問題にしている不動産価格の上昇とは直接関係しないため、以下ではもっぱら有償譲渡を考察の対象にしていきたい。

有償譲渡のうち協議方式は、主に工場や公共施設などの建設用地を特定の開発業者や企業に対して価格を協議した上で払い下げるものである。地元により多くの工場を誘致できれば長期間にわたる税収の増加が見込めるため、地方政府は競って経済開発区を設け、その企業への払い下げ価格を切り下げており、時には土地の取得コストぎりぎりの水準になる場合もあると指摘されている。ただし、その有償譲渡全体に占める比率は、現在ではかなり減少している。一九九〇年代末以降、競争入札を推進する政府の方針もあり、住宅用地などでは競売・入札方式が大部分を占めるようになっているからである。

このように、有償譲渡については土地の使用目的によって明確に異なった譲渡方式が採用されており、その価格に大きな差があるという現象こそ、土地の一次市場の供給が地方政府による独占状態にあることを示すものだと考えられる。なぜなら、以下に述べる通り、これらの現象は独占企業による典型的な「価格差別化戦略」として理解することが可能だからである。

価格差別化戦略とは、市場において価格決定力を持つ独占企業が、需要の価格弾力性（ある財の価格が一％上昇した時に、その財への需要が何％下落するかを示した値）が大きく異なる二種類の買い手に直面したとき、価格弾力性の大きな買い手に対して製品により低い価格をつけるというものである。入場券の学生割引や、タクシーの夜間割増料金制などが典型的な価格差別化戦略として知られている。例えば前者の場合、同じ一〇％の割引率でも、金銭的に余裕のある社会人よりも学生の方がより多くの需要増加を見込めることが想定されているわけである。

これを中国の土地の一次市場のケースに当てはめるとどうなるだろうか。たとえば、製造業企業が工場の建設用地を探しているとき、特殊な産業集積が形成されているケースを除けば、ある特定の地域にこだわる必要は必ずしもなく、地価や人件費などのコストが少しでも安いところに立地する誘引が高いと考えられる。これは、先進国から途上国への製造業の生産拠点の移転が相次いでいることからもわかるように、製造業の場合には生産の立地が必ずしも需要により制約されないことから来ている。以上のことから、工場建設用地に対する需要は、地価に対する弾力性が非常に高いと考えられる。それに対し、住宅地・商業施設はもともと地元の住民の需要を当て込んで建設が行われる（立地が需要に大きく制約される）ため、他の地域との代替性が低いと考えられる。このため、例えばある地域の人口が多いなど、一定の収益が見込めるのであれば少々コストが高くても当該地の土地を取得する誘引が働く。すなわち工場建設用地に比べ、住宅地などの需要の価格弾力性はかなり小さいのである。

ここで、もし地方政府が土地供給を独占的に行っていれば、二つの土地需要に対する価格差別化戦略を採用することが可能である。すなわち、土地の供給を独占的に行っている地方政府は、価格弾力性の大きな工場建設用地に関しては、少しでも多くの工場を誘致し将来の税収を確保するため土地を非常に安い価格で供給する一方、価格弾力性の小さい住宅用地では高い価格での供給を行っていると考えられる。地方政府がこのような価格差別化戦略を行うのは、そのことによってより大きな独占レントを享受することが可能になるからである。

実際のところ、図4-2を見れば商業・住宅地の払い下げ価格と工業用地の払い下げ価格の間にはかなりの差があり、しかもその差が年々拡大していることがわかる。また、既に述べたように経済開発区などの工場建設用地に進出する企業は、土地取得コストぎりぎりの低価格で土地の払い下げを受けていることが指摘されている。このような状況では、土地の供給者である地方政府に独占レント取得の余地はないものと考えられるかもしれない。しかし、第一節で指摘したように企業は工場を立地するに当たって土地の払い下げ価格以外にも、土地開墾費や管理費など、さまざまな費用を政府の各部門に対して

図 4-4　不動産価格の動向（全国）

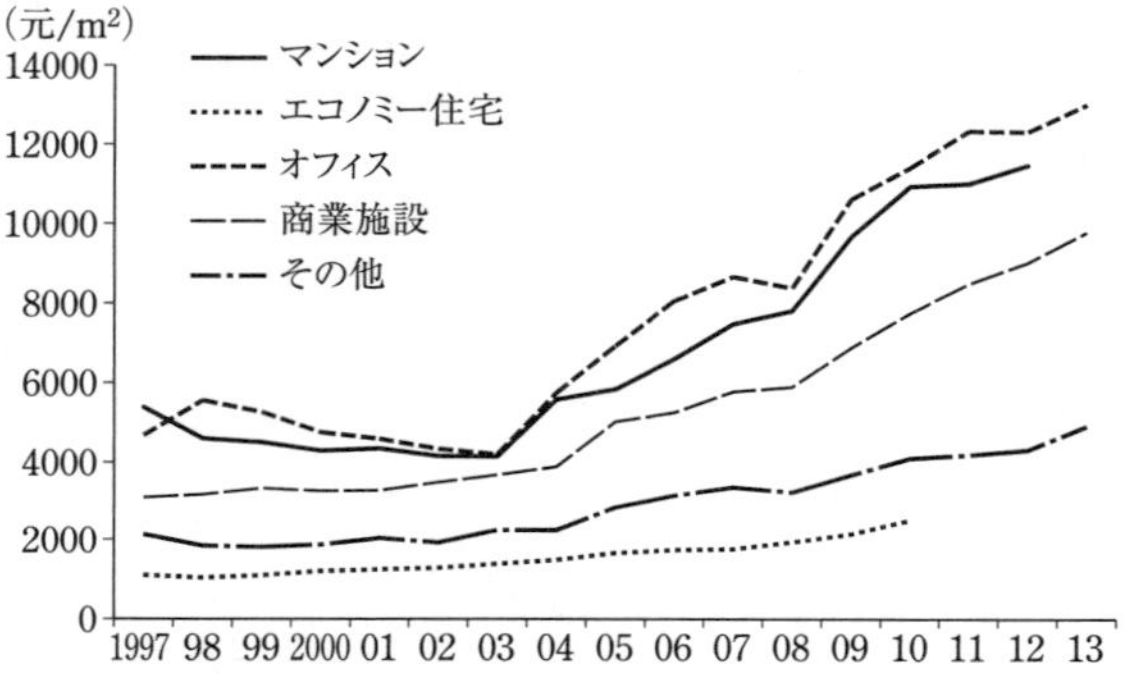

出所：CEIC Data

支払っており、その総額は決して無視できるものではない。このような諸費用は税のように制度化されたものではなく、したがって地方政府が土地の独占的供給者であることから生じるレントの一種だと考えられる。

以上みてきたような制度的なゆがみに加え、国内に十分な投資先がない中で国内・海外の余剰資金が流れ込んだため、ストックとしての不動産価格は、二〇〇三年ごろより都市におけるマンション・オフィス・商業施設を中心に高騰を続けてきた（図4-4）。

このような不動産価格の高騰に加え、近年では土地開発に伴う強制立ち退き問題や賃貸料の上昇による市民生活の圧迫、暴利をあげている不動産業者や地方幹部への不満、などといったさまざまな社会問題が生じている。

これに対し中央政府は、地方政府や開発業者などによる不法で暴力的な土地収用が行われないよう、また農民などもともとの土地の用益権者に十分な補償金が支払われるよう、主に法制面での整備や個別の通達によって対応してきた、といえよう。

また需要面に関しては、不動産市場において過熱傾向があらわになると、中央政府は金融機関の不動産融資に対する直接規制を中心とした抑制策を採用してきた。特に二〇〇三年から二〇〇四年にかけて上海およびその周辺地域で生じた不動産投資の過熱に対しては、国家の産業政策の目的に合致しない開発項目などに対する総量規制など、不動産業者・市場への厳しい引き締め措置がとられたことは、第一節で述べた通りである。

しかし、これらの一連の政策は、不動産の価格高騰を抑制するという目的から見れば、これまで必ずしも成果を挙げてこなかった。このため、近年においてはエコノミー住宅の供給を増やすことによって需給のバランスを改善し、不動産価格の高騰を抑えようという重要な方針転換がみられるようになった点については、すでにみた通りである。

第一章でくわしく論じた通り、近年の中国経済はマクロレベルで「過剰資本蓄積」に陥っており、極めて資産バブルを誘発しやすい状況にある。ただし、不動産市場に関しては、本節で見てきたような地方政府による土地使用権の独占供給と用途に応じた価格差別化によって住宅用地などの供給が絞られたことが、価格高騰のもう一つの重要な要因として働いてきたことは否定できない。従って近年における不動産価格に関しては、過剰な流動性による「バブル」的な側面と、土地市場のゆがみによって生じる制度的な側面が常に働いているということを意識しながら、その動向をみていく必要がある。

そして、このような土地市場の供給面の問題は、これまで長らく続いてきた都市と農村の二元的な制度に基づくものであり、究極的にはその根本的な見直しが必要だと考えられる。以下では、近年におけるその具体的な試みについてみていくことにしよう。

3　都市化政策にみる地域間競争

これまで論じてきたように、一九九〇年代末から地方政府主体の都市開発において主流の位置を占めてきた、「土地備蓄モデル」の実施が、様々な社会矛盾をもたらすようになってきた。これらの社会矛盾は、地方政府が地域の土地開発権を独占的に握っているために住宅の供給が過小になるなど市場にゆがみが出てしまうこと、また土地取引において発生する独占レントが農民に対してほとんど分配されず、経済格差の拡大につながっていること、の二つに要約することができよう。近年においては、このような社会矛盾に対処するために、農村の都市化（「都市農村一体化」）の実施に伴って地域ごとに試験的な「モデル」が実施され、相互に成果を競い合うという、いわば土地政策や制度をめぐる「地域間競争」が行われるようになってきている。

農村の都市化をめぐる地方政府のモデルには、その他様々なバリエーションが存在するが、大きく分けると市場主体になるものと、政府が主体になるものの二つに分類される（梶谷二〇一四a）。

前者のケースの代表的な例が、土地の集団所有という枠組みの中で、より市場メカニズムを活用した土地の使用と利益の分配を実現するために村（集体）が主体になって土地経営を行うやり方である。これは、土地を村のレベルで合作社や株式会社の形式を通じて管理し、非農業転用も含めて自主的な運用を行い、土地開発の利益は集体が管理するが、基本的に農民に集体からの土地利益の分配（分紅）の形で分配される、というものである。中国社会の現状を考えた場合、土地開発における地方政府の独占を打破するために土地の所有権を完全に私有化するという選択肢は、社会主義体制の根本的な見直しを必要とするものであること、さらに土地の集約・開発の際における農家間の意見集約が非常に困難だと考えられることなどから、現実味に乏しい。そこで、村（集体）が主体となって、自由競争的な土地取引の制度を作ることによって、「土地備蓄モデル」にみられるような、土地市場における独占レントの発生を防ぎ、開発の利益を農民層の間でより広く分配しようというのが、このパターンの基本的な考え方である。

このような市場メカニズムを利用した土地制度改革の先進地域である広東省では、二〇〇三年六月に省政府が「集体建設用地の使用権流転の施行に関する通知」を、続いて二〇〇五年一〇月には「集体建設用地使用権流転管理弁法」を公布し、中国で初めて集体建設用地の市場流通を合法的に認めてきた。この流れを受けて、広東省仏山市の南海区、順徳区などでは、村の建設用地を株式化して村が主体的に管理・開発を行うというモデルが早くから採用された。

『財経』誌の報道によると、広東省の東莞市では、二〇〇八年の農民平均年収のうち、集体からの分紅が三一〇四元（二六・七％）、家賃収入が四一〇〇元（三五・三％）と、農地開発を通じた収入が総収入の半分以上を占める（「城鎮化奇跡」『財経』二〇一三年第二八期）。同市では、旧市街地、旧家屋、旧村落の再開発を行うにあたって、住民の立ち退き費用の補償をディベロッパーが地方政府から請け負うという「三旧改造」スキームが実施されているという。これは、農民の土地に対する私的な財産権を実質的に保障するような制度的仕組みが、広東省の農村部では次第に形成されつつあることを示している。

また、やはり市場志向的な都市化政策のモデル地区である広東省仏山市南海区は、行政村（村民委員会）を単位として株式会社を作り、集団所有の土地の開発・レンタル・経営などを、村人達が自主的に設立した「土地株式会社」を通じて行っているケースとして知られている。これは、土地を立地条件などによって「農業保護区」「経済発展区」「住居・商業区」の三つの地域に分け、土地の資産価値を評価したうえで株式化し、株主の権利や利益配当などについて明確化するもので、土地の管理・運営は村内での明文化された規定である「村憲法」に従って執り行われる。このようなやり方により土地の「使用権」と「用益権」を分離することで、農民の土地に対する用益権を損なうことなく、農地の建設用地への転用など柔軟な運用が可能になったことが評価されている（北京天則経済研究所《中国土地問題課題組》二〇〇七）。そのほか、やはり仏山市の順徳区でも、村の建設用地を株式化して村が主体的に管理・開発を行うというモデルが早くから採用されている。

このほかにも、沿海部の農村では広く見られるような、村ぐるみで専業合作社を設立し、ブランド作物の生産・流通を行うケースや、村が上級地方政府の許可を得ずに集合住宅を建設するなど実質的な都市開発を行うのも[19]、同じく集体（村）が主体となった土地流動化の類型に分類されよう。これらのやり方は、土地の集団所有という枠組みの中で、農民の利益を保護し、土地の競争的な提供を通じて不動産価格の低下をもたらすことが期待されている。ただし、この方式では、集体‐地方政府間の利害対立、あるいは開発の利益を巡る集体内の矛盾が生じる可能性がある。また、土地の収益性には大きな地域格差が存在するため、そのままではむしろ拡大する傾向がある農村間の経済格差の問題にどのように対応していくのか、ということが課題となっていくであろう。

もう一つの都市化政策の類型として、地方政府の強力なリーダーシップの下で土地改革と戸籍改革を一体になって進め、土地開発によって得られる収益＝レントを地方政府がコントロールしつつ、農民に対して住宅や社会保障の提供などを通じて一定の利益の分配を行う、というものがある。比較的早期から行われていた取り組みとして、江蘇省蘇州市における試みがあげられる。これは、市政府が土地利用計画や都市計画の実施、地価管理などを統一的に行い、住宅用地の集約化と耕作地の大規模化を通じて、農業の生産性向上と土地の利用効率の向上をはかるものであった。具体的には、市の建設用地については、前述の広東省のケースと同様に株式制の組織によって運営が行われ、その収益が農村経済の発展あるいは村のインフラ建設などに用いられる。このほか、住宅用地を提供した農民へは集合住宅への入居権が、また請負用地を提供した農民へは都市住民と同じ社会保障の権利が与えられるという形で、土地利用の集約化と利益の農民への還元が図られることになる（曲・田二〇一二）。

また近年では、重慶や成都などといった内陸部の都市においても、戸籍改革とも結びついた「都市農村一体化」政策の一環としてさまざまな試験的な試みが導入されるようになっている。

二〇〇七年六月、成都と重慶はいずれも、市内に「全国都市農村一体化総合改革試験区」を設立、都市農村一体化の実験をスタートさせている。両市は中央政府の要求に応え、それぞれ「重慶市都市農村一体化総合改革試験総体方案」「成都市都市農村一体化総合改革試験総体方案」を制定、国務院は二〇〇九年の四月と五月にそれぞれの具体的な方案を批准している。いずれも、社会保障などの都市住民が享受しているサービスを農民にも提供することを目的とし、そのために土地制度の改革、農地の流動化と集約化、農民工の待遇改善、行財政制度の改革をその内容に盛り込んだものである。以下、主に中国人民大学城市規劃与管理系（二〇一二）の記述を参考にしながら、両都市における都市化政策の概要とその違いについてみていきたい。

まず、重慶市のケースからみていくことにしよう。重慶市で行われている都市農村一体化の方法は、「土地を戸籍（社会保障）と交換する」やり方である。具体的には土地の使用権を市に返却した農民に、毎月一定の養老保険の受け取りを保障する、というものである。重慶市は二〇一〇年八月に、このような「土地と戸籍の交換」を通じて、二〇二〇年までに一〇〇〇万人（二〇一一年までに三三八万人）の農家に都市戸籍を与えると共に、低所得者向けの集合住宅、都市住民なみの社会保障を土地提供者に付与すると公表した。

このような農民への利益の還元にとって重要な意味を持つのが、土地の請負権に応じて発行される「地票」の売買を通じて、農地の流動化を行うやり方である。

現在中国政府は、全国で一八億ムーという一定の耕地面積を確保することを政策として掲げ、各地方レベルにノルマを割り当て、実行を義務づけている。したがって、住宅地や工業用地に転用できる農地の面積には限界がある。地票制度のポイントは、このような地域内の転用可能な農地の総面積に「農地開発権」を割り当て、さらにそれらを「地票」という分割可能な資産にして、農民と地方政府の間で取引可能にするところにある。

このような地票制度を通じた土地の取引は、これまでの農村開発に不可避的に伴っていた、土地開発のレントの分配に関する深刻な不平等性を解消する上で大きな意味を持っている。というのも、この地票の価格は、必ずしも農民が手放す個々の土地の収益性に左右されず、地域全体の「農地開発権」の希少性によって決まってくるからである。たとえば都市に仕事を見つけて、農村を離れようとする農民が、自分が使用していた住宅用地を農地に戻せば、農民はその分だけの「農地開発権」＝地票を手にすることができる。農民は、手にした地票を地方政府や開発業者に売却することによって、農地開発権の希少性に見合った現金を受け取る一方、地方政府および業者は、購入した地票分の面積の農地を住宅地などに開発する権利を得る、というわけである。

一方、成都市においても、効率的な利用がされていない建設用地を農地に戻し、農地が増加した分だけ新たな都市開発を行う、「土地増減リンク」と呼ばれる独自の土地管理の方法が採用されている（「新土改成都路径」『財経』二〇一一年第一期）。重慶の地票制度との違いは、成都の場合、農村に財産権を確定する作業を政府が積極的に進め、農家が農地などの財産権を「土地交易センター」などを通じて直接売買できるようにした点である[20]。

また、重慶市では市が管理する建設用地の売却価格に一ムー当たり一〇万元という上限が定められているが、成都市ではそのような上限はなく、競売の平均価格は一ムー当たり七〇万元ほどとなっている。この結果成都では、土地を手放す農民により充実した補償金を支払うことが可能になっている。

成都における都市農村一体化のもう一つの特徴が、土地開発に伴う収益を、農民への社会保障の提供のための基金の創設に当てている点である。成都市における土地使用権の売却収益は、二〇〇八年一月に設立された「耕地保護基金」にプールされ、農業を続け、耕地を保護している農民への補助金や、社会保障の支払いに充てられている。この制度によって、二〇一一年五月より、六〇歳以上の農村戸籍保有者に対し、都市住民と同じ養老保険制度を適用することが保証された。この「耕地保護基金」への出資は市、県政府がそれぞれ五〇%ずつを負担することになっており、二〇一二年には基金総額は四〇億元に達しているとみられている（「土地改革――成都、従确権到流転（下）」中国広播網、二〇一二年一一月六日、http://finance.people.com.cn/nc/GB/8389800.html，二〇一四年一〇月一六日アクセス）。この基金から、土地を提供した農民に対し毎年一ムーあたり三〇〇～四〇〇元の補償金が支払われる。

二〇一一年に交付された行政文書では、これらの社会保障費も含めた、農村建設用地を収用する際の最低補償額は、一ムーあたり一八万元と規定されたという。これは、農地収用の際に農民に対して支払われる一般的な補償費の水準を大幅に上回っている。成都市では、このような形で農民の自らの生活する土地に対する広範な権益を認めているのである。

ただし、このような「上から」の土地制度改革は、当初期待されたような成果をあげていない、という指摘もある。例えば重慶市の千秋村では、都市農村一体化改革のモデルケースでありながら農民の土地に対する財産権の明確化がいっこうに進んでいない。このため、村内に建設されるホテルに外国資本が出資を計画していながら、土地の権利があいまいなため結局撤退を余儀なくされるなどの事態が起きているという（「土改〝千秋〟敗局――一個重慶村庄的七年試点」『南方週末』二〇一四年四月一四日、http://www.infzm.com/content/100119、二〇一四年五月三日アクセス）。

また、「重慶モデル」とも称される重慶市における都市農村一体化をめぐる一連の政策パッケージは、「打黒（汚職一掃）唱紅（革命歌の斉唱）」などのパフォーマンスで注目を浴びた薄熙来の失脚や、その資金が八つの都市開発企業を中心とした「融資プラットフォーム」（本書第一章参照）のスキームに依存しており、不動産価格の下落によって不良債権化していることなど、その健全性に疑問も投げかけられている。このように、様々な課題を抱えながら地域ごとで進められている土地改革が今後どのような方向に進んでいくのか、詳しくは終章の第三節を参照されたい。

おわりに

本章では、一九八〇年代以降の中国の土地制度改革が、中央政府による制度構築の時期から、土地備蓄制度による開発の時期、そして都市化政策をめぐる地域間競争の時期、という段階を経て展開してきたことをみてきた。その上で、農地の流動化および非農業転用が、現在どのようなロジックに基づいて行われようとしているのかを概観してきた。

このような中国の土地制度改革の動きに一貫してみられる特徴として、以下の二つのものがあげられるだろう。第一に、実際の制度的枠組みは中央が策定するが、その実行は明らかに地方政府主導で進められてきたということ、第二に、きわめて経済成長志向的であるということである。第二の点は、地方幹部の成績評価が経済成長によって行われる、という人事考査上の特徴と密接な関係を持っており、その意味で第一の地方主導と相互補完的なものだと考えられる。

そういった地方政府主導型かつ成長志向的な中国の土地制度の特徴を体現したのが、本章で詳述した「土地備蓄モデル」による都市開発の手法であろう。ただ、近年では開発レントの分配を巡って農民－集体－地方政府間の矛盾が先鋭化したり、住宅地の供給が過少になり、価格が高騰したりするなど、その問題点が露わになってきている。中央政府もその弊害を十分に認識するようになっており、マクロ的な不動産価格抑制政策と共に、農村における土地開発に関して、様々な形で制度的な改革を試みていることはすでにみた通りである。ただ、その際にもまず中央が制度改革のグランドデザインを描くというよりは、あくまでも各地方レベルで試験的に都市化政策の「モデル」が試みられ、相互に「競争」するという方法がとられている点に、従来の地方主導的な性格が受け継がれているといえよう。

最後に、習近平政権が経済改革の目玉として今まさに進めようとしている都市化政策が成功するかどうかを占う上でのポイントとなる点をいくつか挙げておきたい。

第一に挙げたいのが、第一章でも述べたマクロ経済面における「過剰資本蓄積」およびそこから生じる資産価格の高騰が地方政府による土地の独占的な供給体制と密接に結びついている、という問題である。このことは、今後の都市化政策に伴う土地制度改革の行方が、政府のマクロ経済政策全般の方向性の転換にも大きな影響を及ぼすということを示していよう。

二つ目は、土地開発のレント分配を、地方政府幹部の恣意的な判断にゆだねるのではなく、統一的で透明なルールに沿って行うような仕組みを早く作れるかどうか、という点である。指導者の恣意的な判断で介入が行われる限り、重慶における薄熙来のようなポピュリズムに支えられた強権的な政治家による混乱を招きかねないからである。

三つ目の点として、上述のような政府の介入の規範化を行うために、土地使用権の収用と売却を通じた譲渡益ではなく、土地資産への課税によって地方政府の収入を確保し、社会保障などの財源にあてるような仕組みを目指していく必要があると思われる。

ただし、現在のような地方ごとでばらばらな「モデル」が試みられ、相互に競争しているという状況のもとでは、上述のような統一的な制度作りを中央政府の音頭取りで行うことにはかなりの困難が伴う、といわざるを得ない。その意味では、現在中央政府が直面している土地制度改革および都市化政策の困難さは、「地方の活力」と「中央のコントロール」の間でいかにバランスをとるかという、中国の中央－地方関係における伝統的なジレンマを、そのまま受け継いでいると言えるかもしれない。

終章　経済の曲がり角とその先

第一節　中国経済の曲がり角

中国は人口の面から言えば人類史上で最大の国であり、その経済力もこれから一〇〜二〇年の間に史上最大の規模になるだろう。しかしながら、その政治経済システムは特殊で、先進国の経験からの類推が利かない部分があり、また客観的な情報は不足しているうえに、中国の権力が意図的に歪めて伝えたり、情報を隠したりすることも少なくない。第一章の冒頭で述べたように、中国の将来は客観的な確率の計算が難しい不確実性の霧に覆われている。だからこそ、現実によって裏切られ続けているにもかかわらず、序章で触れたような「中国経済崩壊論」が引きも切らずに繰り返されるのであろう。我々は世上の「中国経済崩壊論」の多くは根拠が薄弱だと考えているが、しかし中国が政治経済の大混乱に陥る懸念がまったくないと断言できないことは認めなければならない。

ただ、本書の立場と世上の「中国経済崩壊論」との根本的な違いは、我々は中国が発表する統計数字や中国の学者・ジャーナリストたちの論文や記事は、基本的には議論の材料として使えるものであると考えている点にある。なぜなら長年の調査と交流の経験から、中国の統計家や学者やジャーナリストたちも何が真実かを知りたいと願う点で我々と変わりないとの確信を持っているからだ。もちろん、中国の政治システムのもとでは自分が獲得した情報や分析結果を自由に表現できないことによるバイアスがあることは承知している。しかし、中国から発出される統計や情報をはなからウソだと決めつけるような態度では、決して真実に迫ることはできない。

一〇〇％信頼できる保証がない統計や情報から真実を探るには、それらをもとに中国の政治経済のメカニズムを考え、そこから予測を行って、現実の変化と比べてみることが有効であると考える。科学の場合には仮説を立てて、実験や観察によってそれが正しいかどうか検証するが、我々にとっての予測も仮説と同じ意味を持っており、予測が外れれば我々の政治経済メカニズムに関する理解を修正しなければならないし、予測が当たれば我々の理解が基本的には支持されたと考えて、また次の段階の予測を立てて検証できる日を待つ。本書の序章で二〇三〇年までの中国経済の成長を予測したのもそうした意味がある。

折しも本書の執筆の最終段階、すなわち二〇一四年の上半期に中国経済は大きな曲がり角にさしかかった。経済成長がはっきりと減速し、数年来上昇が続いてきた不動産価格も二〇一四年四—五月をピークとしてほとんどの都市で下落が始まっている。いよいよ「バブル崩壊」が現実のものとなってきたが、崩壊することによって初めてどの程度のバブルだったかが明らかになる。中国経済崩壊論者たちが言うように中国経済の成長全体が砂上の楼閣だとすれば、一九九〇年代の日本がそうであったように不動産価格の上昇という前提が崩れたとき、銀行の不良債権の急増、貸し渋りによる企業活動の停滞と消費の低迷という長い不況のトンネルに入ることになる。一方、中国でいま主流となっているのは、中国の高度成長の時代はすでに終わり、これからは七%もしくはそれよりやや低い成長率が常態となるだろうという見方である。この見方からすれば経済成長の減速は短期的な現象ではなく、「新たな常態」の現れである。どちらの見方が正しいかは一〜二年のうちに明らかとなろう。この終章では、中国経済の曲がり角で起きていることと新たな政策を詳しく観察することで、不確実性の霧を少しでも晴らしていきたい。

第二節　成長率の低下

二〇一二年、二〇一三年と中国の経済成長率は七・七%で、それ以前の九%を超える成長からは明らかに減速した。しかし、本書の序章で示した「楽観シナリオ」によれば、ちょうどこれぐらいが現状での潜在成長率（無理なく成長できる上限）に等しいと考えられる。中国政府も景気刺激策はとらず、むしろ改革の推進によって成長を図る路線をとってきた。特に、二〇一三年秋の中国共産党第一八期中央委員会第三回全体会議（三中全会）で採択された「改革の全面的な深化における若干の重大問題に関する決定」では、市場経済化の深化を目指すさまざまな改革の方策が打ち出された。だが、二〇一四年一—三月の経済成長率が七・四%と発表されると風向きが変わってきた。前年に比べてわずか〇・三ポイントの低下にすぎないのにさも大きな変化のように思われたのは、地方の数字が大きく変化したからだ。

これまで中国の経済成長率の統計においては、各地方の成長率が全国のそれを大きく上回るのが通例だった。たとえば二〇一三年の全国の成長率は七・七％なのに、中国を構成する三一の省・市・自治区の経済成長率を単純平均すると九・九％となり、各省・市・自治区のなかに成長率が七・七％を下回ったところは一つもない。中国全体を見ると成長が減速しているのに、地方を見るとどこも高度成長に沸き立っているような数字を示しているという不思議な状態である。全国の成長率と地方の成長率の数字との間には明らかに矛盾がある。こうした矛盾が生じるのは、省をまたいで活動する企業の生産活動が複数の地方の国内総生産（GDP）に重複計算されているとか、第三次産業の動向がうまく把握されていないといった技術的な要因もあるが、成長の実績をアピールしたい地方政府が成長率を水増ししていることもなかば公知の事実だった（『経済参考報』二〇一四年八月四日）。ところが、二〇一四年一―三月には一一の省・市・自治区が全国を下回る成長率を発表した。なかでも黒竜江省は四・一％、河北省は四・二％と、中国の標準から言えば不況と言ってもいい数字を発表したことは注目に値する。

地方政府がこれまでよりも格段に「正直」になったのは、国家統計局が統計の水増しをなくすために地方の統計を精査したり、近いうちに地方のGDPを中央で推計することを発表するなどの圧力を強めているためである（『二一世紀経済報道』二〇一四年四月二三日）。こうして一部の地域では不況に陥っている実態が明らかになったことで、景気刺激の方向へ徐々に経済政策の舵が切られようとしている。四月と六月には農業と中小企業への融資比率が高い銀行の預金準備率が引き下げられるなど、緩やかな金融緩和が行われている。

二〇一四年は通年では結局七・四%の成長となりそうだが、この情勢を受けて二〇一四年一二月に開催された二〇一五年の経済政策の方向性を話し合う政府と共産党首脳による会議（中央経済工作会議）では、中国の経済発展の「新たな常態」を踏まえて経済の安定成長を維持することを第一の課題として挙げた。具体的な成長率の目標はまだ明らかにされていないが、二〇一五年初めに明らかになるその数字（七%前後になると噂されている）を見れば、中国政府が中期的にどれぐらいの成長率が常態だと考えているのかが明らかになる。

二〇一四年上半期に始まった不動産バブルの崩壊に対して、今のところ中国政府は冷静な態度を保っているものの、今後その姿勢がどうなるかが注目される。

第三節　不動産バブルの崩壊と都市化

不動産市場の変調は五月初旬に顕在化した。例年ならばメーデー前後の休暇の時期は住宅がよく売れるのだが、二〇一四年五月の北京では住宅の販売戸数が前年比で八割近くも減ってしまったのである。国家統計局は毎月全国七〇都市の住宅価格の統計を発表しているが、四月にはまだ過半の都市で値上がりが続いていたのが、五月になると一転して三五都市で前月に比べて値が下がった。値下がりの波は六月には五五都市、八月以降はほぼすべての都市に広がり、住宅バブルの崩壊が全国で起きている。

第四章で論じたように、多くの地方政府の財政は土地の売却収入にかなり依存しているので、住宅価格の下落がこのまましばらく続くとすれば、地方財政にとって大きな問題となる。住宅市場が低迷すると土地も売れなくなるからである。実際、二〇一四年五月の一〇都市での統計によれば、土地売却収入が前年同月に比べて二五%も減った。武漢、瀋陽、長沙といった大都市でも、地方政府が土地使用権を売りに出しても応札がなくて販売が成立しないことが相次いでいる（『経済参考報』二〇一四年六月六日）。第一章で論じたように、近年地方政府は「融資プラットフォーム」を利用した借金によって都市のインフラ建設などを進めてきたが、土地売却収入によって借金は返せるとの期待のもとに借金が膨らんできた。土地使用権が売れないとなると、融資プラットフォームの借金を返せなくなり、地方政府の財政破綻にもつながりかねない。

バブル崩壊のリスクがいよいよ顕在化するなかで、中央と地方の政府がどのようにこれに対処するかが重要である。もしバブル崩壊を阻止するために強力な景気刺激策を採り、公共投資を拡大し、他方で土地の供給を抑制するならば、第一章で論じた「過剰資本蓄積」の問題をいっそう深刻化させるだけであろう。また、一部の地方政府は不動産の値下げを制限することによってバブルの崩壊を防ごうとしているが、それでは高価な住宅の供給過剰という根本問題の解決をかえって遅らせることになる。

むしろ当面は無理な景気刺激策を採らず、不動産価格の下落も甘受することで住宅需要の回復を待つことが、市場メカニズムに沿った解決策であろう。中期的にみれば、農村に住む人口の割合がいまだに五割に近い中国では都市への人口移動がまだまだ続くと考えられ、不動産ブームも今後さらに都市化が進むことは必然的だとの信念に支えられている面がある。都市化を推進する観点に立てば、ここで土地の供給を絞ってバブル崩壊を食い止めようとするより、むしろ供給を拡大して住宅値下がりを甘受することで需要を喚起するべきであろう。

先にふれた二〇一三年秋の三中全会における改革に関する決定では、住宅や工業などに使う土地の供給拡大につながる方策として、農民の土地に対する財産権を強化し、都市と農村で統一化された建設用地の市場を創設するという方針が盛り込まれた。これは、従来地方政府が独占してきた農地の開発を通じた利益を、その土地の権利者(農民)にも公平に分配するため、財産権と市場メカニズムを利用しようとするもので、改革にあたっては以下のような三つの段階が想定されているという(「厘清財政定国本」「以土改再造農村」『新世紀』二〇一三年第四四期)。

すなわち、第一段階(二〇一三—一四年)では、これまでの土地市場「試験区」の範囲を拡大し、請負地、住宅地、林地などの権利を確定、登記を行う。土地利用構造の効率化を行い、建設用地を市場で取引するよう改革を行う。次に、第二段階(二〇一五—一七年)は、都市-農村統一市場を重点的に形成し、不動産税制を確立し、土地開発レントの分配を制度化する。そして第三段階(二〇一八—二〇年)では、都市・農村の二つの土地所有権の格差をなくし、「現代的な」、すなわち資本主義的な土地市場制度を形成する。

ただし、以上のような一連の改革は、かなり実現が難しいのも事実である。一つは、財源の問題である。習近平政権が推進しようとしている都市化政策は、単に農村におけるインフラ建設だけでなく、農民に対し「都市住民並み」の社会保障を提供することも目標としており、その実行には莫大な財政支出が必要となる。地方財政最大の税収である営業税を、中央に七五%が配分される付加価値税に切り替えるという方針が示されている中、住宅に対する不動産税の課税で地方政府が十分な財源を確保できるかどうかは全くの未知数である。

第二の問題は、中国国内における大きな地域差である。農村の住宅用地や建設用地の流動化は、すでにいくつかの地域で試験的に実施されているが、これらは都市ごとに異なった「モデル」を採用しており、統一的な方針のようなものはいまだ存在しない。また、各地方政府が掲げる「農民への利益の還元」はあくまでも地方政府の「努力目標」とでもいうものであり、それに対してコミットメントを強制するような何らの法的な裏付けがないのもまた事実である(梶谷二〇一四b)。

いずれにせよ、これらの現政権の目玉となる新型都市化政策の青写真は、市場経済のロジックからのみ描かれているわけではない。市場経済のロジックを優先させるならば、都市化にあたってむしろ沿海南部の大都市への資源の集中を進めるのが合理的であり、インフラ整備が進んでいるとは言えない中西部の中小都市の開発を掲げる新型都市化には、少なからぬリスクがある、という指摘もある(三浦二〇一四)。

二〇一四年三月に、中共中央および国務院による「新型都市化計画(二〇一四—二〇二〇年)」ならびに国務院発展研究センターと世界銀行によるレポート「中国——効率性が高く、包摂的で、持続可能な都市化」が相次いで発表された。これらのいわば新型都市化政策に関する「青写真」をみても、インフラを効率化し、投資依存型の経済から脱却するなど、効率性を重視した都市開発をうたう一方で、中小都市の建設を優先させるという「公正さ」に配慮した方針は堅持されている（梶谷二〇一四c）。

また国務院は、七月三〇日に「戸籍制度改革をさらに推進するための意見」と題した文書を発表し、農村と都市の戸籍の区分を廃止していく方針を正式に示した。同文書では、農業戸籍（いわゆる「農村戸籍」）と非農業戸籍（いわゆる「都市戸籍」）の区分を廃止し、これまでも一部の都市で導入されていた、都市と農村で共通の居住証により住民を管理する制度を導入する方針を示した。これは、農村など他地域から都市に流入してきた人々に対し、一定の条件を満たせば当該都市の居住証を発行するというもので、それにより当該都市での居住や就業が保証されるだけではなく、教育や医療、年金といった社会サービスを受ける権利が得られるようになる。

同文書はまた、都市の規模に応じて、居住証取得の条件をかなり具体的に示している。例えば県レベル以下の中小都市であれば定住だけで戸籍取得の条件が満たされる一方で、五〇〇万人以上の大都市の戸籍を得るためには、安定した職業と住居を得て社会保険制度に加入し、一定の年数その都市に居住する必要があり（表終-1参照）、大都市については引き続き人口流入に関する一定の制限が行われそうだ。

これらの方針はまた、中小規模の都市に農村人口を吸収し、社会保障を充実させ中間層を創設することによって内需の拡大を目指すという、これまでの都市化の方針と歩調をそろえたものと評価できよう。ただ、上述のような、社会保障制度の財源の問題や土地改革に関する大きな地域差をどう解消していくのかといった問題については、いまだ今後の課題として残されている。いずれにせよ、「効率性」と

表終-1　都市居住証発行の要件

	県レベル以下の中小都市	人口50–100万人の都市	人口100–500万人の都市	人口500万人以上の大都市
決まった住居がある	○	○	○	○
定職に就いている		○	○	○
所定の期間社会保険に加入している			○	○
所定の期間定職に就いている			○	
所定の期間決まった住居に住んでいる				○
その他個別の要件				○

出所：“China's Hukou Reform Plan Starts to Take Shape,” *China Realtime*, Aug 4, 2014（http://blogs.wsj.com/chinarealtime/2014/08/04/chinas-hukou-reform-plan-starts-to-take-shape/）などより作成

「公正さ」の矛盾を潜在的に抱える「新型都市化」が、現政権の思惑通り持続的な経済成長のための切り札になるのかどうか、決して楽観は許されない。

第四節　金融改革の新たな展開

第一章で論じたように、「融資プラットフォーム」における債務の増大や、そこへ融資する「影の銀行」の拡大は、商業銀行の金利に対する規制という「金融抑制」と裏腹な関係にある。不正規な金融の拡大によるリスクを軽減するには、正規の金融機関に対する規制を緩和し、新規参入を拡大することが正攻法であろう。金融改革のキーパーソンである周小川中国人民銀行行長は、二〇一三年秋の三中全会の決定で示された金融改革についての方向性に基づき、具体的な改革の方針を以下の三点にまとめている（「金改市場化攻堅――専訪中国人民銀行行長周小川」『財経』二〇一三年第三六期）。

一点目は、金融市場の民間部門、海外資本に対する開放を進

め、多様な資本の自由な参入を促すことである。二点目は、預金金利と外国為替相場が市場メカニズムで決まるような改革を行うことである。三点目は、企業の自主的な経営、公平な競争、そして消費者の自主的な選択が尊重されるよう、市場メカニズムを主体とした現代的な金融市場システムの完成を目指し、金融市場におけるリスク管理のための監督体制の整備を行うことである。

このような方針を踏まえて、以下のような具体的な改革のプランが相次いで示された。まず、二〇一三年一二月には中国人民銀行が「譲渡性預金に関する暫定的管理方法」の通知を行い、市場金利に連動する譲渡性預金（CD）の発行を解禁する方針を明らかにした。これは今後の預金金利の全面的自由化に向けた実験という性格を持つ。中国人民銀行はまた、健全な金融市場の運用に欠かせないセーフティーネットとしてかねてより導入が議論されてきた預金保険制度の早期創設の方針を示した（「中国、来年にも預金保険」『日本経済新聞』二〇一三年一二月一三日）。

そして二〇一四年になると、「影の銀行」の包括的な規制の方針が、国務院が金融監督当局などの政府機関や地方政府に出した通知（国務院一〇七号文）により明らかにされた。これは、影の銀行を①金融免許を持たないネット金融仲介会社や「理財商品」の販売会社など、②金融免許を持たないノンバンクや信用保証会社など、③金融免許を持つファンドや理財商品業務を営む金融機関、の三つに分類して定義し、その整理を図るものである（「中国『影の銀行』包括規制」『日本経済新聞』二〇一四年一月一〇日）。さらに同年一一月三〇日、中国人民銀行は、金融機関が経営破綻した場合、預金者一人あたり五〇万元までの預金額を保護することなどを定めた預金保険制度実施に向けての条例案を公表した。

これら一連の金融改革の動きは、上記の周小川人民銀行行長が強調した三つの方針にそったものであり、今後の金融システムの改革が、市場メカニズムの全面的な導入によって以上のような「金融抑制」の解消を目的としていることを強く印象付けるものである（梶谷二〇一四b）。

また、「人民元の国際化」を含む外国為替制度の改革に関しては、二〇一三年一〇月に設立された上海自由貿易試験区において今後実施されると見込まれている金融自由化に関するプログラムの動向が特に重要である。

上海自由貿易試験区では、最終的に、①貿易決済に関する銀行口座（FTA＝Free Trade Accounting）の開設や、クロスボーダーの金融投資の解禁など資本勘定の対外開放、②外国為替管理業務の簡略化など人民元の国際化、③金利の自由化や外国為替取引制度の改革など市場メカニズムの導入、といった一連の金融改革プログラムが実施されると見込まれている（「金改市場化攻堅――専訪中国人民銀行行長周小川」『財経』二〇一三年第三六期、「上海自貿区金融改革首季細則出台」『BBC中文網』二〇一四年一月一三日）。

これらの方針を受けた特筆すべき動きとしては、二〇一四年三月一日より試験区内で小口外貨預金（三〇〇万ドル未満）金利の上限規制が撤廃されたことがあげられる。これを受けて六月二七日には同じく小口の外貨預金金利の上限規制撤廃地域が上海市全域まで拡大されており、人民銀行の構想通り、試験区における実験が中国全体の金利自由化に向けた突破口となる可能性が示されたと言ってよい。

ただし、試験区内の企業が開設したFTA口座と海外の口座との間での自由な資金振替が可能になったものの、外貨による取引はまだ認められていない。また、試験区内の金融機関および企業による上海市内での証券取引・先物取引の実施についてもまだ具体的な方針が示されていないことから、いまだ国際金融センターにふさわしい金融サービスを提供する体制にはなっていないという厳しい評価もある(佐野二〇一四)。

いずれにせよ、肝心の預金金利や外国為替相場の自由化については、具体的なタイムテーブルがいまだ示されていないこともあり、その実行可能性については、今後の経緯を慎重に見守っていく必要があるだろう。

第五節　新たな国際金融秩序への模索

第二章で論じたように、「世界の工場」として貿易大国となった中国は、膨大な貿易黒字を計上し、獲得した外貨を主に米国債などの形で保有している。だが、第一章で論じたように、米ドルと人民元の為替相場を安定的に保とうとする限り、中国は金融政策の自由を事実上奪われ、アメリカが金融緩和すると中国も金融を緩和せざるを得ない状況に追い込まれる。こうした事態を避けるには、獲得した外貨を「還流」すること、すなわち政府開発援助（ＯＤＡ）や中国企業の対外直接投資などで外貨を積極的に海外で使うことが必要である。だが、第二章でふれたように、未熟な中国企業にむやみに海外に投資させるならば外貨を損するばかりである。そこで、中国政府が積極的な外貨還流の仕組みを作ることが重要になってくる。外貨還流によって外国の経済が活性化すれば、中国国内の過剰な生産能力に対する市場が拡大することにもつながる。

そうした仕組みの一つとして注目されるのが、二〇一四年七月にブラジル北東部のフォルタレザで行われたBRICS五カ国（=ブラジル、ロシア、インド、中国、南アフリカ）による首脳会議で合意が行われた、BRICS開発銀行と外貨準備基金の設立の動きである。会議では本部のオフィスは上海に置かれることや初代総裁はインドから選ばれることが決まったほか、各国の具体的な出資比率なども公表された。

BRICS開銀の初期資本は五〇〇億ドルで、各国が一〇〇億ドルずつ拠出するのに対し、外貨準備基金は一〇〇〇億ドルで、そのうちの四一〇億ドルを中国が拠出することになっている。発展途上国のインフラ建設資金の援助など、世界銀行と業務が重なるBRICS開銀に加え、流動性危機に陥った国に対する緊急融資など、これまでは国際通貨基金（IMF）が担ってきた業務を行う外貨準備基金の設立も同時に決定されたことは注目に値しよう。

日本における報道では、本部が上海に決まったことや中国が外貨準備基金の最大の出資国であることから、「欧米中心の世界秩序に挑戦し、経済覇権を求める中国の野心」が透けて見える、としてこれを警戒するものが多かった。これと前後して、アジア開発銀行（ADB）との競合関係が予想される「アジアインフラ投資銀行」構想が中国政府によって提唱されたことも、その懸念を増幅させた。

しかし、この見方はやや短絡的にすぎよう。BRICS開銀設立の背景には、新興国の台頭に伴って世界的な通貨危機・金融危機の発生が相次ぐという状況の下で、IMFや世界銀行を中心とした従来の国際金融体制が機能不全に陥っている、という古くて新しい問題があるからだ。

ＩＭＦのガバナンスに関する改革も遅々として進まないまま、二〇一二年の欧州通貨危機を迎える。ヨーロッパにおける金融安全網構築の観点からＩＭＦには資金基盤の増強が求められたが、アメリカが資金拠出を見送る中、十分な増強が行えなかった。このような経緯を横目で見ながら、ＢＲＩＣＳ諸国が新興国の経済発展を支える独自の金融組織としてＢＲＩＣＳ開銀設立の構想を発表したのが二〇一二年三月のことであった。

ＢＲＩＣＳ開銀の設立は、巨額の外貨準備の還流、国内の過剰資本蓄積の緩和、金融政策の自由の確保といった中国の内的な動機に基づくものだと理解できる。それがＩＭＦと世界銀行を中心とする既存の国際金融秩序への挑戦と受け取られるのも、中国の経済超大国化の反映である。そうした「挑戦」が、途上国の貧困問題の解消と中国経済のリスク低減に積極的なインパクトをもたらすことが望まれる。

経済の超大国へと向かいつつある中国はどのように動いても世界に大きなインパクトをもたらす。国内経済の安定的な成長を持続すると同時に、バブルの発生と崩壊のリスクを軽減し、世界経済の繁栄と貧困の削減に積極的な役割を果たすことを世界は中国に期待している。

注

序章

（1）第一次産業から第二次・第三次産業への労働移動がGDP成長率を押し上げる効果は次式により推計した。（A　労働移動によってもたらされた第二次・第三次産業就業者数の年平均増加率）×（労働の生産弾力性）×（基準年のGDPに占める第二次・第三次産業の割合）。Aは基準年と五年後との間における郷鎮企業就業者の増加数と農村からの出稼ぎ労働者の増加数の合計から両者の重複分を差し引き、基準年の第二次・第三次産業就業者数で割って求めた。出稼ぎ労働者数は中国の国家統計局の推計に基づくが、一九八五年のみは筆者の独自推計である。なお、以上の計算では労働移動による第二次・第三次産業へのプラスの効果だけを取り上げているが、理論上は労働移動によって第一次産業に対するマイナス効果も考えられる。しかし、この時期の第一次産業は大勢の余剰労働力を抱えていたので、労働移動が起きても生産に対するマイナス効果はなかったと考えられる。実際、第一次産業の就業者数は一九九一年から二〇〇〇年の間に一億一〇〇〇万人（二九％）も減っているが、同じ期間に第一次産業の付加価値生産額は二・一倍になったので、第一次産業の労働力減少のマイナス効果はゼロだったと推測できる。

第一章

（1）分税制とは、財政収入を「中央固定収入」と「地方固定収入」、および一定の比率で中央・地方間で分配する「中央・地方調節収入」に分類して、徴税ルールの明確化と中央政府による財政資金再配分機能の強化を図ろうとしたものである。分税制を含む中国の財政・金融システムの改革の経緯については、梶谷（二〇一一）第一章参照。

（2）投資寄与率については以下の方法で求めた。まず、実質投資成長率に、資本形成総額が実質GDPに占めるシェアを乗じて投資の寄与度を求め、その寄与度が実質GDP成長率に占める比率を投資寄与率とした。

（3）以下の記述は、齊藤（二〇〇四）、齊藤（二〇〇六）などを参考にしている。

（4）地方政府が固定資産投資に依存した高成長路線を採用する背景として、地域のGDP成長率とその地域を統括する官僚の昇進可能性との間に密接な関係があることが指摘されている（周二〇〇八）。

（5）これは、資本収益率を資本収入／資本ストック、資本分配率を資本収入／GDPと定義すると、一般に

資本収益率＝（1／資本係数）×資本分配率

という関係式が成り立つためである。GDPに比べて資本ストックは急激には大きく変動しないため、資本係数は短期的には安定した値をとると考えられる。

（6）シアらの手法は、ブラインダー・ワハカ（Blinder-Oaxaca）分解を用いて、賃金格差のうち合理的には説明できない「差別」の要因がどの程度の比率を占めるのかを測定するものである。ブラインダー・ワハカ分解とは、人的資本論に基づいた賃金関数の推計を通じて、グループ間の賃金格差のうち、就学年数や経験年数といった属性の違いから説明される部分を取り出し、残った説明されない部分を「差別」と考えるものであり、男女間の賃金格差のうち、能力や職種ではない「差別」による部分がどの程度を占めるのか、といった点を分析するのによく用いられる手法である。

（7）一般に、高所得者の収入ほど捕捉が難しく、このため格差が過少に推計される傾向があると考えられている。北京師範大学の李実らの研究グループは、国家統計局による家計調査に中高所得者の比率が少なすぎることから、都市の所得格差が過少に評価されているとして、偏りを修正した上でジニ係数を推計し直し、全国のジニ係数の水準が〇・五を上回っている可能性を示唆している（李・羅二〇一一）。

（8）現代の中国企業による活発なイノベーションについては、本書第三章参照。

（9）土地使用権の払い下げにおいて地方政府が独占的な権限を持ち、そこから多額のレントを得ている構図については、本書第四章参照。

（10）「余額宝」は、アリババ・グループによるネット決済サービス・支付宝（アリペイ）の決済口座に顧客がチャージした資金を運用し、年率約六％（二〇一四年二月末現在）と普通預金の一〇倍以上の利子を支払うというサービスである。集められた資金は主にインターバンク市場で運用される。利率が高い上、決済口座からの出し入れが自由という簡便さもあって、銀行

預金などから大量の資金流入が生じ、二〇一四年三月には残高が四〇〇〇億元を超えたと報じられた。

(11) 以下のような、標準的なマクロ経済のモデルを考える（左辺は総供給、右辺は総需要。両辺は常に均衡しているとする）

・Y＝C＋I＋G＋（EX－IM）・・・・・・(1)

（Y：GDP、C：消費、I：民間投資、G：政府投資、EX：輸出、IM：輸入）

この式を変形すると、

・Y－C－I－G＝EX－IM・・・・・・(2)

・S－I－G＝EX－IM（S：貯蓄）・・・・(3)

(3)式より、一国の経常収支額は、国内の貯蓄と投資との差額（貯蓄投資バランス）によって決まり、為替レートなどの影響を受けない。

(12) 「国際金融のトリレンマ」に関する詳しい説明は、例えば鎮目（二〇〇九）参照。

(13) このような国際準備通貨としてのSDRを活用する構想については、アメリカ主導のグローバリゼーションに警鐘を鳴らしている経済学者のジョセフ・スティグリッツが賛同を示していることがよく知られている（スティグリッツ 二〇〇六）。

第二章

（1） アフリカの構成国は五六だが、貿易データが揃ったのは三〇カ国のみだった。

（2） ＨＳ（harmonized system）とは国際的な貿易商品分類の基準であり、桁数が増えるとともに分類が細かくなる。

（3） なお、この分類だと飲料やガソリンなどの工業製品も一次産品のほうに含んでしまうことになるが、計算の便宜のためにこのような簡単な定義とした。

（4） 産業内貿易指数は

$$GL = 1 - \frac{\sum_i |E_i - I_i|}{\sum_i |E_i + I_i|}$$

と定義される。E_iとI_iはi産業における輸出額と輸入額を示す。この指数の値は〇と一の間をとり、もし一であればどの産業でも輸出額と輸入額が同じであることを示し、〇であればどの産業においても輸出のみ、もしくは輸入のみしかないことを示す。つまり、〇の場合、産業内貿易はまったく行われていない。

（5） なお、海外の現地法人が中国企業の本業をサポートする役割を負っている場合、例えば中国の電機メーカーが海外に設立した事務所や販売会社、研究施設などは同じ「電気機械」という業種に属するものとみなしており、卸売小売業や研究開発・技術サービスに対する投資とはみなしていない。

第三章

(1) 外国技術への依存度とは、外国技術導入への支出、国内技術の購入支出、技術の吸収に対する経費の合計によって外国技術導入支出を割った値であり、二〇〇六年時点では六〇%だったが、二〇一二年には五二%に下がっている。

(2) 正確に言えば、ソフトバンクが利用している技術はTD-LTEと完全に互換性があるが多少異なるAXGPという技術である。

(3) そうした状況を丸川(二〇一三c)では「支持的バリュー・チェーン」と呼んだ。

第四章

(1) これは都市における土地収用についての制度であり、集団所有である農地の非農地への転換には依然として厳しい制約が設けられていた。後述のように、農地については政府がいったん収用することにより「国有地」とされ、しかる後に開発業者への譲渡が行われる、という手法がとられるようになる。

(2) 現行の土地管理法はその後、二〇〇四年の改訂を経たものである。

(3) 土地管理法第四四条では、「土地利用総体規画」が承認された土地における具体的な建設プロジェクトの実施については、市および県政府が承認すると規定している。農地の非農業転用について、形式上は中央あるいは省政府の認可が必要であっても実際に農地などの収用が行われる際には、かなりの部分が県政府の裁量にゆだねられているケースが多いと考えられる。任(二〇一二)第三章参照。

(4) それまで国有地を無料で利用していた国有企業から政府が地代を回収する目的で導入された「土地使用費」は、当初は土地の所有権が国にあることを示す程度の象徴的な徴収額に設定されたという(小野寺一九九七)。都市土地使用税の税率も当初は軽微なものであったが、二〇〇七年より従来の三倍に引き上げられた。

(5) これは、国務院あるいは省級政府が農地転用と土地徴収を許可する際に、新しく増加した建設用地の平均的な純収益を、使用権限を取得した市・県政府から徴収するものである(任二〇一二)。

(6) 図4-1の「国有地使用権有償譲渡額」には土地開墾費や管理費など、土地関連部門が徴収する資産収益以外の収入も含まれており、本文中の「土地使用権譲渡収入」と完全に一致するわけではない。

(7) 一般に、年間rの利益を将来にわたってもたらす資産の現在価値は、名目金利がiの下ではr/iとして計算される。ただし、この計算は中国の現行制度で農地の請負年数が三〇年間であり、それ以降の権利は必ずしも保証されていないことを考慮に入れていない。このような財産権の脆弱さを考慮に入れれば、農地使用権の現在価値はより低く見積もる必要があろう。

(8) 内陸部の四川省などでは農地レンタル代はこの水準をさらに大幅に下回る(一ムーあたり一〇〇~二〇〇元)ため、一㎡あたりの資産価格はこれよりもかなり低くなる。

(9) 農村における土地の取引は、農地の非農業転用(農転非)と、農地としての取引に大別されるが、ここでは後者のケースに限定して論じている。

(10) ハウスホールド・モデルに関しては、黒崎・山形(二〇〇三)にわかりやすい解説がある。

(11) この表に示された推定結果では、いずれも被説明変数として農民の非農業就労ダミー(非農業就労を行っている場合に一、行っていない場合は〇とする)を用いているが、被説明変数として長期離村を伴う非農業就労(いわゆる「出稼ぎ」)を行っているか否かのダミー変数を用いた場合も、ほぼ同じ結果が得られている。

(12) 山東省滕州市における農地収用のケースでは、作物・青苗補償費は土地の請負権を保有していた農民に直接支払われるが、土地補償費および生活安定補助金は郷鎮政府を経由して村民委員会に支払われるという。韓編(二〇〇九)参照。

(13) 農地の非農業転用の一般的なケースでは、非農業転用した際の土地使用権の譲渡金の約四〇%は地方政府の収入になり、四〇%が村民委員会に、そして二〇%が補償金などの名目で農民に支払われるとみられる。

(14) 韓編(二〇〇九)による、上述の四地域における失地農民に対するアンケート調査においても、「土地収用制度において最も解決の必要がある問題は何か」という質問項目に対し、全体で七四%の農民が「補償の水準を引き上げるべき」と答えている。

(15) 調査を行った農村では、穀物の大規模生産を行う農家に対して、一ムーあたりの耕作地について二〇〇〜三〇〇元の補助金が支払われていた(梶谷二〇一二)。このような穀物生産に対する農家への直接の補助金給付は、二〇〇二年の胡錦濤＝温家宝体制による農業保護政策の本格化の方針を受け、二〇〇四年から二〇〇六年にかけて本格的に導入された。詳しくは池上・寳劔編(二〇〇九)。

(16) 筆者(梶谷)らが浙江省で行った農村調査によると、農地のまま集合住宅建設を行い、出稼ぎ労働者などに賃貸しているケースでは、家賃収入は一ムーあたり平均三万元程度であった。

(17) 不動産価格の高騰の原因を土地供給の不足に見る議論の代表的なものとして、『朝日新聞』二〇一四年一月二九日オピニオン欄における任志強氏へのインタビュー「中国の『不動産バブル』」(聞き手：吉岡桂子記者)をあげておく。

(18) 実質地代(土地のレンタル代)が自由競争的な市場において均衡水準Rに決まるとする。またqを土地の実質価格、rを名目利子率、pを物価水準とする。t期に一単位の土地を持っている投資家を考えると、この投資家が今期にこの土地を売ってそれを金融市場で運用した場合、次の期には$(1+r)p_tq_t$の収益を得る。また、今期は売らないで賃貸し、次の期に売るとすると、次の期には$p_{t+1}q_{t+1}+p_tR$の収益を得る。均衡水準ではこの二つの収益は一致するはずなので、$(1+r)p_tq_t=p_{t+1}q_{t+1}+p_tR$を満たすように地価$q$は決定される。西村・三輪編(一九九〇)第五章参照。

(19) 例えば、浙江省寧波市に位置する慈渓市周巷鎮では、農家の住居面積が土地資源の五五・九%と、中国家標準規定である二〇〜三二%に比べて多く、民工向けの住居建設が盛んであり、そこからの家賃収入が村の収入のかなりの部分を占めている(楊・呉二〇一〇)。

(20) 土地交易センターを通じて土地を売買する際には、売却額の〇・五%を交易センターが手数料として受け取り、約一〇%を政府がインフラ建設費として徴収することが定められている。

参考文献

日本語文献

アイケングリーン、バリー　二〇一〇『グローバル・インバランス』（畑瀬真理子・松林洋一訳）東洋経済新報社
池上彰英・寳劔久俊編　二〇〇九『中国農村改革と農業産業化』アジア経済研究所
伊佐進一　二〇一〇『「科学技術大国」中国の真実』講談社
苑志佳　二〇一四『中国企業対外直接投資のフロンティア』創成社
大橋英夫　二〇〇八「中国経済の構造転換と『走出去』戦略」高橋編（二〇〇八）
小野寺淳　一九九七「中国における土地制度改革と都市形成」『アジア経済』六月号
梶谷懐　二〇一一『現代中国の財政金融システム――グローバル化と中央‐地方関係の経済学』名古屋大学出版会
――　二〇一二「農村都市化の政治経済学――農地流動化、非農業転用の観点から」加藤弘之編『中国長江デルタの都市化と産業集積』（神戸大学経済学叢書）勁草書房
――　二〇一四a「土地政策」中兼和津次編『中国経済はどう変わったか――改革開放以後の経済制度と政策を評価する』国際書院
――　二〇一四b「財政・金融改革と土地問題――既得権益にメスを入れられるか」『チャイナリスク――習近平指導部が直面する難題と行方』日本経済研究センター
――　二〇一四c「習政権の目玉政策が始動――『新型都市化』のジレンマ」『週刊東洋経済』四月一九日号
梶谷懐・小原江里香　二〇一一「農民の就業選択行動と土地経営権――四川省・浙江省の農家ミクロデータ分析から」『中国経済研究』第八巻第一号
加藤弘之・渡邉真理子・大橋英夫　二〇一三『二一世紀の中国　経済編――国家資本主義の光と影』朝日新聞出版社

清川雪彦　一九九五『日本の経済発展と技術普及』東洋経済新報社
黒崎卓・山形辰史　二〇〇三『開発経済学――貧困削減へのアプローチ』日本評論社
黒田篤郎　二〇〇一『メイド・イン・チャイナ』東洋経済新報社
経済産業省商務情報政策局文化情報関連産業課　二〇〇五「コンテンツ産業の現状と課題」
厳善平　二〇〇九『農村から都市へ――一億三〇〇〇万人の農民大移動』（叢書中国的問題群7）岩波書店
――　二〇一三「中国における少子高齢化とその社会経済への影響――人口センサスに基づく実証分析」『JRIレビュー』Vol. 3, No. 4
顧濤　二〇一四「中国経済成長の動学的非効率性について――その原因と厚生損失」『日本経済研究』No. 70
呉戈　二〇〇六「どうなる？　北京の自転車」『Regional Futures』No. 8
黄益平・常健・楊霊修　二〇一二「シャドーバンキングは中国版サブプライムローンを引き起こすか」『季刊中国資本市場研究』夏号
齊藤誠　二〇〇四『成長信仰の桎梏――消費重視のマクロ経済学』勁草書房
――　二〇〇六『新しいマクロ経済学』（第二版）有斐閣
佐野淳也　二〇一四「上海自由貿易試験区の成果と課題――上海の国際センター化と規制緩和の全国展開に向けて」『環太平洋ビジネス情報RIM』Vol. 14, No. 54
鎮目雅人　二〇〇九『世界恐慌と経済政策――「開放小国」日本の経験と現代』日本経済新聞出版社
鈴木達治郎・田所昌幸・城山英明・青木節子・久住涼子　二〇〇四「日本の安全保障貿易管理――その実践と課題」『国際安全保障』第三二巻第二号
スティグリッツ、ジョセフ　二〇〇六『世界に格差をバラ撒いたグローバリゼーションを正す』（楡井浩一訳）徳間書店
関山健　二〇一二「対中ODAの開始」服部健治・丸川知雄編『日中関係史 1972–2012　Ⅱ　経済』東京大学出版会
園田茂人　二〇〇八『不平等国家中国――自己否定した社会主義のゆくえ』中央公論新社

高橋五郎　二〇〇八「中国経済の走出去（海外進出）の生成と展開」高橋編（二〇〇八）
――編　二〇〇八『叢書・現代中国学の構築に向けて(3)　海外進出する中国経済』日本評論社
高見英一郎　二〇一〇「成長期に突入した電動アシスト自転車市場」『NRI Knowledge Insight』春特別号
田中修　二〇〇七『検証　現代中国の経済政策決定――近づく改革開放路線の臨界点』日本経済新聞出版社
中国人民大学国際通貨研究所　二〇一三『人民元――国際化への挑戦』（石橋春男・橋口宏行監修、岩谷貴久子・吉川智子訳）科学出版社東京
張永祺・丸川知雄　二〇一四「中国アニメ産業の企業間分業――日本との比較」『商工金融』第六四巻第二号
チンワース、マイケル　二〇〇四「東芝機械事件の再検討」『国際安全保障』第三二巻第九号
津上俊哉　二〇一三『中国台頭の終焉』日本経済新聞出版社
ナイト、フランク　一九五九『危険・不確実性および利潤』（奥隅栄喜訳）文雅堂
中岡哲郎　二〇〇一「産業技術とその歴史」中岡哲郎・鈴木淳・堤一郎・宮地正人編『新体系日本史11　産業技術史』山川出版社
中嶋嶺雄　一九九五『中国経済が危ない』東洋経済新報社
西井泰之　一九九〇「『ココム病』患う日本株式会社」『朝日ジャーナル』第三二巻第九号
西村清彦・三輪芳郎編　一九九〇『日本の株価・地価』東京大学出版会
日中経済協会　一九九六『日中経済交流1995』日中経済協会
――　二〇〇二『日中経済交流2001』日中経済協会
日本銀行北京事務所　二〇一四「中国のシャドーバンキング」『にちぎん』No. 38
任哲　二〇一二『中国の土地政治――中央の政策と地方政府』勁草書房
ヘルマン、トーマス、ケヴィン・マードック、ジョセフ・スティグリッツ　一九九七「金融抑制――新しいパラダイムに向けて」青木昌彦・金瀅基・奥野（藤原）正寛編、白鳥正喜監訳『東アジアの経済発展と政府の役割――比較制度分析アプローチ』日本経済新聞社

寳劔久俊　二〇一二「農地賃貸市場の形成と農地利用の効率性」加藤弘之編『中国長江デルタの都市化と産業集積』（神戸大学経済学叢書）勁草書房
増田弘道　二〇〇七『アニメビジネスがわかる』NTT出版
丸川知雄　二〇〇七『現代中国の産業』中央公論新社
――　二〇一〇「中国経済は転換点を迎えたのか？――四川省農村調査からの示唆」『大原社会問題研究所雑誌』第六一六号
――　二〇一三a『チャイニーズ・ドリーム』筑摩書房
――　二〇一三b『現代中国経済』有斐閣
――　二〇一三c「垂直統合・非統合の選択とガバナンス」渡邉編（二〇一三）
丸川知雄・駒形哲哉　二〇一二「発展途上国のキャッチダウン型イノベーションと日本企業の対応――中国の電動自転車と唐沢製作所」RIETIディスカッション・ペーパー 12-J-029
丸川知雄・中川涼司編　二〇〇八『中国発・多国籍企業』同友館
丸川知雄・安本雅典編　二〇一〇『携帯電話産業の進化プロセス』有斐閣
三浦有史　二〇一二「中国の社会安定化と発展モデル転換を阻むインフォーマル・セクターの拡大」『Business & Economic Review』三月号
――　二〇一三「投資効率の低下が続く中国経済――金融・国有企業改革の実行が求められる習金平体制」『Research Focus』No. 2012-19
――　二〇一四「中国『城鎮化』の実現可能性を検証する」『JRIレビュー』Vol. 3, No. 13
南亮進・本台進　一九九九「企業改革と分配率の変動」南亮進・牧野文夫編『大国への試練――転換期の中国経済』日本評論社
南亮進・牧野文夫・郝仁平編　二〇一三『中国経済の転換点――東アジアとの比較』東洋経済新報社
宮崎正弘　一九九五『中国大分裂』ネスコ
吉冨拓人　二〇一〇「中国都市部の住宅市場」横浜国立大学国際開発研究科博士論文
読売新聞中部社会部　二〇〇二『海を渡る新幹線』中央公論新社
李立栄　二〇一二「中国のシャドーバンキング（影子銀行）の形成と今後の課題――資金仲介の多様化と規

制監督の在り方」『Business & Economic Review』七月号
渡邉真理子　二〇一三「テレビとエアコン――垂直分裂が推進したプロダクト・イノベーション」渡邉編（二〇一三）
――編　二〇一三『中国の産業はどのように発展してきたか』勁草書房

英語文献

Bai, Chong-En, and Zhenjie Qian. 2010. "The Factor Income Distribution in China: 1978–2007." *China Economic Review* 21(4).
Besen, Stanley M., and Joseph Farrell. 1994. "Choosing How to Compete: Strategies and Tactics in Standardization." *Journal of Economic Perspectives* 8(2).
Brandt, Loren, and Xiaodong Zhu. 2010. "Accounting for China's Growth." IZA Discussion Paper, No. 4764.
Breznitz, Dan, and Michael Murphree. 2011. *Run of the Red Queen: Government, Innovation, Globalization, and Economic Growth in China*. New Haven: Yale University Press.
Deininger, Klaus, Songqing Jin, and Scott Rozelle. 2005. "Rural Land and Labor Markets in the Process of Economic Development: Evidence from China." Working Paper, Stanford University.
Ding, Sai, Alessandra Guariglia, and John Knight. 2010. "Does China Overinvest? Evidence from a Panel of Firms." Department of Economics Discussion Paper, Oxford University.
Dollar, David, and Benjamin F. Jones. 2013. "China: An Institutional View of an Unusual Macroeconomy." NBER Working Paper, No. 19662.
Dooley, Michael, David Folkerts-Landau, and Peter Garber. 2003. "An Essay on the Revived Breton Woods System." NBER Working Paper, No. 9971.
Fan, Shenggen, and Connie Chan-Kang. 2008. "Regional Road Development, Rural and Urban Poverty: Evidence from China." *Transport Policy* 15(5).
Fleisher, Belton M., Yifan Hu, Haizheng Li, and

Seonghoon Kim. 2011. "Economic Transition, Higher Education and Worker Productivity in China." *Journal of Development Economics* 94(1).

Greenaway, David, Aruneema Mahabir, and Chris Milner. 2008. "Has China Displaced Other Asian Countries' Exports?" *China Economic Review* 19(2).

Ighobor, Kingsley. 2013. "China in the Heart of Africa." *Africa Renewal Online*, January (http://www.un.org/africarenewal/magazine/january-2013/china-heart-africa, 二〇一四年一〇月二一日アクセス).

Immelt, Jeffrey R., Vijay Govindarajan, and Chris Trimble. 2009. "How GE is Disrupting Itself." *Harvard Business Review*, October.

Jacobson, Linda, ed. 2007. *Innovation with Chinese Characteristics: High-Tech Research in China*. Basingstoke: Palgrave Macmillan.

Katz, Michael L., and Carl Shapiro. 1986. "Technology Adoption in the Presence of Network Externalities." *Journal of Political Economy* 94(4).

Kung, James Kai-sing. 2002. "Off-Farm Labor Market and the Emergence of Land Rental Markets in Rural China." *Journal of Comparative Economics* 30(2).

Lall, Sanjaya, John Weiss, and Hiroshi Oikawa. 2005. "China's Competitive Threat to Latin America: An Analysis for 1990–2002." *Oxford Development Studies* 33(2).

Lederman, Daniel, and William F. Maloney. 2003. "Trade Structure and Growth." World Bank Policy Research Working Paper, 3025.

Lewis, W. Arthur. 1954. "Economic Development with Unlimited Supplies of Labour." *Manchester School of Economic and Social Studies* 22(2).

Marukawa, Tomoo. 2014a. "A New Way of Catching Up and Forging Ahead: Development of China's Solar Energy Industry." Chiba: Institute of Developing Economies. mimeo.

——. 2014b. "Diminishing Returns to High-Tech Standards Wars: China's Strategies in Mobile Communications Technology." NBR Working

Paper (http://nbr.org/research/activity.aspx?id=478, 二〇一四年一〇月一一日アクセス).
Marukawa, Tomoo, Asei Ito, and Yongqi Zhang, eds. 2014. *China's Outward Foreign Direct Investment Data*. Institute of Socials Science, University of Tokyo.
McIntyre, John R., ed. 1997. *Japan's Technical Standards: Implications for Global Trade and Competitiveness*. Westport, CT: Quorum Books.
Mesquita Moreira, Mauricio. 2007. "Fear of China: Is There a Future for Manufacturing in Latin America?" *World Development* 35(3).
Modigliani, Franco, and Shi Larry Cao. 2004. "The Chinese Saving Puzzle and the Life-Cycle Hypothesis." *Journal of Economic Literature* 42(1).
Naughton, Barry. 2011. "China's Economic Policy Today: The New State Activism." *Eurasian Geography and Economics* 52(3).
Nolan, Peter. 2012. *Is China Buying the World?* Cambridge: Polity Press.
Pew Research Center. 2011. *China Seen Overtaking U.S. as Global Superpower: 23-Nation Pew Global Attitudes Survey*. Washington DC: Pew Research Center. (http://www.pewglobal.org/2011/07/13/china-seen-overtaking-us-as-global-superpower/ ダウンロード、二〇一三年六月一〇日アクセス)
Prebisch, Raul. 1950. *The Economic Development of Latin America and Its Principal Problems*. New York: United Nations.
Shafaeddin, S. M. 2004. "Is China's Accession to WTO Threatening Exports of Developing Countries?" *China Economic Review* 15(2).
Shi, Xiaoping, Nico Heerink, and Futian Qu. 2007. "Choices between Different Off-farm Employment Sub-categories: An Empirical Analysis for Jiangxi Province, China." *China Economic Review* 18(4).
Suttmeier, Richard P., Xiangkui Yao, and Alex Zixiang Tan. 2006. "Standards of Power? Technology, Institutions, and Politics in the Development of China's National Standards Strategy." *NBR Special Report* 10.

United Nations. 2011. *World Population Prospects: The 2010 Revision, Population Database*, United Nations, Department of Economic and Social Affairs, Population Division. (http://esa.un.org/wpp/, 二〇一四年一〇月二一日アクセス)

Wang, Bijun, Rui Mao, and Qin Gou. 2014. "Overseas Impacts of China's Outward Direct Investment." *Asian Economic Policy Review* 9(2).

Whalley, John, and Xian Xin. 2010. "China's FDI and Non-FDI Economies and the Sustainability of Future High Chinese Growth." *China Economic Review* 21(1).

World Bank. 1997. *China 2020: Development Challenges in the New Century*. Washington DC: World Bank.

World Bank and Development Research Center of the State Council, People's Republic of China (World Bank/DRC). 2012. *China 2030: Building a Modern, Harmonious, and Creative High-Income Society*. Washington DC: The World Bank.

Xia, Qingjie, Lina Song, Shi Li, and Simon Appleton. 2013. "The Effects of the State Sector on Wage Inequality in Urban China: 1988–2007." IZA Discussion Paper, No. 7142.

Yoshimatsu, Hidetaka. 2002. "Social Demand, State Capability, and Globalization: Japan-China Trade Friction over Safeguards." *Pacific Review* 15(3).

Zhou, Xiaochuan. 2009. "Reform the International Monetary System." (http://www.bis.org/review/r090402c.pdf, 二〇一四年一〇月一六日アクセス)

中国語文献

北京天則経済研究所《中国土地問題課題組》 二〇〇七 「城市化背景下土地産権的実施和保護」『管理世界』第一二期

蔡昉 二〇〇八 『劉易斯転折点——中国経済発展新段階』社会科学文献出版社

曹正漢・史晋川 二〇〇九 「中国地方政府応対市場化改革的策略——抓住経済発展的主導権」『社会学研究』第四期

陳錫文・韓俊 二〇〇二 「如何推進農民土地使用権合理流転」『中国経済時報』四月二〇日

国家統計局　二〇一二「二〇一一年我国農民工調査監測報告」(http://www.stats.gov.cn/ztjc/ztfx/fxbg/201204/t20120427_16154.html, 二〇一三年四月二三日アクセス)

——編　各年版『中国統計年鑑』中国統計出版社

国家統計局国民経済核算司編　二〇〇四『中国国内生産総値核算歴史資料 1996–2002』中国統計出版社

——編　二〇〇七『中国国内生産総値核算歴史資料 1952–2004』中国統計出版社

国家統計局国民経済核算司・中国人民銀行調査統計司編　二〇〇八『中国資金流量表歴史資料 1992–2004』中国統計出版社

国務院発展研究中心企業研究所課題組　二〇〇六『中国企業国際化戦略』人民出版社

国務院新聞弁公室　二〇一二『中国的稀土状況与対策』人民出版社

韓俊編　二〇〇九『中国農村土地問題調査』上海遠東出版社

賀振華　二〇〇六「農戸外出、土地流転与土地配置效率」『復旦学報』第四期

胡永泰・陸銘・Jeffrey Sachs・陳釗編　二〇一二『跨越〝中等収入陥阱〟——展望中国経済増長的持続性』格致出版社・上海人民出版社

李培林・陳光金・李煒　二〇〇七『全国社会和階穏定形勢調査報告——二〇〇六年全国社会和階穏定問題抽様調査分析』中国社会科学院(http://www.sociology.cass.cn/shxw/shgz/shgz30/P020070104400983595379.pdf, 二〇一四年一〇月一六日アクセス)

李実・羅楚亮　二〇一一「中国収入差距究境有多大?——対修正様本構造偏差的嘗試」『経済研究』第四期

劉佐　二〇〇六『中国房地産税収』中国財政経済出版社

曲福田・譚栄　二〇一〇『中国土地非農化可持続治理』科学出版社

曲福田・田光明　二〇一一「城郷統籌与農村集体土地産権制度改革」『管理世界』第一一期

商務部・国家統計局・国家外貨管理局　二〇一二『二〇一一年度中国対外直接投資統計公報』中国統計出版社

王珺之　二〇一一『中国稀土保衛戦』中国経済出版社

王小魯　二〇一三「灰色収入与国民収入分配——二〇一三年報告摘要」王小魯博客(http://wangxiaolu.

blog.caixin.com/archives/61797, 二〇一四年一〇月一六日アクセス)
夏斌 二〇一三「中国已存在経済危機現象」新浪財経(http://finance.sina.com.cn/zl/china/20130717/092616149619.shtml, 二〇一三年八月八日アクセス)
楊上広・呉柏均 二〇一〇「従慈渓市周巷鎮看浙江省鎮域経済社会的発展」『中国経済』第九期
余永定 二〇〇九「避免美元陥穽」『財経』第二三五期
張照新 二〇〇二「中国農村土地流転市場発展及其方式」『中国農村経済』第二期
浙江大学農業現代化与農村発展研究中心・浙江省農業庁聯合調査組 二〇〇一「農村土地流転新情況、新思考」『中国農村経済』第一〇期
中国国土資源年鑑編輯部編 各年版『中国国土資源年鑑』中華人民共和国国土資源部
中国人民大学城市規劃与管理系 二〇一二『成渝統筹城郷発展土地政策比較研究報告』日本貿易振興機構(JETRO)
中国審計署 二〇一三『全国政府性債務審計結果(二〇一三年一二月三〇日公告)』
中華人民共和国国土資源部 二〇一三「二〇一二年第四季度全国主要城市地価観測報告」(http://www.mlr.gov.cn/tdsc/djxx/djjc/201301/t20130115_1175334.htm, 二〇一四年一二月九日アクセス)
——編 各年版『中国国土資源統計年鑑』地質出版社
周黎安 二〇〇八『転型中的地方政府——官員激励与治理』格致出版社

あとがき

本書の校正をしていた二〇一四年一二月中旬に、筆者（丸川）はワシントンDCで中国の政治経済の現状に関する日米の見方を比較するセミナーに参加した。その席上でアメリカ側のパネリストは「概していえば、アメリカ政財界のリーダーたちは中国経済の成功を歓迎している」と指摘した。では日本の政財界リーダーたちはどう思っているのだろう。答えはもう少し複雑かもしれない。

おそらく理性の上では、中国経済の成長が日本経済にとってプラス要因であることはビジネスに携わる人であればだいたい理解していると思う。一〇年ほど前には「中国特需」という言葉もあったぐらいで、日本の最大の貿易相手国である中国が順調に成長すれば、日本の輸出が拡大し、中国に進出している日本企業の利益も増え、さらに日本への観光客も増えるなどの効果がある。日本の経済成長を予測するモデルのなかで、中国経済の成長をマイナス要因とみなすエコノミストなどいないだろう。

だが感情の面まで含めると、日本人は中国経済の成功を歓迎しているとはなかなか言い切れないように思う。中国が自らの経済力に自信をつけた結果、軍備増強に邁進し、日本や東南アジアとの外交でも強硬になってきたから中国経済の拡大は喜べない、という気持ちは理解できる。ただ、胡錦濤時代の中国のスローガンが「平和的台頭」だったことに示されるように、経済力の拡大と外交の強硬化との間に必然的な因果関係があるわけではない。中国経済の成長と外交の問題とをとりあえず切り離したとして、中国経済の成功は日本（あるいは自分）にとって歓迎すべきことかと問われた時、それでもイエスと言い切れる日本人はおそらく多数ではないだろう。その感情は日本が中国を侵略し、圧迫し、援助した歴史と無縁ではない。そうした相手が経済規模で日本を凌駕することに対する警戒と嫉妬があるから中国の富裕化を喜べない感情が生まれるのだろう。

気になるのはそうした感情が理性的な認識にまで影響を与えているのではないかということである。序章で紹介したように、日本のビジネスマンの多数が中国経済がバブル崩壊により混乱に陥ると予測しているが、それは中国経済の巨大化を快く思わない感情によって理性的認識にバイアスがかかった結果だと思われる。会社の立場としては中国が成長してくれた方がいいに決まっているが、感情的には中国が日本の何倍もの経済規模になるのは気持ちがよくない。もし中国経済が崩壊してくれればこうした理性と感情のジレンマに悩まずに済む。現実によって何度も反証されているにもかかわらず、日本で中国経済崩壊論が一定の市場を獲得しつづけている理由はおそらくそんなところにあるのだろう。

最近書店の店頭で目立つのは、中国を含め他国の問題点や醜悪な面を強調した本と、日本のすばらしさを強調した本である。両者を総合すると、要するに他国にはかかわりを持たず、日本のなかでじっとしているほうが幸せだ、みたいなメッセージになる。だが、それは日本という国と日本企業の進むべき道ではないと思う。

日本の携帯電話産業が「ガラパゴス化」した結果どうなったか、その教訓はしっかりと汲み取られるべきである。日本はずっと世界の携帯電話の発展の先頭を走ってきた。日本の携帯電話機メーカーも通信事業者も海外での事業に早くから積極的に乗り出していた。だが、二〇〇五~二〇〇六年に日本の主要な携帯電話機メーカーたちは一斉に中国など海外の事業から撤退し、日本の国内市場に専念する決断を行った。当時、中国はすでに世界最大の携帯電話市場で、ダイナミックに成長していたが、参入する企業がきわめて多くて価格競争が激しかった。そんな厳しい市場から撤退し、NTTドコモなどの通信事業者の仕切りのもとで高性能・高価格の携帯電話機を中心に安定した日本市場に専念するという決断は、消極的ではあるものの、不合理だったとは言えないだろう。

だが、その後日本の携帯電話産業はどうなっただろうか。縮小する日本市場に多くのメーカーがひしめき合った結果、製品開発に投入できる資源がジリ貧となり、やがて国内市場でもアップルやサムスンなど海外メーカーの攻勢になすすべもなく敗れた。

二〇一四年には円安が進んだこともあって日本の経済規模(GDP)は中国の半分以下になった。世界全体のGDPに占める日本の割合は一九九五年の一八%から二〇一三年には七%に下がり、今後も低下する一方であるのに対し、中国のGDPは二〇一三年に世界の一三%となり、今後少なくとも一〇年間、その比率は拡大するだろう。日本という国も、日本企業も、そして多くの日本人も、成長を目指すのであれば中国とのかかわりを避けることはできない。

もちろん本書で論じてきたように中国経済の前途は決して楽観できない。不動産バブルの崩壊という目前の問題もあるし、投資の過剰を是正し、安定的な成長の軌道を見つける必要がある。今後の成長の鍵はイノベーションの実現だが、言論の自由が確保されていない状況の中で、果たして自由な創意工夫がどれほど生まれてくるのか疑問とせざるをえない。問題は山積しているけれども、中国が経済超大国になるプロセスでの軋みとインパクトに日本は向き合わざるをえない。むしろ中国国内の軋みを緩和し、中国が世界によいインパクトを与えるように関与を続けていくべきである。

なお、本書の序章、第二章、第三章は丸川知雄が、第一章、第四章は梶谷懐が執筆した。終章は二人が書いた部分をつなぎ合わせてまとめた。表題の「軋み」は梶谷が執筆した部分、「インパクト」は丸川が執筆した部分におおむね対応している。

早稲田大学で筆者二人が本書の構想を「超大国・中国のゆくえ」シリーズの執筆予定者たちの前で発表したのが二〇一二年二月九日だった。思えばその時点で本書の骨子はだいたいできあがっていた。必ずしも筆者たち自身の事情が理由というわけでもないが、それにしても完成するまでに時間がかかりすぎで、東京大学出版会の担当者である奥田修一さんには大変な苦労をかけてしまった。にもかかわらず丁寧な本作りをしてくださったことに感謝申し上げたい。

二〇一四年一二月二六日

丸川　知雄

丸川 知雄

1964年東京に生まれる．1987年東京大学経済学部卒業．アジア経済研究所研究員などを経て，現在，東京大学社会科学研究所教授．主要著書：『現代中国の産業』（中公新書，2007年），『チャイニーズ・ドリーム』（ちくま新書，2013年），『現代中国経済』（有斐閣，2013年）．

梶谷 懐

1970年大阪に生まれる．2001年神戸大学大学院経済学研究科博士課程修了．神戸学院大学経済学部助教授などを経て，現在，神戸大学大学院経済学研究科教授．主要著書：『現代中国の財政金融システム』（名古屋大学出版会，2011年），『「壁と卵」の現代中国論』（人文書院，2011年）．

超大国・中国のゆくえ 4
経済大国化の軋みとインパクト

2015年2月10日 初 版

［検印廃止］

著 者 丸川知雄《まるかわともお》・梶谷懐《かじたにかい》

発行所 一般財団法人 東京大学出版会

代表者 古田元夫

153-0041 東京都目黒区駒場 4-5-29
http://www.utp.or.jp/
電話 03-6407-1069 Fax 03-6407-1991
振替 00160-6-59964

印刷所 株式会社理想社
製本所 牧製本印刷株式会社

ISBN 978-4-13-034294-0 Printed in Japan